首都国际交往中心研究系列丛书 Research Series by Beijing Institute for International Communication

顾晓园 / 总主编

北京国际友好城市研究

博物馆卷

李嘉珊 朱晓云 主编

RESEARCH ON BEIJING'S INTERNATIONAL SISTER CITIES

MUSEUM VOLUME

旅游教育出版社
·北京·

责任编辑：刘彦会

图书在版编目（CIP）数据

北京国际友好城市研究．博物馆卷 / 李嘉珊，朱晓云主编．-- 北京 ：旅游教育出版社，2020.12
ISBN 978-7-5637-4192-2

Ⅰ．①北… Ⅱ．①李… ②朱… Ⅲ．①博物馆－研究－世界 Ⅳ．①K91②G269.1

中国版本图书馆CIP数据核字(2020)第244554号

北京国际友好城市研究——博物馆卷

李嘉珊　朱晓云　主编

出版单位	旅游教育出版社
地　　址	北京市朝阳区定福庄南里 1 号
邮　　编	100024
发行电话	（010）65778403　65728372　65767462（传真）
本社网址	www.tepcb.com
E - mail	tepfx@163.com
排版单位	北京旅教文化传播有限公司
印刷单位	天津雅泽印刷有限公司
经销单位	新华书店
开　　本	787 毫米 × 1092 毫米　1/16
印　　张	20
字　　数	332 千字
版　　次	2020 年 12 月第 1 版
印　　次	2020 年 12 月第 1 次印刷
定　　价	119.00 元

（图书如有装订差错请与发行部联系）

编撰单位

北京第二外国语学院
首都国际交往中心研究院 & 国家文化发展国际战略研究院
首都国际服务贸易与文化贸易研究基地

本书由北京第二外国语学院“科技创新服务能力建设－高精尖学科建设（市级）－外国语言文学”项目支持。

编委会

总主编：

顾晓园　北京第二外国语学院党委书记
　　　　北京第二外国语学院首都国际交往中心研究院院长
　　　　教育发展基金会理事长

主　编：

李嘉珊　北京第二外国语学院首都国际交往中心研究院执行院长
　　　　首都国际服务贸易与文化贸易研究基地首席专家
　　　　国家文化贸易学术研究平台专家兼秘书长

朱晓云　中国国家博物馆经营开发部副主任、副研究馆员

编撰团队（以姓氏拼音为序）

陈　妍　陈子璋　黄龙生　李佳钰雪　刘佳鑫　陆吉莅　马健峰　张雅雪

序 言

2014年，习近平总书记视察北京，指出北京要坚持和强化首都全国政治中心、文化中心、国际交往中心、科技创新中心的核心功能。习近平总书记高屋建瓴的论述，给北京展开了前所未有的新视野、新理念、新水准的发展新天地。如何更好更快地迈进这个发展新天地，面临的重要任务之一，就是北京作为世界第一人口大国、第二大经济体的动力引擎，五千年灿烂中华文明的汇集地，已有相当国际地位的全球大都会，如何提升国际交往的影响力以及全球城市话语权，推动首都国际交往中心建设。

所以，“首都国际交往中心研究系列丛书”应运而生。在全球化的今天，文化贸易在各个国家、地区和城市发展的作用和地位愈加凸显，文化贸易也是切实推进经济和文化交融互惠的重要纽带，是实现文化市场互联互通的关键。北京国际友好城市文化市场、中外沟通渠道等还存在着亟待拓展开发的广阔空间。因此，“首都国际交往中心研究系列丛书”首选“文化市场卷”用意在此，并逐步拓展到相关领域，通过对北京市与世界五大洲50个国家缔结的55个国际友好城市的文化运行环境和文化发展状况进行分析，从而对北京国际交往中心建设奠定基础性的研究支持。

“首都国际交往中心研究系列丛书”即将付梓，为此特别感谢北京第二外国语学院研究团队为该系列丛书付出的智慧和努力。这支团队自2003年起开始关注并专注于国际文化贸易的研究，并运用交叉学科的研究视角，将经济理论和客观实践相结合，对北京国际友好城市进行深入挖掘与探讨。期待本系列丛书能够对关心、关注首都国际交往中心建设、国际文化市场发展以及中华文化有效走向世界的朋友提供基础性的研究材料，并为实现深入研究和实践创新提供新的想法和思路。

北京第二外国语学院
首都国际交往中心研究院
名誉院长

2019年初春于北京

特殊时期的特别收获

六年前习近平总书记高屋建瓴地指出北京要坚持和强化首都全国政治中心、文化中心、国际交往中心、科技创新中心的核心功能，给首都北京的建设提出了前所未有的新目标、新理念。北京第二外国语学院首都国际交往中心研究院成立两年来，致力于首都国际交往中心的功能建设研究，2020 年初承担了北京市政协的委托研究项目《提升国际交往中心服务保障能力，推进国际交往中心功能建设》，在半年多的学习、调研和研讨过程中，更全面深入地理解了首都国际交往中心的功能建设的重大使命。在 2020 年全球都在经历着与新冠肺炎疫情抗争的年份里，更加感受到疫情之下更好开展民间外交、文化外交促进民心相通的现实意义。

《首都国际交往中心研究系列丛书》继 2019 年 9 月《北京国际友好城市研究——文化市场卷》正式出版发行以后，在社会各界反响热烈。随后在刘鹏名誉院长和顾晓园院长的亲自指导下，进而确定北京与世界五大洲 50 个国家缔结的 55 个国际友好城市的研究选题，聚焦文化遗产、博物馆以及剧院三大领域，对其概况进行梳理凝练，从多个维度展开对首都国际交往中心功能建设的关照和研究。

《北京国际友好城市研究——文化遗产卷》能够付梓出版，得到西安外国语学院赵勇老师的大力支持;《北京国际友好城市研究——博物馆卷》得到国家博物馆李京擘老师的悉心指导;《北京国际友好城市研究——剧院卷》得到中国演出行业协会潘燕秘书长的有益帮助。北京第二外国语学院首都国际交往中心研究院贾鲁老师、金钰珏老师也都为此书出版付出了劳动。

在疫情期间，线上交流与分享成为工作研讨的常态，研究院“雏鹰计划”团队努力耕耘；在疫情进入常态化之后，参与剧院卷研究的团队成员更是克服重重困难，每个人为该系列丛书顺利完稿都付出了艰辛的劳动。让我们格外感恩在这段特殊时期的特别经历和思考，拓展了首都国际交往中心研究的视角，对北京国际友好城市进行了多维度的关照。

期待本系列丛书能够为关心首都国际交往中心功能建设、关情北京友好城市民间外交、关切中华文化有效走向世界的各界同仁提供有价值的研究基础，并为深入研究首都国际交往中心功能建设的实践创新提供新思想和新视角。

编者

2020 年 11 月于北京第二外国语学院

目录

亚洲篇

欧洲篇

北美洲篇

南美洲篇

非洲篇

大洋洲篇

亚洲篇

博物馆

——东京市（日本），Tokyo Metropolis（Japan）

一、东京市博物馆业发展状况及特点

1. 历史沿革

东京博物馆业的发展起步较早。明治初期，日本参加了以欧洲为中心举办的“博览会”，明治政府认识到了博物馆的教育效果，并以此为契机，开始关注作为社会教育设施的博物馆。之后，“内国劝业博览会”在东京举办，作为向日本国民传播日本历史和文化的启蒙场所取得了成功，此后，这个场所被固定下来成为东京国立博物馆。以其为中心，设立了美术、自然科学、历史、动物、水族、植物等领域的博物馆。

1951 年，日本制定了博物馆管理的明文法律，规定了博物馆的宗旨、社会属性和工作要求等内容，从制度层面加速了博物馆的发展。从 20 世纪 70 年代到 90 年代初期，随着日本经济高速发展，社会日趋稳定，日本博物馆迎来建设高峰期，尤其是东京市，公立博物馆和私立博物馆的数量都增长迅速。例如，东京上野公园形成了城市博物馆群。

2. 现状特点

东京的博物馆业发展历史悠久，国家为了持续发展博物馆业，近年出台了现代化管理规定，如国立博物馆的独立行政法人制度（2001 年）、公立博物馆的指定管理者制度（2003 年）和影响私立博物馆运营的公益法人改革（2008 年）。

东京的博物馆业发展水平处于世界前列，博物馆业和城市旅游业深深融合，传达了东京文化的独特价值，协助政府和企业向外推广东京品牌，促进艺术文化与商业的深度融合。

东京的博物馆业推动了城市的公共教育。纵观东京博物馆发展史，博物馆最初设立的目的就是文化启蒙，经过多年的发展，博物馆的教育已经逐渐深入到基础教育、高等教育、老年教育的实际教育活动中，成为公共教育中不可缺少的一环。

3. 发展策略

根据2020年东京都生活文化局发布的文化事业发展规划，东京市将在未来五年内增加投入修建富有吸引力的、多样化的文化中心，向日本民众和世界传达东京的信息——日本文化艺术名片；建设博物馆数据库协助科研，配备辅助展览新技术，降低民众参观门槛，增加投入；培育、发现国内外的艺术家，利用博物馆的影响力提高艺术从业者的收入；提高博物馆内部管理水平和国际竞争力。

二、东京国立博物馆

1. 发展历史

东京国立博物馆（Tokyo National Museum）成立于1872年，位于东京市台东区上野公园北端，是日本最大、历史最悠久的博物馆。该馆以明治政府模仿西方万国博览会性质，在东京神田“汤岛圣堂”大成殿举办的博览会为基础，经过多次更名和大规模的扩建而成。第二次世界大战后，该馆由帝室宫内省转向民间，在1952年正式定名为东京国立博物馆，成为文部省文化厅管辖的专业博物馆，一直沿袭至今。

东京国立博物馆包括总馆、法隆寺宝物馆、东洋馆、表庆馆、资料馆、平成馆6个馆，总陈列面积达14 000m^2。

2. 建筑布局

东京国立博物馆总馆于1938年投入使用，设20个陈列室，按时代展出日本雕刻、染织、金工、武器、刀剑、陶瓷、书画、建筑构件等展品。

表庆馆是一座明治末年建筑，为当时皇太子成婚纪念而建造，已被列为日本“重要文化财产”，1909年开馆，设九个陈列室，按时代分类展出史前时代至历史时代的日本考古发掘遗物，有石器、绳纹、弥生式陶器、填轮、汉式镜、铜铎、陶瓷器等珍品。

法隆寺宝物馆于1964年开馆，设三个陈列室，专门展出明治初年法隆寺向宫廷献纳的各种宝物，由于藏品极其珍贵，只限每周四开放。

东洋馆是1968年开放的新馆，设10个陈列室，分综合陈列、埃及艺术、西亚艺术、东南亚艺术、中国艺术、朝鲜艺术和西域艺术等部门，展出日本以外的东方各国各地区的艺术品和考古遗物。

3. 场馆特色

东京国立博物馆藏品丰富，总数达11万件以上。陈列区常设展品3000件，随时进行轮流替换。藏品的时间跨度长，时代基本从史前时代到第二次世界大战为止。藏品主要覆盖东亚文化区，是研究东亚文明的重要基地。

此博物馆藏有上万件中国文物，从良渚文化玉器、唐宋元瓷器，到清代的瓷器字画，其中最闪亮的是中国南宋时期的字画，这些藏品有着极其珍贵的文献价值和艺术价值。

场馆位于东京的上野公园内，四季风光不同，春有落樱，秋有红叶。

三、国立科学博物馆

1. 发展历史

国立科学博物馆（National Science Museum）是日本最大的自然科学博物馆，本馆位于东京上野公园，设有新宿分馆。原属1872年在东京汤岛圣堂创立的文部省博物馆。1877年移至上野公园，1949年改称现名。

国立科学博物馆的设立目的，是“通过关于自然史的科学及其他自然科学及其有关应用的调查、研究及有关这方面资料的收集、保管、研究以及公众的公开阅览”等活动，向社会公众普及自然科学教育。

2. 建筑布局

国立科学博物馆共有六层，地上三层，地下三层，占地13 200m^2。该馆现有五个陈列楼。一、四号楼设生物的进化、哺乳类的进化、日本的动植物、矿物地质和人类等专题展出。其他三个陈列楼介绍科学技术发展史，展品包括从古至今的各种计量工具和劳动工具。

3. 场馆特色

国立科学博物馆中，虽然没有十分前卫的艺术设计风格，但是运用了大量的现代化电子交互设备，新馆的空间流程设计流畅，整体的线性结构与局部的自由散漫结构相结合，空间的团块性很强，展览设计脉络清晰，整体性和条理性极为突出，尽可能消除了观众与展览之间的隔阂。

四、日本科学未来馆

1. 发展历史

日本科学未来馆（Miraikan）位于东京著名观光胜地“台场”地区，于2001年7月10日开馆，隶属于日本科学技术振兴事业集团。下图所示的标记是未来馆的象征，其是由一个球形和环绕着球形的圆弧构成的。它表示“地球与卫星轨道”“细胞分裂”“地球上的各种网络（人与人、人与信息）”“电子的运动”等概念，象征着未来馆的主题。

2. 建筑布局

日本科学未来馆为地上八层、地下二层的建筑物，总面积达8 881m^2。这个建筑非常有特点，外体采用玻璃结构，从远处看像一艘蓝色的邮轮。

主体场馆科学未来馆的常设展由三个展区构成，分别为“探索世界”“创造未来”“与地球相连”。这些展区均是在一流科学家和科技人员的指导下设计完成的，从宇宙、生命、信息等宽广视野对当前的尖端科学技术进行解析科普。

3. 场馆特色

日本科学未来馆最具标志性的展品是 Geo-Cosmos，其直径为 6.5m，表面镶嵌着约 100 万个 LED 球体显示器，悬挂在六楼高空，根据卫星数据等可模拟地球、月球、各类行星等的形态，还可显示全球海面温度、全球转暖模拟实验等。

馆内另一个特色是球幕影院 GAIA，通过球幕立体影像，展现令人震撼的宇宙与科学。

五、江户东京博物馆

1. 发展历史

江户东京博物馆（Edo-Tokyo Museum）设立于 1993 年 3 月 28 日，主要是为了保护濒临消失的江户东京历史遗产及回顾东京的历史及文化而设立的。现在这里已经成为热门的旅游景点，是了解东京历史、感受江户时代庶民生活的必到之处。

2. 建筑布局

江户东京博物馆外形奇特，像是一座空中花园。建筑设计由菊竹清训负责，是地下一层、地上七层的高床式特别构造建筑。主展区五、六层为中空式构造。

博物馆主建筑每个入口都通往第六层，该层入口处设有一座仿制的木拱式桥，桥后为常设展区，分为江户展区、东京展区和通史展区三个区域。

江户展区：介绍江户时期（1603—1868 年）武士与平民的衣食住行、社会面貌及文化艺术。

东京展区：介绍 1868 年正式改名为“东京”后，西方文明影响下的城市与市民生活、第二次世界大战与战后至今的东京发展史。

通史展区：介绍从旧石器时代至今的东京地区历史，展品包括陶器、瓦片、古代文书及年表、城市规划图、模型等。

3. 场馆特色

馆内收藏包罗万象，充分展现出东京各个时期的生活风貌，包括约 2 500 件浮世绘、画卷、和服及古地图、日本桥、中村座的复制品及 50 件大型模型，还有一些早期的生活用品、手工艺品与医药相关收藏。展示品还包括了 18 世纪的茶房、剧院模型，反映出江户曾是世界上最繁华的城市之一。

六、东京都美术馆

1. 发展历史

1926 年 5 月 1 号，受日本实业家佐藤庆太郎先生的捐助，东京府美术馆（后于

1973年更为现名）作为日本首家公立的美术馆正式成立。1975年，由于旧馆变得局促与老化，根据前川国男的设计建设了新的美术馆。重建后，全馆致力于企划展的策划与作品收集等，成为一个真正意义上的美术馆。

2. 建筑布局

东京都美术馆（Tokyo Metropolitan Art Museum）位于上野公园，建筑风格很有现代感，设计为地上两层、地下三层，设置了多个公募展展厅和画廊。东京都美术馆设施齐全，包括艺术休息室、艺术信息室、咖啡店等便民服务设施。

3. 场馆特色

东京都美术馆的目标是成为一个向所有人开放的“艺术入口”。在这里，人们可以接触到全新的价值观、发现自我、加深自己与世界的联系、构筑“与创造共存的场所＝艺术共同体”、邂逅“作为生命食粮的艺术”。这里每年都会举办多场来自世界各地的艺术特展。

附录：中日博物院文化交流情况

1. 东京国立博物馆馆长钱谷真美访问中国国家博物馆

2019年11月27日，东京国立博物馆馆长钱谷真美一行到访中国国家博物馆。中国国家博物馆馆长王春法对钱谷真美一行的到来表示欢迎，双方就新形势下两馆合作的契机与机制深入交流。

2. 东京国立博物馆举办“三国志”特别展

为纪念中日文化交流协定缔结40周年，东京国立博物馆与中国文物交流中心于2019年7月9日共同策划举办“三国志”特别展，其中不乏首次海外参展的珍贵文物，致力于以考古的角度还原真实的三国，以及展现后世三国文化的源流。这批文物中包括中国国家博物馆藏的文字砖等重要文物。

3. 博物馆交流展中的美与不同：“都市—生活——18世纪的东京与北京”

2018年8月14日至10月7日，“都市—生活——18世纪的东京与北京”展在北京首都博物馆举办，展览以18世纪的北京与东京（18世纪称为江户）为背景，通过两个国家城市博物馆所藏精品文物，从宏观城市功能与规划，到百姓的城市生活，再到丰富多彩的城市艺术，多视角、多维度地展示了清前期盛极一时的北京和幕府时期繁花似锦的江户。

4. “和——当代中国小幅油画展”于东京都美术馆重磅开幕

2018年1月20日下午3时，“和——当代中国小幅油画展”于东京都美术馆重磅开幕。展览由日本地球村美术杂志社、当代油画主办，北京龙吟雅风视觉艺术中心承办。现场展出小幅油画56幅，展览策划立足于学术，立足于当代，以“和”命名，力图以小幅油画展呈现中国艺术家的东方气质，以及当代中国油画和而不同的东方诗意。

5.“江户·北京——18世纪的都市与生活展”在日举办开幕仪式

2017年，由黄山美术社策划，江户东京博物馆、中国文物交流中心、朝日新闻社等主办，日本外务省、中国大使馆、中国人民对外友好协会协办的“江户·北京——18世纪的都市与生活展”开幕式于江户东京博物馆召开。江户东京博物馆馆长藤森照信在开幕仪式上致辞，他希望通过这一国际性的展览盛会，对比两大都市建成发展的历史，通过对江户和北京两座城市所蕴含的丰富文化的介绍，能够增进两国人民的友好关系，深化两国人民的相互了解。

6. 东京国立博物馆的中国展览

东京国立博物馆的中国展品丰富，基本每年都会设计有关中国文化的展览，如2017年“董其昌的时代：明末清初的趣味”等展览。

7.“北京故宫博物院200选”东京开展

为庆祝中日邦交正常化40周年，“北京故宫博物院200选”展览于2012年1月2日至2月19日在日本东京国立博物馆展出。这200件从北京故宫博物院精选的展出文物包括宋元书画、陶瓷器、青铜器、珐琅及清朝宫廷物品等。

博物馆

——安卡拉市（土耳其），Ankara（Turkey）

一、安卡拉市博物馆业发展概况及特点

安卡拉是土耳其共和国的首都，也是国内仅次于伊斯坦布尔的第二大城市。安卡拉坐落于土耳其铁路与公路交通的中心，是重要的商业与工业城市。安卡拉的历史悠久，可以追溯到青铜器时代的赫梯文明时期。如今，安卡拉城中散落着历代文明更迭留下的遗迹，供后人考古研究。

土耳其拥有丰富的自然资源和文化遗产，国家致力于提高土耳其文化和自然遗产的国际知名度，并努力增强民众保护文化遗产的意识。土耳其将文化遗产保护和旅游观光合二为一，直接以旅游为出发点，将文化与旅游两部门联合，直接发挥世界遗产的经济效益；土耳其在遗产保护上恪守真实性原则，力求采用最少的干预来修复和维护古迹。安卡拉城中约有 50 座博物馆，展示了从古代王朝至今的文物古迹、多姿多彩的民族志与土耳其人民的文化艺术结晶。

二、安纳托利亚文明史博物馆

安纳托利亚文明史博物馆坐落在安卡拉市纳玛兹阿合（Namazgah）区一个小山上。1925 年 11 月 5 日，总理府公共基金总局将这块土地划拨给教育部作为修建博物馆用。

1930 年 7 月 18 日，博物馆向公众开放。1938 年 11 月 10 日，阿塔图尔克逝世，政府决定将他的灵柩暂时安放在这里，直到 1953 年阿塔图尔克纪念馆（Anitkabir）建成。现在，博物馆中安放过阿塔图尔克灵柩的区域仍保持原样，作为象征性的陵墓来纪念。在博物馆被用作阿塔图尔克陵堂的 15 年期间，各国首脑、大使、使节等怀着崇敬的心情到此祭奠阿塔图尔克。其间，博物馆一直在进行内部修整。翻修竣工时，正值 1956 年 11 月 6 日至 14 日国际博物馆周隆重开幕，博物馆在此期间向公众重新开放。

博物馆呈矩形，中间有个穹顶大厅。石墙的材料是库非奇（küfeki）石。大理石穹

顶上有刻花图形。博物馆大楼前有 28 级台梯。正门由四根石柱分隔成三个入口，进门就是穹顶大厅。大厅可通向中庭。中庭内有一个露天大理石水池。

博物馆内陈列着从塞尔柱王朝至今各个历史时期的文物。这些文物包括武器、木器、书法作品等，还包括从安那托利亚（Anatolia）地区收集来的土耳其传统手工艺制品，包括民族服饰、饰品、鞋子、当地锡瓦斯（Sivas）妇女和男子的袜子、钱包、刺绣、绣绢、腰带、餐巾、包裹、枕头、新娘的婚纱和成套的新郎剃须工具等。

博物馆

——雅加达省（印度尼西亚），Jakarta（Indonesia）

一、雅加达省博物馆业发展概况及特点

雅加达是印度尼西亚首都及最大城市，是印尼的经济、文化和政治中心，也是世界著名海港城市。雅加达是既传统又现代，既神圣又世俗的城市。城中人口超过10万，包括了印度尼西亚群岛各民族，展示了雅加达的文化多样性。

2019年起，印尼政府每年会拨款给超过一百多个国家级博物馆，每个博物馆将收到约10亿印尼卢比（约485万元人民币）的专项资金。博物馆可利用此资金来自我修整，开发创新项目，吸引更多游客。印尼政府希望借此来保护印尼的文化和文化遗产，吸引本国年轻一代对传统文艺传承的关注。

二、印度尼西亚国家博物馆

印度尼西亚国家博物馆是一座集考古学、历史学与地质学等多领域于一体的综合性博物馆，位于中雅加达行政市西独立广场大街，独立广场西侧。博物馆馆藏有印尼和亚洲各地的各类考古文物约61 600件，相比其他印尼博物馆，甚至是东南亚的博物馆，其藏品都是非常之丰盛的。

印度尼西亚国家博物馆由Aboday设计，获得了印度尼西亚国家博物馆的一等奖。这个庞大的建筑不仅作为博物馆，还承担了公众设施的角色。其在现有的博物馆建筑之间插入了一个走廊，称为博物馆走廊，设计师沿走廊介绍新的活动，以吸引更多的观众。细长的钢形状柱廊之间安排了一系列的社交和商业区域，如书店、博物馆商店、展览大厅和餐饮等领域，以吸引更多市民前来参观。

三、雅加达哇扬戏博物馆

雅加达哇扬戏博物馆致力于展示哇扬戏，建于1912年。该博物馆位于雅加达的

Kota Tua。它是面对 Fatahillah 广场的几个博物馆和画廊之一，其中包括雅加达历史博物馆、美术和陶瓷博物馆和 Kota 邮局艺术画廊。

该博物馆收藏了各种哇扬戏偶，如哇扬库利特和桑丹尼斯·瓦扬戈莱克。这些戏偶最早用于祭祖，5 世纪时改变了用途。在该博物馆里，可以观看哇扬戏表演，了解印尼的特色文化和历史。该博物馆还会定期举办哇扬戏偶制作方式研讨会。

四、印尼银行博物馆

印尼银行博物馆（印度尼西亚博物馆银行）是一个银行博物馆。它由印度尼西亚银行创立，于 2009 年 7 月 21 日开业。博物馆坐落在雅加达老城的一座文物建筑内，该建筑是荷兰东印度群岛中央银行“德贾瓦切银行”（De Javasche Bank）的第一个总部。1953 年，在印度尼西亚获得独立后，该银行被国有化为印度尼西亚银行。

该博物馆的陈列广泛采用了多媒体技术，以金融为切入点，介绍了印度尼西亚跌宕起伏的百年史：荷兰的殖民与日本的入侵，苏哈托的铁腕治国与亚洲经济四小虎之一经济增长，1997 年亚洲金融危机的大灾变，以及 21 世纪再度开始复苏的印尼经济。

五、普尔纳·巴克蒂·佩尔蒂维博物馆

普尔纳·巴克蒂·佩尔蒂维博物馆是一座专门介绍印尼近代史上一位强有力的政治人物苏哈托的历史博物馆。该博物馆收藏并陈列大量苏哈托的藏品，大部分是珍贵的物品、艺术品和纪念品。这些文物和纪念品是从各国领导人和印度尼西亚人民那里获得的，是苏哈托在印尼执政 32 年期间积累起来的。博物馆是一座现代建筑，以图彭（tumpeng）的形状设计，象征着感激之情。

普尔纳·巴克蒂·佩尔蒂维博物馆建筑群由主楼、配套建筑、景观和绘画房屋组成。圆锥形主楼建筑面积约 18 605m^2，包括斗争大厅、主厅、特别大厅、阿莎布拉塔大厅和图书馆。

斗争大厅存储苏哈托生前的历史文物，从印尼独立斗争到印尼发展时代。

主厅展出外国元首、朋友赠送的各种纪念品，其中包括柬埔寨首相洪森和马来西亚总理马哈蒂尔·穆罕默德，他们都赠送了银槟箱。荷兰总理吕贝尔斯赠送了一座银鸽雕像，墨西哥总统卡洛斯·萨利纳斯·德·戈尔塔里赠送了银葫瓦形状的手工艺品，哈萨克斯坦总统努尔苏丹·纳扎尔巴耶夫赠送了一套银盘。

印尼官员、政治人物和商人也赠送了礼物，如图隆加贡摄政夫人赠送的刻石碗，碗上的便条上写着“从哈德詹蒂·波尔南托夫人向田·苏哈托夫人献上的善意”。印尼著名商人苏迪卡托蒙（Sudwikatmono）赠送了乔哈尔木（卡西亚米亚）。主厅还存储了中国公主床（Peraduan）的复制品。它是由来自中国云南省的绿色玉石制成的。据说，这张床长 2.77m，宽 2.14m，模仿了宋代和明代的中国少女床。

特别大厅展出苏哈托曾经获得的军事勋章和荣誉勋章，其中一些是宾唐里·阿迪普拉一号（1968 年）、宾唐·马哈普特拉·阿迪普尔纳（1968 年）和宾唐·杰里亚（1965 年），以及来自阿拉伯酋长国联盟、文莱达鲁萨兰国、新加坡、日本等的荣誉称号。此外，巴解组织领导人亚西尔·阿拉法特和克罗地亚总统弗朗乔·图德曼的荣誉剑也存放在特别大厅。

阿莎布拉塔大厅展示了苏哈托领导的哲学，按时间顺序展出；还展出了瓦玉玛库塔·拉马的故事，以及不同学科的文学作品。

博物馆

——伊斯兰堡市（巴基斯坦），Islamabad（Pakistan）

一、伊斯兰堡市博物馆业发展概况及特点

伊斯兰堡是巴基斯坦的首都，也是巴基斯坦最具世界性和高城市化率的城市。伊斯兰堡首都区及伊斯兰堡坐落的波特瓦尔高原上的人类聚居遗迹被认为是亚洲最早的人类遗迹之一。伊斯兰堡的古城遗迹和清真寺庙，记录了这座古城千年来的文化积淀与历史变迁。

巴基斯坦以其文化遗产和历史而自豪，将博物馆视作传承国家文化瑰宝的贮藏室。伊斯兰堡作为首都，其博物馆更是肩负了保护与记录传统文化遗产的责任。为此，国家投入财政资金在伊斯兰堡建设了四所大型博物馆，满足人民对文化、艺术、文学的需求。伊斯兰堡的博物馆文物价值很高，有的文物可追溯到二百万年以前，涵盖了犍陀罗王国、印度河文明等古印度文明时期。

二、巴基斯坦国家民族学博物馆

巴基斯坦国家民族学博物馆的前身是巴塞古蒂国家博物馆，成立于1982年，占地面积约1858m^2。2004年，经过升级和翻新，博物馆被重新命名为巴基斯坦国家民族学博物馆，俗称文物博物馆。博物馆占地约5574m^2，是巴基斯坦最大的博物馆。

巴基斯坦的大多数博物馆都是关于考古学的。巴基斯坦国家民族学博物馆是巴基斯坦第一个民族学国家博物馆，展示了巴基斯坦人民从该国主流和最偏远地区的历史和生活传统。这一具有里程碑意义的成就丰富了联邦首都伊斯兰堡，并增加了一处旅游景点。

三、巴基斯坦自然历史博物馆

巴基斯坦自然历史博物馆（PMNH）位于伊斯兰堡的沙卡尔帕里安，于1986年向

公众开放。自向公众开放以来至今，该博物馆每月吸引 18 000~20 000 名游客参观。该博物馆是巴基斯坦重要的科教基地，游客们在这里能看到巴基斯坦国内最详尽的物种介绍。展厅内标本物种丰富，各类标本应有尽有。

该博物馆由四个主展区和六个展厅组成，共收藏了 140 多万个标本，包括岩石标本、矿物标本、动植物标本等。博物馆陈列的展品多样，介绍详尽，全部参观完至少需要两个小时。

博物馆

——曼谷市（泰国），Bangkok（Thailand）

一、曼谷市博物馆业发展概况及特点

曼谷是泰国首都与最大城市，也是泰国的政治、经济、贸易、交通、文化、科技、教育等各方面的中心。曼谷自20世纪70年代开始就逐渐成为世界级的旅游城市，城中有400多座佛教寺庙，还有金碧辉煌的大皇宫，独具魅力的当地文化吸引了大量的东西方游客，观光业成为泰国重要的外汇来源之一。

二、泰国国家博物馆

泰国国家博物馆坐落在曼谷城附近的湄南河一条支流上。该博物馆实际上展出的是泰国帝后乘坐的龙凤舟的船坞，吸引着来自世界各国的游客。博物馆紧邻清波荡漾的河流，像浮在水上的一座宫殿，有水渠通入湄南河水网，游客可以乘船到博物馆，离船后有一条长桥通入博物馆内。

三、吉姆·汤普森故居

吉姆·汤普森（Jim Thompson）故居是泰国曼谷市中心的一个博物馆，收藏着美国商人和建筑师吉姆·汤普森的艺术收藏，他是博物馆的设计者，也是前主人。博物馆建于1959年。1948年，汤普森移居曼谷，成立泰国丝绸有限公司后，成为东南亚艺术的主要收藏家，而当时，东南亚艺术在国际上并不广为人知。被东南亚艺术的工艺和表达的微妙之处所吸引，汤普森建造了大量历史佛教雕像和由木材、布和纸制成的传统泰国绘画，描绘了佛陀的生活和维桑塔拉·贾塔卡的传说。他不仅收集泰国的民间艺术品，也从缅甸、柬埔寨和老挝收集民间艺术品，经常到这些国家旅行购物。他的收藏还包括来自中国的瓷器，这些瓷器在16世纪和17世纪进入泰国。1958年，他开始了他的建筑成就的巅峰，建设了一个新的家居住，且用于展示他的艺术收藏。博

物馆由六座传统的泰式房屋组成，主要由木材建造。

汤普森的家坐落在邦克鲁亚对面的一条小运河上，当时他的公司就在那里。19 世纪，大部分房屋被拆除，从大城迁出，但最大的一个织机的房子（现在是客厅）来自邦克鲁亚。1967 年汤普森失踪后，这所房子在 H.R.H. 公主玛哈・查克里・西林德霍恩的王室赞助下，由詹姆斯・汤普森基金会控制。

四、三象神博物馆

三象神博物馆位于泰国的北榄府，距离曼谷新国际机场不远，从路边远远就可以看见重达 250t、高 16 层楼的三头庞然巨物：由纯铜精雕而成的神像，那就是爱侣湾三象神博物馆所在，是泰国境内唯一一座三象神博物馆。挑高的神殿透光，珐琅天花板及各神像艺术品，雕梁画栋，美不胜收。

五、曼谷金佛寺

曼谷金佛寺又称黄金佛寺，位于 Hua Lamphong 火车站西南面的唐人街，曼谷火车总站附近，为泰国著名寺庙，泰国三大国宝之一。

金佛寺因供奉一尊世界最大金佛而闻名。一尊用纯金（另一说是约 60% 含金量，此有待考证）铸成的如来佛像，重 5.5t，高近 4m，盘坐的双膝相距 3m 有余，金光灿烂，庄严肃穆，是泰国素可泰时代的艺术品，也是泰国的无价之宝。

金佛被发现的年代在 700 多年前，据说佛寺所在地本来颇为荒凉，后来华人逐渐聚居。他们把荒山上的一个佛像雇车搬了回来。几经周折，运抵寺庙后，佛身有一块铁壳掉下，露出里面金光闪闪的金佛像身。把所有铁壳敲掉后，金光闪亮的完整佛身露了出来，由此名闻全国，后该寺定名为金佛寺。

另有一传说，称这尊金佛建造于素可泰王朝，后来外敌入侵，为了防止金佛被外来入侵者掳走，爱国志士在其身上涂以灰泥，埋在土中达 300 多年，后发掘出土，但因佛身涂了灰泥，不够美观，被供奉在湄公河岸的帕开旧庙里。后因庙址改建仓库，在搬运金佛时不慎摔了一下，佛身灰泥脱落，显露出一尊形态栩栩如生的金佛，遂成为稀世珍宝，乃运至曼谷，供奉寺内。

六、普拉贾迪波克国王博物馆

普拉贾迪波克国王博物馆是泰国曼谷蓬普拉普萨特鲁皮区的博物馆。该建筑有三层永久展览，涉及泰国国王普拉贾迪波克和王后拉姆拜・巴尼的皇室生活。

以前，这栋建筑是约翰・桑普森（John Sampson & Son）的百货公司的所在地，简称“约翰・桑普森”，是该地区一家出售定制鞋和马鞍的商店的分店。伦敦邦德街已经将其分支机构扩展到整个泰国。1898 年，在朱拉隆功国王的劝说下，他下令建造这栋大楼并开放出租，直到公司解散。随后，朗·迈特里瓦尼奇（查勒姆·约特曼尼）进入大楼出租。因此，在 1933 年合同到期之前，公共工程部将其名称改为“Suthadilok 百货公司”，租用了该部的办公室。2001 年 4 月 26 日，Prajadhipok 国王的研究所从公共工程部调来博物馆业务，直到 2002 年 11 月底完成大楼的翻修工作。

博物馆收藏了拉马七世国王和女王的皇家陈列品，展示了照片、文件和皇家传记。

该博物馆分为三层。一层主要展示拉玛七世王后的日常生活、活动和生活习惯，介绍她的公主生活、皇室婚礼、陪拉玛七世国王去英国等。二层主要展示国王在登基之前的个人生活，他的童年、教育、任命、婚姻和公职，他在英国的行宫等，可以了解皇室在摄影、音乐、体育等方面的品位。三层主要展示皇室加冕礼、各种皇家活动等，此外，还展示了皇室在国家发展、宗教、教育、军事、交通及通信方面所做出的贡献。

博物馆

——首尔特别市（韩国），Seoul（Korea）

一、首尔特别市博物馆业发展概况及特点

首尔特别市，简称首尔，首尔是世界第十大城市，朝鲜半岛最大的城市，亚洲主要金融城市之一，也是韩国的政治、经济、科技、教育、文化中心。首尔有着朝气蓬勃的人群、繁华喧闹的城市、迷人的自然景观、悠久的历史文化。博物馆机构有韩国国立中央博物馆、国立民俗博物馆、战争纪念馆、韩国泡菜博物馆等 100 多家。首尔深厚的历史积淀及文化要素让博物馆得以发展。现今首尔博物馆也紧追未来主题，进行了展现形式与交互体验的新尝试。

二、韩国国立中央博物馆

1. 发展历史

韩国国立中央博物馆陈列室面积 4 600m^2，展出韩国的历史文化遗物。该博物馆除了韩国文物以外，还收藏有中国、蒙古等东北亚地区近邻的文物 15 万多件，经常展出的有 4 500 多件，内容涵盖考古、历史、美术等领域。

专题展览大厅每年办 1~2 次专题展览，展出馆藏文物或向全国各地借用的文物。该馆开展以考古学和美术史学研究为主的学术活动，调查发掘古墓、寺院遗址和窑址。设有“博物馆特别讲座”，开展教育普及工作，每年招收学员，讲授考古学、工艺、民俗、绘画、佛教艺术、保护科学等方面课程。定期举办学术讲座，放映电影，发布调查报告。该馆的博物馆之友每月还进行一次史迹调查活动。

2. 建筑布局

韩国国立中央博物馆建于 1945 年，位于景福宫外城光化门右侧，是一座地下一层、地上二层的建筑。

韩国国立中央博物馆占地面积为 307 000m^2，建筑面积达 134 000m^2，号称世界第

六大博物馆。其室内设计最为精彩，高大简洁的内墙立面俱以象牙色的大理石所砌，阳光从天棚和天窗洒入，营造出巍峨典雅的意境。博物馆内设 18 个常设展厅及两个企划展厅，总面积超过 18 000m^2。

3. 场馆特色

韩国国立中央博物馆展品以韩国历代重要文物为主，尤其是美术类的藏品非常丰富。1972 年，在景福宫新建馆舍，展出韩国五千年的历史文化遗物，分成史前时代、高句丽・百济・三国时代、统一新罗时代艺术，高丽・李朝陶瓷器，李朝绘画、佛像，高丽金属工艺，以及朴秉来、李东垣捐献文物等部分。藏品约 10 万件。

三、首尔历史博物馆

1. 发展历史

首尔历史博物馆（Seoul Museum of History）是一座旨在介绍首尔历史及文化的城市历史博物馆。在这里，人们可以通过体验首尔文化，加深对首尔的了解和认识。首尔历史博物馆保存着史前时代至今首尔的变迁史料，展品中有相当一部分是市民捐献出来的。

2. 建筑布局

博物馆共四层。第一层：咨询台、首尔历史资料室、捐赠文物展厅、中庭休息区、第一学习室、儿童学习室、物品保管处、咖啡厅和餐厅、博物馆纪念品店。第二层：视听室、学习室。第三层：朝鲜时代的首尔、开港、大韩帝国时期的首尔、日本帝国主义侵占时期的首尔、高速增长时期的首尔、城市模型影像馆。第四层：信息桥 / 汉阳人的风采和手艺。

3. 场馆特色

展览展示了首尔从 1392 年至今的历史演变。从朝鲜时代首尔建立 500 年王都，修筑宗庙社稷与宫殿，推行发布国王教化与政令，举国民心，汉阳成为朝鲜经济中心；到大韩帝国时期的首尔，立足于传统，进行大规模改造；再到日帝强占期的首尔；发展到现如今都市形象。

四、梨花女子大学博物馆

1. 发展历史

梨花女子大学博物馆于 1935 年 4 月 6 日建立，是梨花女子大学为保护韩国丰富的文化遗产做出努力的体现。在 20 世纪 50 年代，该博物馆从当时的梨花市总统海伦・金（Helen Kim）的私人收藏中收到了数百笔捐赠，并开展了各种保存和研究项目。60 年代，该博物馆通过开设新的带有展览空间的博物馆大楼而发展成为一个全面的文化机构，用于永久收藏。

1990 年，为纪念梨花百年诞辰，该博物馆又增购了一座博物馆大楼（4 400m^2），并加强了馆藏和展览管理系统及教育功能。博物馆进行了一系列出色的特别展览，对文物进行系统的分类，建设了计算机化馆藏管理系统，并启动了博物馆的官方网站。

博物馆于 1999 年开设了张武德纪念馆，这标志着博物馆作为文化机构的功能有了很大的扩展。2005 年，对博物馆建筑进行了扩建，将建筑面积扩大至 5 700m^2，并于 2006 年开放了现代美术馆，博物馆的展览空间涵盖了从史前到现代人类文化的各个时期。

2. 建筑布局

（1）一层常设展览馆。博物馆的常设展览厅收藏了各种文物，包括指定为第 107 号国家宝藏的“釉下铁制带有瓷器的白瓷罐”。每年都会举办一次新展览，以展示该博物馆永久性收藏的杰出范围。

（2）二层特别展厅。特别展厅是为自 1972 年以来举行的博物馆特殊展览系列而设计的。特殊展览涵盖以下几类：使博物馆的藏品焕发出新的光辉；从古代到现代的艺术品；以学术研究成果为重点的活动；围绕特定主题的事件。每个特别展览都与相关的讲座、专题讨论会、讲习班和教育项目一起举行。

（3）地下一层捐赠文物展览馆。捐赠文物展览馆的目的是保存和研究私人收藏的重要文化捐赠，其中许多都是梨花校友和当地社区领袖的礼物。大厅是半年度展览的场所，强调捐赠者的贡献及文化物品的价值。

（4）地下一层张武德纪念馆。张武德纪念馆收藏了梨花女子大学教授张淑焕捐赠的藏品。该馆藏包括张教授的母亲张武德（Chang Budeok，1908—1967 年）的遗产，以及张教授自己的藏书。该系列包括服装、装饰品、刺绣和木制品等各种手工艺品，展示了韩国传统手工艺的独特美感。

3. 场馆特色

梨花女子大学博物馆目前收藏有大量史前时期的韩国文化遗产，涵盖了考古、历史、民间艺术及现代和当代艺术等各个领域。该馆藏包括史前的青铜器、铁器和陶器；三个王国时期的古墓发掘、屋顶瓦片、砖头和陶器中的文物；韩国唯一遗留的高句丽文物“平壤要塞墙上的铭文”；统一新罗时期的佛教艺术品和陶器，包括佛像和石灯笼底座；高丽时代的金属制品和陶瓷，例如青瓷、白瓷和绿褐色釉面石器；朝鲜时期的灰蓝色粉末青瓷、白瓷、木制品、绘画和书法作品及民俗材料；以及众多现代和当代艺术品。

附录：首尔与北京在博物馆领域大事记

“包容的北京”展览在首尔历史博物馆举办。2013 年 11 月 29 日，由北京首都博物馆策划的“包容的北京——一座城市的成长”展览在首尔历史博物馆开幕。

开幕式结束后，北京市首都博物馆馆员穆红丽带领来宾观看了展厅。穿过北京的老胡同，参观着各个朝代的历史文物，想象着那个时代的金戈铁马。转而踏上京城的中轴线，感受皇家的雄伟辉煌。再步入寻常百姓家，京城旧照展现了旧时北京城的繁华。最后来到现代化的北京，珠峰火炬、奥运鸟巢，所有的一切都给予了观众极大的震撼。

本次展览通过 5 个部分共 91 件展品展示了从西周至隋唐、元、明、清及至现代的北京，其历史文化所经历地从地域文化到城市文化再到都城文化的漫长发展道路。展览从城市包容的特点出发，展现了北京的多元文化。展品中还包括辽代的鎏金银面具和元代的釉里红玉壶春瓶两件国家一级文物。

博物馆

——河内市（越南），Hanoi（Vietnam）

一、河内市博物馆业发展概况及特点

1. 历史沿革

河内是越南的首都，位于越南民族发源地红河平原的中部，红河与墩河的交汇处，是越南最大的城市之一。河内是一座拥有 1 000 多年历史的古城，从 11 世纪起就是越南政治、经济和文化中心，历史文物丰富，名胜古迹遍布，享有“千年文物之地”的美称。

2. 现状特点

河内市有着自然、质朴的美，大小湖泊遍布，文物荟萃，古迹寺庙居全国之首。其中具有鲜明历史特色的是以纪念胡志明为主线建设的一系列纪念场馆和雕塑。越南共产党在领导越南社会主义革命和建设中，形成了以胡志明思想为核心的丰富的精神内容，遗留下来的大量的革命遗址、遗迹及建设的革命纪念场所，构成了越南旅游资源的主要内容。

3. 发展策略

越南非常重视胡志明在其社会主义革命和建设中形成的精神和物质财富，构成了以胡志明思想为核心的精神和以革命遗迹区为主要形式的物质内容。重视革命烈士为越南民族独立和解放所做的贡献，教育人民在物质文化生活不断得到改善的同时怀有“感恩之心”。

二、越南国家历史博物馆

1. 博物馆简介

（1）发展历史

越南国家历史博物馆（Vietnam National Museum of History）是为了记载越南历代

王朝的兴衰而建，位于河内市还剑郡长前坊。这座古建筑造型非常雄伟精美。作为越南七大博物馆之一，博物馆馆藏丰富，展示了越南历史上各朝代的兴衰及越南被法国殖民统治的历史过程。

越南国家历史博物馆主要分为两部分展示：第一部分是古代越南，第二部分是越南的近代史。古代越南被分为几个大厅来展示，基本上越南每个朝代都有一个独立的展厅，展厅里对当时朝代做了详细的介绍。第二部分的展馆展厅中按照不同的主题展示了许多重要的历史文物。

（2）建筑布局

越南国家历史博物馆是河内市最雄伟的建筑之一，这座 1932 年的建筑融合了东方和西方不同的建筑风格，主体部分是一座三层黄色的建筑物，有着八角攒尖的顶和仿木结构的斗拱和瓦檐，也有向外突出的欧式阳台。

馆内按照年代排序介绍了从史前时代一直到近代的越南历史。一层是旧石器时代至李朝和陈朝展区；二层是后黎朝至阮朝、抗法时代、越战时代及南北从分离到统一的相关展示。游客在这里可以看到用汉字书写的古代越南皇帝诏书和朝廷公文。

（3）场馆特色

越南国家历史博物馆内有越南各时期的文化演变过程的各种文物，展示品中有许多石器、古铜器、石碑、铜鼓、占婆艺术、陶器和少数民族的服饰等，都非常珍贵。而在博物馆后方三楼的图书馆里，还收藏有法国殖民时期的书籍，研究资料相当丰富。在博物馆正对面的雄殿（Den Hung），还祭祀着越南的开国君主（雄王）及其祖先。

2. 馆藏经典

（1）经典馆藏一：汉字书写的古代越南皇帝诏书和朝廷公文。

（2）经典馆藏二：博物馆内有越南三千年以来各时期文化演变过程中的各种文物，展示品中有不少石器、青铜器、陶器和少数民族服饰等，都是非常宝贵的。

三、越南民族博物馆

1. 发展历史

越南民族博物馆（Vietnam Museum of Ethnology）是越南的国立博物馆之一。作为一个多民族国家的国立民族学博物馆，自建立以来即以对各少数民族的文化和历史遗产进行科学研究、收藏、文献记载、保存、展示和保护为己任。1987 年 12 月 14 日，越南民族博物馆正式被批准建立，占地面积 327 公顷。1997 年 11 月 12 日，越南民族博物馆的展览馆部分落成，并正式对外开放。博物馆目前收藏了 15 000 件手工艺品、2 190 张幻灯片、42 000 张照片、237 盒录音磁带和 25 张光盘。

2. 建筑布局

越南民族博物馆分为室内和室外两个展区，室内展区总面积为 2 480m^2（包括 750m^2 存储手工艺品的储藏室），按照不同的语言群体和不同的聚居地对馆藏进行分类展示；室外部分主要展示越南不同地区的地方民居。目前已经完工的有埃地族（Ede）的长排房、傣族（Tay）的高脚屋、瑶族（Dao）的一半在支柱上一半在地上的房屋、赫蒙族（Hmong）用特殊木料做屋顶的房屋、越族（Viet）的瓦片顶房屋、占族（Cham）的传统民居，以及哈尼族（Hanhi）的民居等。此外，在这些民居之间种植的植物也尽量保持与实际生活中一致。

四、河内军事博物馆

1. 发展历史

河内虽然是越南首都，但由于过去战争连绵，除了使馆区一带的建筑物较为美观之外，残破房屋触目皆见，可凭吊的战争遗迹不少。而其中的河内军事博物馆，成为河内众多博物馆的特色之一。

河内军事博物馆（Army Museum）属河内国家级六家博物馆之一，成立于 1959 年 12 月 22 日，位于列宁铜像旁，胡志明陵墓以东约 600m。该处有著名的“河内旗台”古老建筑，亦即俗称的“旗杆塔”，颜色朱红，塔身瘦长呈六角形，顶部有六角形的雕花图案，于 1805 年动工，1812 年落成，界线 180m，高达 31m，专做升旗之用，也被列为国家文化遗迹。

2. 建筑布局

博物馆的陈列室展出了胡志明的雕像，以及战争时期的武器和遗物，包括枪、刀、戟及遗下的扩音器、日用品、往来文件、战役时期的照片等。大小战役，远至 1 世纪，近至南北越内战，都有珍贵资料可见。其中一角的陈列室是“奠边府的胜利”“空中奠边府”，另一角是“胡志明之路”，都可说是历史的见证。

五、越南美术馆

1. 博物馆简介

（1）发展历史

越南美术馆成立于 1966 年，是越南文化信息部直接管辖的国家级博物馆之一。越南美术馆完好地保存了从史前到越南封建王朝时期一直到现代的越南造型艺术品。

越南美术馆（Fine Arts Museum）从 18 000 多件藏品中挑选了 2 018 件作为馆内的固定陈列，并根据年代顺序和专题（即艺术媒介和流派）进行编排，从而让观众能直观地感受到颇具越南人文特质和民族风情的美术工艺品。其中最引人注目的是 20 世纪杰出的越南绘画和雕塑作品。

进入21世纪以来，越南美术馆举办了许多国内外重要的展览，包括2006年8月与日本协会合办的越南和纸艺术展、2006年菲律宾驻河内使馆与菲律宾画家巴德莫（M. Baldemor）合办的“越南文化之旅”、2005—2006年在日本举行的“越南近代绘画50年”展、2006年在意大利罗马举办的越南当代艺术展、越南美术博物馆与德累斯顿美术大学在德国合办的美术交流和专家培训项目，以及2005年与韩国当代设计实验协会（KECD）联合举办的遗产设计研讨会和海报艺术展等重要活动与展览。

越南国家工艺美术学院的成立为美术馆的建立提供了必要的人力和物力基础。在画家Nguyen Do Cung的推动下，国家工艺美术学院的开拓者开始致力于学院向美术馆的转型，包括把学院的建筑外形由原来的欧式风格改造成具有越南本土特色的建筑，并使其具备了美术馆的功能。在这样的背景下，经过四年的筹备工作，1966年6月26日，越南美术馆正式向公众开放。

（2）场馆特色

该馆的藏品陈列体系主要包含以下六个专题：史前和早期历史阶段的越南艺术品；11—19世纪的越南艺术品；20—21世纪的绘画和雕塑；应用装饰艺术；越南民间艺术；11—21世纪的越南陶瓷制品。越南美术馆是越南公众接受美术教育的重要机构之一。

2. 馆藏经典

（1）经典馆藏一：脸谱与野兽岩刻。博物馆完好地保存了从史前到早期历史一直到现代的越南造型艺术品，其中最引人注目的是出自和平省乐水县同内石洞距今一万多年的脸谱与野兽岩刻，它被视为越南最早的造型艺术。

（2）经典馆藏二：陶盛铜瓮。陶盛铜瓮上雕刻有正在交欢的一对男女、花纹、野兽、鸟类和正在划船的人等图案。这被视为一组反映雄王时代居民生活的连环画。

六、胡志明故居

1. 发展历史

胡志明故居（Presidential Palace）距离胡志明陵墓一箭之遥。胡志明在生活上极为简朴，整个故居里有两处曾是胡志明居住过的地方，一个是1954—1958年间住过的一排普通的电工房舍，另外一个是位于故居花园中池塘岸边的两层全木制、小巧玲珑的高脚屋。整座高脚屋同其主人一样，简朴而雅致高洁。

2. 建筑布局

故居的上层是胡志明的办公室兼卧室，下层是会议室。胡志明在世时，很多会议在这里举行。屋的西侧是一条走廊，东侧有办公室、会客室和休息室等房间，室内有胡志明使用过的木桌、木椅，陈列有胡志明使用过的老式电话、打字机、军用地图及胡志明阅读过的马列著作等。

3. 场馆特色

胡志明故居的主体建筑是一栋法式别墅，颇为豪华，生活极为简朴的胡志明其实一直住在别墅旁的电工宿舍里。“斯是陋室，唯吾德馨”，胡志明的生活正是对《陋室铭》越南版的诠释。故居花园幽静典雅，还种植着有趣而罕见的菩萨树，它的根部会往上长，形成一尊尊天然雕像。

博物馆

——金边市（柬埔寨），Phnom Penh（Cambodia）

一、金边市博物馆发展概况及特点

1. 历史沿革

金边市是柬埔寨的首都，在9—14世纪创造了举世闻名的吴哥文化。柬埔寨历史上曾经两次被法国占领，在第一次殖民期间，法国人在金边建立了阿尔伯特·萨罗博物馆，这也是柬埔寨第一座博物馆。后来法国被迫撤军，这座具有历史意义的博物馆改名为金边国家博物馆，由柬埔寨人进行管理。

1975—1979年间，红色高棉获得柬埔寨执政权，这一时期促成了柬埔寨监狱博物馆——柬埔寨最著名的博物馆之一——的诞生。在武装冲突期间，柬埔寨当局为执行关于文化财产保护的海牙公约做出了巨大的努力。其间，民间人士试图把金边博物馆的主要藏品及吴哥窟的部分文物转移到安全的地方，来不及转移的就地掩埋。因此，1979年波尔布特政权崩溃时，大部分文物都保存完好，为日后博物馆的重新开放奠定了基础。

21世纪之后，金边市内又落成了几座颇具现代意味的博物馆。2012年柬埔寨经济货币博物馆正式向公众开放，展示柬埔寨的货币历史；2016年，金边3D视觉艺术博物馆诞生，金边博物馆业走向国际化，旨在让公众感受3D技术的魅力。金边的博物馆数量、内容仍在不断丰富中。

2. 现状特点

金边的博物馆业规模中等，且大多为历史博物馆、纪念馆和宗教场所，现代的特色博物馆较少。但随着柬埔寨经济的增长，博物馆业的规模也在不断扩大。

金边市文博业注重海外合作和文化交流，其境内文物多次出海参展，向世界各族人民展现吴哥文明的魅力，吸引游客亲自到金边进行更深入的了解。除文物参展外，金边市文博业也曾进行过出口展览，如“高棉的微笑——柬埔寨吴哥文物与艺术”，该展览是中国首都博物馆、国家文物局文化遗产研究院与柬埔寨国家博物馆共同举办的一项引进外展，项目缘起于中国政府援助柬埔寨修复吴哥古迹。

3. 发展策略

柬埔寨经济基础不够发达，能够投入到文化事业的资金有限。当局希望尽力挖掘本民族的历史文化资源，来弥补资金、设施上的缺陷，从而使博物馆内容变得丰富，而不是一味追求博物馆数量。

此外，由于柬埔寨是吴哥文明的发源地，拥有多项文化遗产，且出土文物具有极高的研究和文化价值，因此联合国教科文组织将发展柬埔寨的文博业作为重点项目。联合国教科文组织组织和发起过多个活动，连接柬埔寨和世界，振兴和促进柬埔寨文博业的发展。金边市内的多个博物馆参与了“流动博物馆”活动、区域展览及专业培训。

二、柬埔寨国家博物馆

1. 博物馆简介

（1）发展历史

柬埔寨国家博物馆是柬埔寨最大的考古和文化历史博物馆。博物馆向公众展示丰富的柬埔寨历史和文化。

柬埔寨国家博物馆的前身是 1905 年建于前朝王宫内的高棉博物馆，四年后，博物馆曾被迁至他处，现在人们所看到的馆舍建于 1917—1920 年，是法国画家乔治・格罗斯列（George Groslier）依据高棉建筑特点融合法式建筑风格而设计建造的，他也是博物馆的第一任馆长。1920 年 4 月 13 日，时任柬埔寨国王西索瓦（King Sisowath）主持了开馆仪式。1924 年，博物馆建筑的最初设计略有改动，在东立面的两端增加了两翼，使这座建筑更加雄伟。

20 世纪 20—40 年代期间，博物馆的早期主管们对藏品的丰富和博物馆管理经验的积累做出了巨大贡献——乔治・格罗斯列亲自对藏品进行了编目。到了 1951 年，博物馆改名为“柬埔寨国家博物馆”，同时博物馆的管理权交接给了柬埔寨政府，但馆长依旧由法国人担任。1956—1966 年，博物馆在马德琳・吉托（Madeleine Giteau）的管理下继续蓬勃发展。1966 年，谢泰生成为博物馆的首位柬埔寨馆长。1975—1979 年，该博物馆被关闭，于 1979 年 4 月重新开放。幸运的是，该博物馆没有遭受到严重破坏，并且在澳大利亚政府和其他赞助人的帮助下，该博物馆及其周边地区在 20 世纪 90 年代进行了重大翻修。

（2）建筑布局

柬埔寨国家博物馆规模并不大，总面积为 5 200m^2，其中展厅面积为 2 800m^2，馆藏总量虽然达到 1.5 万件，但由于展出场地和条件所限，展品仅有 2 500 件。

柬埔寨国家博物馆是开放式设计，十分美观。博物馆建筑采用人字屋顶和雕花门、高棉古寺庙建筑样式，融高棉传统建筑与法国风格为一体，是金边市经典建筑之一。馆中央建有一座小亭子，供奉了一尊神像——著名的阎王的雕像，根据印度神话，这是死亡之神。此外，周围还有四个人造荷花池，以草圃及长凳相间，犹如一道道隔音墙，阻隔了馆外闹市的喧嚣。

博物馆的设计是典型的传统高棉建筑风格，美观大方。花园庭院周围的门廊以其石头作品、浅浮雕、装饰性门楣和包含旧高棉语和梵语铭文的重要石碑而闻名，这些石碑大多可追溯到6—11世纪。

与博物馆相邻的是皇家美术大学，它的起源可以追溯到1918年在乔治·格罗利尔的监督下成立的“艺术坎博迪学院”，该学院旨在培养学生在青铜铸造、传统绘画、家具制造和雕塑造型方面的艺术。

（3）场馆特色

柬埔寨国家博物馆藏有世界上最丰富的高棉文化材料，包括史前、前吴哥窟、吴哥窟和后吴哥窟时期的雕塑、陶瓷和民族志物品。柬埔寨国家博物馆的馆藏展品有的是从柬埔寨各地运来的特色雕像和青铜器，有的是从吴哥运来的，很有观赏价值。

柬埔寨国家博物馆通过展示、保护、收藏、阐释柬埔寨历史文物，促进本国人民和世界人民对柬埔寨遗产的认识、理解和欣赏，旨在成为柬埔寨的艺术中心，让更多的人了解柬埔寨。

柬埔寨国家博物馆的主要活动包括展览、保护和促进对柬埔寨文化艺术珍品的了解。保护文物安全，努力确保柬埔寨被盗文物的归还，是博物馆工作的重要任务。此外，博物馆努力通过展览吸引游客，并发挥其作为文化社区的作用。馆方认为，柬埔寨的文化遗产具有巨大文化和历史价值，可以为近几十年来损失惨重的柬埔寨人民带来自豪感和认同感。多语种博物馆导览和出版物及博物馆公共图书馆的提供，都有助于增加当地和国际游客的数量。在柬埔寨博物馆部的支持下，博物馆不仅负责自己的收藏、工作人员和馆舍，而且负责支持和监督柬埔寨所有其他博物馆。

柬埔寨国家博物馆积极参与海外展览。1992年，柬埔寨国家博物馆的馆藏首次赴海外在澳大利亚国家美术馆参与展览，随后15年内参与法国、日本、美国、瑞士、德国和中国的多次展览。柬埔寨国家博物馆对澳大利亚和法国的展览支持使这些国家的政府向博物馆提供了大量的专业援助，馆方希望日后能够继续这样的互换合作。

2. 馆藏经典

（1）经典馆藏一：孔雀槟榔叶盒

孔雀槟榔叶盒可以用来存放槟榔叶、丁香和豆蔻。其由黄铜制成，中间有穿孔，并由几个隔间来存储不一样的东西。金边国家博物馆的这件槟榔叶盒的历史可以追溯到17或18世纪。

（2）经典馆藏二：毗湿奴神像

该神像制成于 11 世纪，青铜质地。

三、柬埔寨监狱博物馆

1. 发展历史

1975 年，红色高棉占领金边，波尔布特政府为了践行他所渴望的无阶级平等社会，当时金边及所有其他大城市的 200 多万人口被全部驱赶至乡下。私有制被彻底废除，货币和商品被取消。

之后，波尔布特开始了第一轮的大清洗，主要对象是当时的知识分子。波尔布特假称知识分子可以优先回到城里，鼓动他们站出来。因此，约两万多名教师、公务员、医生及红色高棉政权眼中的资产阶级——他们当中有妇女、儿童、甚至孕妇和婴儿——被带回金边，然后被集中在了由一所学校改建的 21 号安全办公室，在那里他们受到种种残酷的拷打和折磨。许多当即死去的人被埋在监狱的万人坑里，剩下的则全部送往郊外的一座屠杀场处死。在红色高棉政权统治的 5 年时间里，有超过 200 万人被屠杀，占当时全国总人口的 30%。

红色高棉政权垮台后的第二年，即 1980 年，这里就被改造为博物馆。施工工人发现，就在离博物馆不远的琼邑克刑场，竟掩埋着累累白骨，当中包括不少儿童和妇女。这一发现随即震惊世界，成为柬埔寨历史上最黑暗的一页。

2. 建筑布局

柬埔寨监狱博物馆原本是一所学校，整个博物馆看上去和一般学校没什么两样，大楼前有几块褪色的草皮，曾经是孩子们的足球场。院内大楼是一栋一体建筑，三个主楼由一个长廊连接，这三个主楼分别保留着不同的文物。一号楼曾经关押的是重要的资产阶级分子，有单独的牢房和刑具；二号楼是进这所监狱的人挂上胸牌拍照存档的地方，现在被用来展览的是这些照片；三号楼关押的多数是家属，包括一些老幼病残，有更多的私人物品。

每两栋主楼间都有一个庭院，其中一个绿色庭院供游客在逗留期间放松休息；另一个白莲厅供游客反思、冥想，并提供高棉传统音乐表演。除此之外，馆内还设有活动室，馆方经常在活动室内开设历史课程，旨在让游客进一步了解柬埔寨的历史。

3. 场馆特色

与其他历史文化博物馆不同，柬埔寨监狱博物馆本身就是一段历史，并且还是一个集博物馆、研究中心、研究院、文件档案管理和研究图书馆为一身的综合机构。这座博物馆原本只是一所学校，由于在此发生的重大历史事件，场馆的性质和职责也发生了变化。

柬埔寨监狱博物馆是红色高棉政权审讯拘留中心的纪念地。它位于金边市中心，保存着柬埔寨历史上最悲惨时期的证据，目的是鼓励游客成为和平使者，为世界和平贡献自己的力量。

柬埔寨监狱博物馆藏有大量的档案，其中大部分已于 2009 年 7 月被联合国教科文组织登记为世界记忆名录的一部分。此外，博物馆还设有一个纺织和铁制工具保护实验室。

柬埔寨监狱博物馆设有一个常展，讲述红色高棉政权时期的历史，其集中展示了红色高棉政权在 21 号安全办公室犯下的罪行。参观者可以看到展出的证据，包括受害者和 S21 工作人员的照片、受害者的衣服、刑具、脚镣和铁链等。馆内还设有若干特展，分别针对红色高棉时期不同的方面，从多个角度讨论其对现代社会的影响，其主题包括“和平文化的创造”“妇女的悲伤与挣扎：红色高棉时期的强迫婚姻”等。

博物馆

——马尼拉市（菲律宾），Manila（Philippines）

一、马尼拉市博物馆业发展概况及特点

马尼拉是菲律宾的首都和最大的港口，是东南亚人口最多、发展最快的城市之一，曾经与墨西哥城、马德里并称世界上最早的国际城市，在世界商业贸易网络中发挥着重要作用。又因其历史原因，作为西班牙的前殖民地，多种文化、宗教在此交织融合，历史悠久，经济发达，文化氛围浓厚，在这里诞生了菲律宾第一所大学。

近年来，菲律宾政府重视旅游业发展，对旅游业及文化重点部门进行了整顿，推动相关基础设施的建设，包括对长滩岛的整顿等。而在博物馆方面，菲律宾政府发挥博物馆在社会教育方面的作用，将博物馆与爱国主义教育相结合；注重观众体验，在博物馆展览中，以观众为出发点，更加注意细节的设计和安置等。通过一系列手段，推动博物馆业的可持续发展，吸引更多游客。

作为菲律宾的文化中心，马尼拉拥有许多博物馆，包括菲律宾国家博物馆、卡撒马尼拉博物馆、菲华历史博物馆、菲律宾艺术博物馆、黎刹纪念馆等。

二、菲律宾国家博物馆

菲律宾国家博物馆建立于 1901 年，前身是菲律宾委员会建立的人类学、自然历史和商业博物馆。1904 年，更名为菲律宾博物馆。1933 年，博物馆机构进行了重组，美术和历史系并入国家图书馆，人类学和自然历史部门并入国家历史博物馆分部。第二次世界大战日占期间，这些部门又全都并回单一的国家博物馆中。1966 年，博物馆被赋予了更多的教育义务。2019 年，更名为菲律宾国家博物馆。

菲律宾国家博物馆由国家美术馆、国家人类学博物馆、国家自然历史博物馆、国家天文馆及其他的地区性博物馆组成，其中前四个博物馆都在马尼拉黎刹公园的博物馆大楼中。菲律宾国家美术馆创建于 1998 年，藏品展览于原国会大厦内；国家天文馆

建立于 1975 年；国家人类学博物馆位于建于 1916—1918 年间的原菲律宾财政部大楼内；国家自然历史博物馆建于 2013 年，位于原旅游部大楼内。菲律宾国家博物馆藏品众多，涵盖不同时期、不同领域的经典藏品，包括沉船圣地亚哥号上的各种景德镇瓷器和“海上丝绸之路”的贸易文物。

菲律宾国家博物馆有着雄厚的科研实力，数百名博物馆馆员均有海外相关专业的留学深造背景，经常参与北美、欧洲、亚洲等国的交换学者项目和共同研究项目；除此之外，还有部分馆员在菲律宾许多高校任职。菲律宾国家博物馆还有为数众多的志愿者队伍，许多驻菲外国使节夫人也加入志愿者队伍中，参加博物馆举办的文化研讨会。

菲律宾国家博物馆还免费为大学生提供研究菲律宾艺术所需的相关资料，也面对大众提供文物咨询、鉴定和评估服务。

三、卡撒马尼拉博物馆

卡撒马尼拉博物馆位于菲律宾吕宋岛国家首都区，又名马尼拉之家。卡撒马尼拉博物馆于 1980 年建成，是一座宏伟的石木结构建筑，是 19—20 世纪期间西班牙的富贵人家所居住的房屋的复制品。卡撒马尼拉博物馆生动再现了 19 世纪马尼拉富有商人的生活方式。

卡撒马尼拉博物馆共有三层。一层是铺着花岗岩的院子，摆放着 19 世纪的马车和喷泉。二层主要是办公厅、图书馆和一些次卧。三层有着前厅、客厅、祷告室和餐厅，摆放着 19 世纪的家具及各种生活用品。

四、菲华历史博物馆

菲华历史博物馆位于马尼拉王城区，建于 1996 年，于 1999 年落成揭牌。菲华博物馆的构想者是人类学家、华人研究学家施振民，实际建立者则是由洪玉华等共同创办的非营利组织“菲律宾爱华裔青年联合会”。菲华博物馆展现了历代华人在菲律宾生活和奋斗的历史与文化，彰显了菲律宾文化与中国文化融合形成的独特文化，记录和恢复了各种文物中承载的历史，促进了华人与当地人的交流与认同。

博物馆分成下列展场：早期交流、八连（The Parian，西班牙殖民时期集中管理华人的聚落）、殖民文化、华人社群的建立、捍卫自由、19 世纪华人生活、华裔国家领导人、珍贵照片和图集、殉道者纪念堂、墓葬品收藏及展示、菲律宾稀有贝类、菲律宾华人与国家建设等，除此之外还有施振民纪念图书馆。

五、菲律宾艺术博物馆

菲律宾艺术博物馆又称阿亚拉博物馆（Ayala Museum），由菲律宾著名抽象画家费尔南多·佐伯设计，于 1967 年作为阿亚拉基金有限公司的一个项目建成，在 2002 年搬迁至现址，位于马尼拉马卡蒂区。

菲律宾艺术博物馆的常设展览包括西洋镜体验、船只展、菲律宾艺术先锋、祖先金、刺绣艺术、千年的接触。博物馆底层设有当代展览，展现了菲律宾艺术史和当代的国际艺术。博物馆的三层主要展示重要的绘画作品和摄影作品。六层则设置了菲律宾遗产图书馆，收藏了超过 13 000 册有关菲律宾历史、艺术、语言、宗教等的当代书籍、地图、照片等。博物馆还专门开辟了一个区域为陶瓷研究人员提供探究藏品，包括众多陶瓷相关的艺术历史类出版物等。

六、黎刹纪念馆

黎刹纪念馆落成于 1950 年，是根据菲律宾的民族英雄黎刹幼时居住的房屋复制重建而来，展现了黎刹从小的生活环境，展出其生平使用的物品。1891 年，黎刹幼时成长的房屋被西班牙当局没收，其兄弟在菲律宾大革命期间将房子收归所有，但后来又将其出手。第二次世界大战期间，该房屋损毁。当地政府买下了其剩余的物件，并于 1949 年在原址开始重建，于 1950 年建成。1996 年，为纪念黎刹逝世一百周年，在纪念馆花园里树立了年轻的黎刹的雕像。1997 年，毗邻神社的地方建起了纪念品画廊、图书馆和商店。

纪念馆底层展览了黎刹童年的物件，包括其童年的绘画、书信，以及关于他生平和革命事迹的介绍，还存放有关押他的监狱的模型。二层是家庭的生活区，包括藏书数千册的一个书房。除此之外，还存有黎刹个人的雕塑作品和相关手稿等。

由于黎刹所代表的百折不挠的精神，菲律宾政府要求中小学生必须每学期到黎刹纪念馆参观学习，作为历史课的重要组成部分。除此之外，菲律宾旅游局要求到马尼拉参观的旅游团都应该将黎刹纪念馆列为参观的必选项。

博物馆

——努尔苏丹市（哈萨克斯坦），Nursultan（Kazakhstan）

一、努尔苏丹市博物馆业发展概况及特点

1. 历史沿革

哈萨克斯坦议会于2019年3月20日通过宪法修正案，为纪念哈萨克斯坦首任总统努尔苏丹·阿比舍维奇·纳扎尔巴耶夫，将首都“阿斯塔纳”更名为“努尔苏丹”。

努尔苏丹市中博物馆虽少，但每一个都承载着悠久浓厚的哈萨克斯坦文化。

2. 现状特点

努尔苏丹市文化设施较少，目前正在发展阶段，仅有三座博物馆、两家剧院、三家大型文化馆、一个文化休息公园、两座体育馆、三座游泳馆、10座运动场。

3. 发展策略

哈萨克斯坦博物馆努力通过国际活动扩大其全球竞争力，在作为研究中心的同时也要作科学中心。

2019年12月30日，哈萨克斯坦国家博物馆在其成立五周年之际举办有关提高哈萨克斯坦博物馆全球竞争力的国际论坛，论坛主题是讨论发展数字化博物馆和展览空间的最佳做法，以及如何加强当代博物馆管理，保存博物馆文物和维护国家和区域博物馆。

哈萨克斯坦国家博物馆馆长指出，博物馆在头五年取得了相当大的成就，设法使博物馆成为文化、艺术和科学的圣地，在全国和国际上举办了大约300个展览。在哈萨克斯坦身份现代化项目下，Kieli哈萨克斯坦研究中心在这里成立。此外，哈萨克斯坦国家博物馆作为一个科学中心，其员工定期参加全球和国家考古考察，同时与俄罗斯、德国、韩国、日本和中国的研究中心建立了密切的合作。

二、哈萨克斯坦国家博物馆

1. 博物馆简介

（1）发展历史

哈萨克斯坦共和国国家博物馆（National Museum of the Republic of Kazakhstan）于2014年建成开馆，是中亚最年轻、规模最大的博物馆。馆内珍贵的展品展示了哈萨克草原各民族及其先人在这片古老土地上生生不息、繁衍生活的图景，以及他们身上勤劳勇敢的品格、改造自然的智慧和别具一格的审美眼光。

该博物馆在国家“文化遗产”计划的指示下开展活动。国家博物馆的馆藏基本上是该计划下发现的众多有价值的文物。2013年7月2日，政府发布了第675号决议，正式建立哈萨克斯坦国家博物馆。根据总统命令，Darkhan Mynbay 被任命为哈萨克斯坦国家博物馆馆长。

（2）建筑布局

博物馆大楼占地74 000m^2，设有多个大厅：阿斯塔纳大厅、哈萨克斯坦独立大厅、黄金大厅、古代和中世纪历史大厅、历史大厅、人种学大厅、现代艺术大厅。还设有儿童博物馆、儿童艺术中心、两个展览厅、修复车间、实验室、专业仓库、带阅览室的科学图书馆、会议厅和纪念品商店。

博物馆配备了符合世界标准的、现代化的展览技术：独特的弧形屏风、动态模型、全息图、LED照明、触摸信息面板、三种语言提供信息的多媒体指南等。

（3）场馆特色

博物馆开发了各种主题的游览路线和互动课程，让参观者参与其中，与博物馆进行互动。该博物馆竭尽所能，将游客变成历史对话中的积极参与者。

2. 馆藏经典

（1）经典馆藏一：哈萨克帐篷

在民族大厅中展示的帐篷，是古时欧亚大陆上游牧民族的住所。帐篷作为哈萨克游牧民文化根本之一，反映了当时社会文化及生活的一面。根据当时习俗，直着身子进入帐篷，是对主人的不敬，故所有门帘的高度都普遍低于当时人的身高，以便来访者低头弯腰进入。

（2）经典馆藏二：不可思议的马

在哈萨克斯坦东部一座墓穴中发现的13匹马以其保存的完整性震惊了哈萨克斯坦考古学界。这些马在公元前5—前4世纪就已经被安葬，但是它们的躯体看上去就如同不久前才入土一般。

三、哈萨克斯坦军事历史博物馆

1. 发展历史

哈萨克斯坦军事历史博物馆（Kazakhstan Military History Museum）是该国国防部辖下的首家此类博物馆，由纳扎尔巴耶夫总统于12月1日宣布开幕。作为哈萨克斯坦技术最先进的博物馆，哈萨克斯坦军事历史博物馆收集不同时期军事展品。

该博物馆展示了从石器时代到今天的哈萨克斯坦历史，并且每个时期都有独特的展品，其中一些是世界上仅有的样本。其中包括青铜时代和石器时代的展品、滑膛枪（带有未膛线枪管的枪）、刃状武器和稀有盔甲等。博物馆的所有物品，无论是信件、文件还是军事装备，都展现着哈萨克斯坦从古代到现代的历史。哈萨克斯坦军事历史博物馆为游客提供了许多感官上的体验，让人有亲临战场的感觉。

2. 建筑布局

哈萨克斯坦军事历史博物馆包括哈萨克斯坦武装部队展览、定期展览、19世纪古物展、20世纪军事史展、20世纪和21世纪武器展、美术和哈萨克战争史展等。

3. 场馆特色

哈萨克斯坦军事历史博物馆通过合作备忘录和数字展品项目与其他国家的博物馆进行合作，希望在世界范围内与相似博物馆建立伙伴关系并共享科学信息。截至今天，博物馆已经几乎与所有档案馆签署了合作备忘录，并计划举办更广泛的国际级研讨会除展览外，博物馆还通过举行有关军事主题的会议、讨论和活动来完成研究活动。

四、独立宫

1. 博物馆简介

（1）发展历史

努尔苏丹市的独立宫（Palace of Independence）是政府公营企业。工程于2007年开工，2008年底竣工。独立宫与“哈萨克斯坦·耶利”纪念碑、哈萨克斯坦国家博物馆、国立艺术大学和“哈兹雷特苏丹”清真寺一起构成了努尔苏丹市中央广场上美丽的建筑群。

独立宫在哈萨克斯坦第一任总统纳扎尔巴耶夫（Elbasy N. Nazarbayev）的见证下于2008年12月15日正式开幕。独立宫有完备的基础设施、高水平的技术设备和质量管理，经常举行国际高水平的论坛、代表大会和其会议。

独立宫见证了许多历史性事件。2010年，欧安组织首脑会议在独立宫举行，这一活动引起了全世界的关注。欧安组织38个国家元首和78个官方代表团及合作伙伴参加了首脑会议。纳扎尔巴耶夫于2011年和2015年在独立宫举行了就职典礼。这里还举行过欧亚经济理事会会议、上海合作组织周年峰会。

独立宫二楼的美术馆开展了许多本地和国际文化的交流活动。2013 年，独立宫举办了独特的和服系列展览——“通过和服大师久保田（Itiku）的眼睛看世界”，以及法国的“拿破仑·生活·传奇”。2014 年，举办了一场名为“人”的韩国当代艺术展；同年还举办了俄罗斯联邦著名艺术家 Nikos Safronov 的个人展览“收藏夹”。

（2）建筑布局

独立宫有着蒙古包的刻痕（木格子）形式的外部装饰，为宫殿增添了民族色彩，表现了哈萨克文化的建筑特色。大楼共有三层。有国会厅、媒体中心、礼仪厅、椭圆厅、双边谈判室及餐厅。

（3）场馆特色

独立宫前的纪念碑“和平之墙”于 2018 年修建，与国立艺术大学的建筑群完美地融合在一起。该纪念碑是为纪念牺牲在阿克纠宾地区的企业家建造的，是哈萨克斯坦首都 20 周年的礼物。纪念碑的框架由高强度钢制成，使用了 1 200t 花岗岩，总面积超过 6 000m^2。纪念馆墙上用 51 种语言刻着“和平”一词。

2. 馆藏介绍

独立宫的二楼走廊被设置为画廊，陈列着应用和当代艺术的画作，设有常设展和临时展。

独立宫二楼的考古大厅陈列着各种各样的展品，展示了考古发掘中发现的日常生活用品、部落的装饰品和衣服等。

独立宫三楼有一个阿斯塔纳历史博物馆，展示与国家成就有关的历史文献和物品。

博物馆

——特拉维夫—雅法市（以色列），Tel Aviv（Israel）

一、特拉维夫市博物馆业发展概况及特点

1. 历史沿革

特拉维夫市创建于 1909 年，是由一批为逃避港口城市雅法昂贵房价的犹太移民建立的，而特拉维夫的发展逐渐超过了雅法。1950 年，特拉维夫和雅法两市合并成立特拉维夫 – 雅法市。今天，特拉维夫被认为是以色列最为国际化的经济中心，该市具有活跃、摩登、世界主义的特征，被公认是以色列的文化之都。2003 年 7 月，该市以包豪斯建筑铸成的特拉维夫白城被联合国教科文组织列为世界遗产。

2. 现状特点

以色列人均拥有的博物馆数量超过世界上任何其他国家，其中许多博物馆就位于特拉维夫。

其中最著名的是以色列故土博物馆，以其关于迦南美地丰富的考古学和历史陈列品著称。

犹太人大流散博物馆位于特拉维夫大学校园的一角，是一所关于犹太人国际大流散的博物馆，收藏关于犹太人繁荣的历史，以及犹太人在大流散时期所受迫害的历史文献与艺术品。

Batey Haosef 博物馆是展出以色列国防军历史的军事博物馆，展出以色列历史中一些罕见的展品，以及品种繁多的武器与图片。

特拉维夫大学附近的 Palmach 博物馆用多媒体向观众展示以色列第一批国防军的各种历史档案。

在雅法北部 Charles Clore 的花园附近有一个关于军事组织 Etzel 的小型博物馆，Etzel 曾经在第一次中东战争中占领雅法，立下战功。

二、犹太历史文化博物馆

1. 博物馆简介

（1）发展历史

位于贝特·哈特福索特（Beit Hatfutsot）的犹太历史文化博物馆（Beit Hatfusot Museum）于1978年开放。2005年，以色列议会通过了《贝特·哈特福索特法》，将贝特·哈特福索特定义为“以色列和世界各地的犹太人社区全国中心”。

在过去的40年中，犹太历史文化博物馆一直在加强犹太人的身份认同和在世界范围内延续犹太人的遗产方面发挥着不可或缺的作用。为了继续有效地履行这一职责，来自世界各地的犹太领导人和国际专家共同制定并实施了一项战略计划，以复兴贝特·哈特福索特的犹太历史文化博物馆。

（2）建筑布局

博物馆除了展览馆、礼堂、自助餐厅和大厅等基本设施之外，还有为满足有特殊需求的游客建造的入口。

（3）场馆特色

近40年以来，犹太历史文化博物馆一直在收集各种类别的数字资源：记录犹太人生活的摄影作品、家谱、电影、犹太音乐、社区历史、犹太姓氏的含义、个性和术语词典。

博物馆拥有庞大的数据网络，并支持线上搜索馆内数字资源。例如，搜索特定犹太城镇、村庄的信息；或查明该社区是否有家谱；探索特定家谱的分支，找出姓氏的含义，并进一步搜索相关的电影、照片或音乐等。

2. 馆藏介绍

（1）梅尔·帕多亚的收藏

梅尔·帕多亚（Meir Padoa）是一位出生在意大利的犹太人。20世纪70年代，梅尔·帕多亚在退休后开始收集意大利犹太人的资料，包括曾经属于犹太人的意大利建筑的照片，以及意大利犹太家庭的信息，这些信息记录了几个世纪以来在意大利生活的上百个犹太人家庭的族谱。目前，这些数据已由Douglas E. Goldman家系研究中心数字化，以供系谱学家和历史学家检索研究。

（2）犹太社区文化收藏（数据库）

犹太历史文化博物馆从过去和现在的3 000多个犹太人社区中收集了大量事实、人物、轶事、故事，包括那些已不复存在社区的历史、地理和人口数据。该数据库覆盖了六大洲，从太平洋最遥远的地方到亚洲寒冷的山脉，有些社区故事可以追溯到3 500年前。该数据库描绘了各个时代犹太生活的详细画像，为子孙后代保存了犹太社区和文化记忆。

（3）犹太历史文化博物馆摄影、影片及音乐收藏

犹太历史文化博物馆的摄影收藏品包括专业的社区摄影师的作品，以及从私人家庭相册中收集的照片。这些合集既为公众提供了认识犹太人生活的机会，也提供了了解犹太人家庭及其故事的私密视角。

自博物馆成立以来已经收集了大约800部纪录片，描述了犹太人在海外生活的各个方面，涉及犹太人感兴趣的广泛主题。

博物馆为促进犹太音乐在博物馆游客和公众中传播，收藏了约7 500盘犹太音乐唱片，并举办音乐会、发行唱片，在世界范围内宣传、普及犹太音乐。

3. 重点展览介绍

英雄－犹太先驱者展揭示了英雄主义是犹太文化的重要组成部分。和其他民族一样，犹太人通过选择英雄人物来教导新一代应该追求的价值观和行为。英雄是犹太人的先驱者，参观者将见到历史上不同类型的犹太英雄，包括科学家、知识分子、领袖、革命者、文化人物、运动员和更多有独特才能的。这一不同寻常和多样化的选择代表了犹太人民在历史上的英雄主义，以及英雄在不同时代的不同定义，颂扬犹太人生活和历史中不断涌现的英雄主义。这是犹太历史文化博物馆致力于代表犹太文化的多元主义和活力的举措。

三、以色列哈勒兹博物馆

1. 发展历史

位于特拉维夫的以色列哈勒兹博物馆（Eretz Israel Museum）是以色列第三大博物馆，坐落在公元前12世纪的古迹上，占地约8公顷，包括15座建筑物和各种装置。它是一个多学科的博物馆，展示了以色列过去和现在的文化。其展览旨在将博物馆所涉及的各种文化（包括考古学、人种学、应用艺术、艺术、摄影和以色列社会的文献记录）之间建立联系，并加以扩展。

博物馆展示了一系列与考古学、民族志、历史文化和手工艺品有关的作品，每个展览都设在一个展馆中，其中许多展品围绕着考古遗址遍布整个博物馆。

2. 建筑布局

以色列哈勒兹博物馆作为特拉维夫最大的历史文物博物馆，除了有八个不同的展馆外，还有天文馆和露天的展览。博物馆周围还可以找到一些古代遗址和文物，如12世纪的榨油机、古董酿酒机、面粉厂等。

3. 场馆特色

以色列哈勒兹博物馆除了10个永久性展览和古代遗址外，每年还会推出约20个临时展览。它还与各个领域的策展人和学者举行专题讨论会、讲座和会议。博物馆的卡德曼钱币馆展出了以色列各个时期的货币；陶器馆展出了加沙和阿科制造的陶器；

内丘斯坦馆展出的是在南部沙漠中发掘的各式文物，包括古埃及、古巴比伦、古罗马时期的物件；玻璃馆收藏的是一些世界一流的玻璃手工艺品，稍微现代一点；人类及其作品中心重现了铸铁、针织等传统工艺制造的情景；小山上的加西莱山发掘馆是博物馆发掘的开端；民族志和民俗馆展出的是犹太人从古至今创造的艺术作品。

博物馆

——多哈市（卡塔尔），Doha（Qatar）

一、多哈市博物馆业发展概况及特点

1. 历史沿革

卡塔尔是个小国，位于波斯湾西南岸卡塔尔半岛上，面积 1.15 万平方公里，1971 年建国，人口 264 万人。由于拥有丰富的天然气、石油资源，卡塔尔的经济从 20 世纪 90 年代起迅速增长。卡塔尔不满足于经济上的富有，开始追求文化影响力的增强。经过多年努力，已有明显成效。多哈是卡塔尔的首都，全国的政治、交通、文化中心。多哈以盛产石油和天然气闻名，成为卡塔尔的经济命脉。

2. 现状特点

卡塔尔非常重视博物馆事业的发展，在当地拥有许多颇具影响力的博物馆。博物馆管理局主席是卡塔尔王室成员玛娅萨公主，她十分热心文博事业。在她的大力推动下，卡塔尔文博事业迅速发展，建成一批博物馆，如 2008 年开馆的伊斯兰艺术博物馆、2010 年开馆的阿拉伯艺术博物馆、2014 年开馆的卡塔尔国立博物馆等，而且还在建设一批博物馆。

卡塔尔在 21 世纪头十年兴起一股浮华狂热的收藏艺术及设计品的风潮。皇室坐拥的庞大财富足以支撑请贝聿铭这样的“明星建筑师”来设计伊斯兰艺术博物馆（Museum of Islamic Art），并且可以承办达明·赫斯特、村上隆、理查德·塞拉、路易斯·布尔乔亚等一线大师的重要展览。

然而近几年，由于受到油价暴跌等经济因素影响，卡塔尔博物馆管理局开始裁员。据一些艺术媒体报道，未来的卡塔尔博物馆管理局可能还会继续裁员，同时，数家博物馆的建造计划被搁置。

3. 发展策略

多哈位于油气资源丰富的波斯湾沿岸。在过去的几十年里，油气价格的暴涨，让

卡塔尔获得了丰厚的收入。但是，与其他城市不同，多哈并没有依赖单一的油气能源优势，而是审时度势，进行城市转型。

在竞争日益激烈的城市竞争中，对于一个现代都市的发展来说，明确城市定位、科学现代管理，可谓至关重要。多哈凭借其连接东西方的有利地理位置，充分学习与借鉴国际管理经验，有效运用其积累的财富优势，将自己打造成国际航空中转站、国际商务与休闲中心，积极提升城市品牌，拓展城市文化内涵。

多哈正在将自己塑造为中东的文化中心，张开城市宽广的胸怀，将文明的蕴藏收归其中。

二、卡塔尔国家博物馆

1. 博物馆简介

（1）发展历史

位于卡塔尔首都多哈，由老王宫改建的卡塔尔国家博物馆于 1975 年正式开放，新博物馆由法国建筑师 Jean Nouvel 担纲设计，其造型新颖别致，拥有一流的视觉效果，本身及内部的所有展陈均可以使参观者联想起沙滩和大海。

卡塔尔国家博物馆是卡塔尔建国的历史见证，浓缩了卡塔尔文化的精华。

（2）建筑布局

卡塔尔国家博物馆由四个部分组成：

①旧宫，建于 1901 年，是首任埃米尔阿卜杜拉·本·贾西姆·阿勒萨尼的住处和办公地。1972 年埃米尔下令对该宫进行翻修和加固，并改建成博物馆。

②新楼，在对旧宫进行翻修加固的同时，在旧宫北侧盖了一座新楼，共三层。顶层为图书馆和办公室；中层为科教电影放映厅，介绍阿拉伯半岛和卡塔尔的地质形成史；底层为地下展厅，陈列着与中世纪的伊斯兰文化艺术、科学、近代游牧生活及现代史、地质学与石油等有关的图片和文物。

③海洋博物馆，于 1977 年 10 月建成，陈列着海湾地区的多种海洋生物实物。

④海水湖，在旧宫的东侧有一小湖，湖底有管道与海洋相通，水深 1.5~2.5m，湖中有一些旧时的帆船模型。

（3）场馆特色

卡塔尔国家博物馆由法国建筑师让·努维尔（Jean Nouvel）设计，为多哈景观增添了戏剧色彩。尽管这是一座现代建筑，传统文化的元素却成为最被关注的点之一。卡塔尔国家博物馆最大的特征是由许多巨型圆盘堆砌而成，就像散落一地的花瓣。其原型来自沙漠玫瑰。它指的不是一种植物，而是一种在沙漠中的特殊物理现象，最终形成类似玫瑰花瓣的矿物结晶。

有未来感的“沙漠玫瑰”的薄片成为建筑连贯的屋檐，整个建筑由一个个相互连接、向前蔓延的小空间组成。国家博物馆紧邻卡塔尔标志性地标旧宫，是卡塔尔历史生活方式的一座纪念碑。同时，这座壮美的博物馆在展示卡塔尔历史和文化的同时，也在结合历史文物和当代影响，检视其过去、现在和未来的演变。

2. 馆藏经典

（1）经典馆藏一：服装和纺织品

该系列主要侧重于贝都因人的一种叫作 sedu 的编织品，这种编织品在卡塔尔有着重要的意义。馆藏包括男女装、珍珠和贵重金属装饰件及精美的刺绣。

（2）经典馆藏二：珍珠和黑金

从珠宝首饰到捕鱼工具，从古代到现代，珍珠产业维持着许多祖巴拉公民（大多数是贝都因人和哈达尔人）的生活，博物馆通过手工建造的木制单桅帆船展庆祝卡塔尔悠久的海上传统，这些单桅帆船曾经是捕鱼和贸易的核心。此外，馆内还珍藏了一面 19 世纪的巴罗达珍珠地毯，绣有超过 150 万颗海湾珍珠，并饰有祖母绿、钻石和蓝宝石。

三、伊斯兰艺术博物馆

1. 博物馆简介

（1）发展历史

伊斯兰艺术博物馆于 2008 年 12 月 1 日正式开馆，位于多哈的一个人工岛屿上。其设计来自世界知名建筑设计师贝聿铭。其设计灵感源自埃及开罗伊本 · 图伦设计的清真寺，这是贝聿铭不断寻找后认为最具有代表性的建筑。

（2）建筑布局

伊斯兰艺术博物馆占地 45 000m^2，简洁的石灰石，以几何式的方式叠加成伊斯兰的风格建筑，中央的穹顶连接起不同的空间，古朴且自然。博物馆外墙用白色石灰石堆叠而成，折射在蔚蓝的海面上，形成一种慑人的宏伟力量。建筑采用了典型的伊斯兰风格几何图案和阿拉伯传统拱形窗，为这座庞然大物增添了几分柔和，中和了它的英武之气。博物馆中庭偌大的银色穹顶之下，46m 高的玻璃幕墙装饰四壁，人们可以透过它望见碧海金沙。

博物馆以三种非常简洁的组织特色来表达精神整体性，其组织特点包括：以 12m 为基数的格网平面在外部非物质化地限定了公共花园；一系列侧墙从内部延伸至外部，成为展览中的一种本质存在；一排波动起伏的屋面板因在内部形成不同高度的天花而创造出一种动态雕塑般的内部空间。

（3）场馆特色

伊斯兰艺术博物馆是卡塔尔将多哈打造成世界文化之都目标迈出的第一步。卡塔尔希望通过伊斯兰艺术博物馆将卡塔尔转变为中东的文化中心，给全球艺术机构留下了深刻印象。此外，除了倚重石油和天然气这类经济支柱外，还能通过发展文化艺术产业实现营收。多哈伊斯兰艺术博物馆已被视作新的国家标志，而更多待建的博物馆也在预示着一场蓄势已久的文化艺术革命即将到来。

2. 馆藏经典

博物馆内收集并保存了来自世界各地的各种伊斯兰艺术品，博物馆的藏品来自三大洲的不同文化，横跨了7—19世纪的时间长河。同时展出的有金属制品、陶器、珠宝、木雕、纺织品、象牙制品、书法、古典书籍及一些肖像作品。

（1）经典馆藏一：白色陶瓷碗

伊斯兰艺术博物馆最突出的藏品是来自9世纪伊拉克的白色陶瓷碗，上面有Kubic钴蓝色字体题词。还有一个10世纪母羊形状的青铜铸头喷泉头，有可能是放置在安达卢西亚宫殿庭院中使用的。

（2）经典馆藏二：星盘

黄铜铸造的星盘（制于984—986年间，在伊拉克巴格达的伊朗雷伊公城），作为计算工具来观测天文、星象和地理，还能帮助人们确定面向圣城麦加的方向。

3. 陈列展览

（1）基本陈列

多哈伊斯兰艺术博物馆的基本陈列由两部分组成：第一部分为博物馆二楼的“伊斯兰艺术语言（Language of Islamic Art）”，这一部分由9个专题展厅组成，包括书法展厅和具象艺术展厅等内容；第二部分为博物馆三楼的“伊斯兰艺术之旅（Journey of Islamic Art）”，主要按照时间顺序，陈列来自世界各地的7—19世纪的伊斯兰艺术品。

（2）临时展览

该博物馆自成立后举办的临时展览主要可以分成两大主题领域。

一种是以馆藏为依托举办的临时展览，侧重于呈现伊斯兰文明的不同方面。例如，2014年的“老虎之梦：蒂普苏丹”、2015年的“卡扎尔女性：19世纪伊朗女性形象”、2017年的“帝国线索：来自土耳其、伊朗和印度的图案和工匠”等这种运用新的视角对馆内藏品进行解读的临时展览，既为博物馆增添了新鲜血液，又满足了观众的好奇心，极大地提高了馆内藏品的利用效率，拓展和丰富了馆内的基本陈列内容。

另一种主题领域的临时展览，主要是伊斯兰艺术博物馆通过开展国际间馆际的交流合作而举办的多样化临时展览，展品并非馆内收藏，主要侧重于更全面地呈现不同时间、不同地区的伊斯兰文化。这些展览也强调对于中东地区传统文化的保护。例如，2008年举办的“超越界限：跨文化的伊斯兰艺术”、2013年与阿富汗非政府组织联合举办的“Ferozkoh：阿富汗艺术的传统与延续”、2018年举办的“至关重要的叙利亚”等。这些临时展览的举办，为该博物馆吸引了大量的国际游客，提高了其在国际博物馆界的地位和影响力。

4. 公众教育

作为卡塔尔21世纪的首个大型博物馆，多哈伊斯兰艺术博物馆对于公众教育工作的开展主要体现在教育工作理念的进步性、教育工作服务对象的广泛性、教育活动形式的多样性。

馆内所设计的教育活动涵盖了各个年龄段和各种职业及社会身份的观众，同时考虑到不同国籍的参与者，分为阿拉伯语和英语两种语言，使更多人可以参与到馆内活动，提高人们对利用博物馆资源的认知水平。

此外，在该馆进步的教育理念的指导下，2009年10月成立了多哈伊斯兰艺术博物馆教育中心，中心内设有教室、计算机实验室和藏有万余册伊斯兰艺术相关数据的图书室，并配有专业工作人员开展的讲座、研讨会、志愿实习等活动内容。

伊斯兰艺术博物馆还会根据现实需要来设计一些教育项目。例如，该博物馆曾根据学生和教师共同反馈，举办教师团队的研习班，以培养在校教师合理且灵活运用馆内资源的能力。这种做法不仅打破了教师过去对于利用博物馆资源的固有思维方式，而且培养了教师向学生构建积极有效、带有互动性学习氛围的能力。

四、姆什莱布博物馆

1. 博物馆简介

（1）发展历史

姆什莱布博物馆（Msheireb Museums）位于卡塔尔首都多哈市中心的老城区，由四座历史遗产建筑组成。这座古朴的博物馆主要展出石油业对卡塔尔发展的影响，还原了全球奴隶制社会的一角，并展示了卡塔尔的社会变革和当地人生活的演变。

（2）建筑布局

姆什莱布博物馆占地面积约6 500m^2。该博物馆是市中心以社区为基础的传统生活方式改造旧商业中心的组成部分。将四座遗产“本杰尔穆德之家”“公司之家”“穆罕默德·本贾西姆之家”“拉德瓦尼之家”恢复修缮为世界级博物馆，是多哈市中心开发区不可或缺的一部分。

（3）场馆特色

“生命之心之旅”是一个位于本·杰尔穆德之家（Bin Jelmood House）内的展览。它可以带领参观者通过一系列互动和视听展示来了解如何利用遗传学和基因组学，并利用历史的辅助观察，更好地发现卡塔尔丰富的文化和历史遗产。可以说，这项展览为游客提供了一个了解卡塔尔起源、人民和文化多样性的机会。遗传学和基因组学领域的重大进展不仅证实了我们可以从历史上观察到的情况——卡塔尔起源的多样性，而且为许多遗传疾病的防治开辟了一条充满希望的未来之路。

2. 馆藏经典

（1）经典馆藏一：本·杰尔穆德之家

这里集中展示了人类文明发展中的奴隶制。展览的态度是不避讳，将一切坦诚展露于世人眼前，正视和反思残酷的历史。展览邀请参观者以奴隶贸易受害者的视角来观察世界。奴隶的悲惨故事记录着曾经被榨取、被压抑的生活，除了无处不在的对外抗争，内心的挣扎也是痛苦不堪。随着历史车轮的前行，卡塔尔最终废除了奴隶制。

展览结尾向人们警示：现代形式的全球化奴隶制依然存在，如人口贩运、抵押劳工、合同奴役等。在互动展示墙上，博物馆向参观者发出呼吁："每个人都肩负着责任，我们需要集体努力才能使世界彻底摆脱名为'奴隶'的疫疾。"参观者可以通过互动留言墙，留下自己的照片和宣言，为这份伟大的事业助威。

（2）经典馆藏二：公司之家

这座博物馆曾经是卡塔尔第一家石油公司的总部，记载着卡塔尔石油工业先驱及其家人的故事，比如他们如何促进卡塔尔成为现代社会，如何开拓、发展油田业，以及如何推动当地一些家庭的转型。这些先驱工人面对挑战与挫折毫不畏惧，开创了石油勘探的时代，展现了卡塔尔人的奋斗精神与奉献精神。

（3）经典馆藏三：穆罕默德·本·贾西姆之家

这座建筑由现代卡塔尔创始人的儿子谢赫·穆罕默德·本·贾西姆·阿勒萨尼建造，多方位呈现了多哈市中心姆什莱布的前世今生。置身于这间博物馆，游客可以欣赏到独特的建筑遗产，从建筑的演变中透视出城市的发展，吸引游客参与到创造未来的计划之中。

（4）经典馆藏四：拉德瓦尼之家

这栋展馆始建于20世纪20年代，位于多哈最古老的两个区Al-Jasrah和姆什莱布之间，主要用于收集、保存和分享卡塔尔的记忆。经过修复后的房屋呈现出传统卡塔尔家庭的生活原貌。没有复杂的讲解和高端设备的展示，拉德瓦尼之家为游客展示了真实的卡塔尔家庭变迁，游客可以亲身体验不同时代的家庭生活。考古学家在该地进行的挖掘工作是多哈市中心第一批考古挖掘工程之一，为探秘过去的日常生活提供了很多线索。

3. 特色展览

2016年9月27日，由中华人民共和国文化部、中国国家博物馆与卡塔尔博物馆管理局联合主办的"珍珠：来自江河海洋的珍宝"展开幕。

这是中国国家博物馆首次推出的以西亚地区历史文化和传统艺术为主题的国际交流展，具有重要的开创性意义。展览共分六个部分，依次分述珍珠的自然历史、海湾地区的珍珠、历史中的珍珠、天然淡水珍珠、养殖珍珠的开拓者、中国方式的养殖珍珠等内容，展出卡塔尔博物馆的130件精美绝伦的珍贵藏品。

珍珠展是2016中卡文化年的重要活动之一。该展览展品丰富，生动形象地展示了卡塔尔及海湾地区阿拉伯国家的珍珠精品，充分体现了海湾地区人民的审美特色、设计理念和传统文化。此次展览在一定程度上促进了两国人民对彼此历史和文化的了解，从而搭建起两国文化交流与合作的新桥梁。

4. 陈设展览

从一个四亿年前的鱼类化石开始，11个展厅依次讲述了关于卡塔尔地质和野生动物的自然史、考古发现、文化传统和珍珠捕捞，以及让卡塔尔发生天翻地覆变化的石油和天然气重大发现。此外，博物馆还对酋长的家族谱系进行了展示，陈列了他们的个人物品及外国授予的勋章。

除了常规展览之外，由荷兰建筑事务所OMA和当地建筑师Fatma al-Sahlawi共同策划了一个临时展览，呈现了多哈的建筑繁荣，呼应眼下的政治境况。该展览记录了早期的城市总体规划，并罗列出曾受聘塑造卡塔尔身份的11位普利兹克奖得主。

博物馆的最后一个展厅聚焦“当代卡塔尔”，这一展厅暂无过多陈列。

博物馆

——德里邦（印度），Delhi（India）

一、德里邦博物馆业发展概况及特点

德里邦全称为德里国家首都辖区，是印度政治、经济、文化、教育和旅游中心，是仅次于孟买的印度第二大城市。

德里邦历史悠久，文化深厚，既有莫卧儿王朝时期的花园建筑，又有英国殖民风格的建筑。辖区内的学校和高等教育机构分公立和私立两种，尼赫鲁大学、德里大学、印度理工学院等著名高校都设在该邦。

二、印度国家博物馆

1. 博物馆简介

（1）发展历史

印度国家博物馆的根基始于伦敦皇家艺术学院举办的印度艺术和手工艺品展览，展览于 1948 年冬季在伯灵顿美术馆展出。在印度总统贾瓦哈拉尔·尼赫鲁的远见卓识和支持下，决定这些重要的收藏品回国后要在国家博物馆展出，以便印度人民能够欣赏。在展览结束时，他向博物馆和收藏家发出了请求，希望他们将物品所有权移交给即将成立的印度国家博物馆。这些展品于 1949 年 8 月 15 日首次在拉什特拉帕蒂·巴万（当时称为政府大厦）的国家会议室展出。

直到 20 世纪 50 年代中期，它基本上仍然是临时展品的展出平台。1955 年，国家博物馆在其新址开始修建。1958 年中亚古物博物馆撤销，藏品悉归印度国家博物馆所有。

（2）建筑布局

印度国家博物馆是一座白色廊柱的三层建筑物，坐落在一条不是很热闹的街道边上，有铁栏杆围墙，两侧陈列着古代石雕的回廊，引导参观者进入一个个代表着古印

度各时代的展室。史前文明展以陶偶、陶罐和石制、青铜制工具为代表。

这里更多地展示了代表不同宗教和讲述不同宗教故事的大小石雕和铜雕。各宗教的故事被雕刻在大大小小的石板、石方、石柱上，图案精美，保存完好，让人赞叹印度古代工匠的精工细作。

博物馆的二层和三层，展示的是印度古代著名的细密画、古代各民族服装服饰、古代生活用品、古代民族乐器等。

（3）场馆特色

印度国家博物馆设有文物保护实验室，该实验室作为文物保护和修复领域最优秀的实验室之一，付出了巨大的努力。最初，它的主要任务是照看国家博物馆的大量藏品，但现在它也为其他机构提供藏品鉴定检查服务。它还对油画和艺术作品进行实际修复。实验室除了按照国际标准将各种各样的收藏保持在良好的状态之外，还从事相关研究工作。

博物馆一共有三层，每层有数量不等的展厅，每个展厅都有一定的主题。最特别的是佛教文物展厅的小佛塔，塔里供奉着释迦牟尼佛的22粒舍利。这些舍利由印度考古人员在印度西北部靠近尼泊尔的一座古塔中挖掘出来，也是释迦牟尼佛的释迦族所在地（离释迦牟尼佛出生地尼泊尔的兰毗尼约16km）。

印度国家博物馆一直渴望成为一个互动性高的博物馆，以满足观众的需求。为了使年轻观众对历史和艺术产生兴趣，国家博物馆承诺提供各种教育方案。这些活动为年轻一代提供了更多了解博物馆的机会。该馆围绕临时展览开展活动，也有固定的定期活动，每年组织两次，称为“国家博物馆的娱乐时间”。

2. 馆藏经典：

（1）经典馆藏一：Mandap

Mandap，中文意为“帐篷”，更确切地说，应该是“花帐状的神龛”。它出自17世纪古吉拉特邦Katarmal地区（印度北部安查尔邦的阿尔莫拉）一座专为祭祀太阳神的神庙。整座木雕由精美的雕花层层叠起，终成大圆顶，外面配有漂亮的廊柱，基台各方雕有各种走兽，以及两名骑着大象的侍从。这座Mandap即便经历岁月斑驳，却仍然能清晰看到上面鲜红的漆色，当年置于神庙之内，香火缭绕，僧侣吟诵，其庄严华美可想而知。

（2）经典馆藏二：“舞王湿婆”青铜像

这座铜像在印度非常著名，其优美的造型和精湛的工艺，使人们可以感受到宗教和舞蹈已经深深地融会于印度人民的生活之中。

3. 特色展览

2019年11月13日，“礼乐·华章——中国湖北文物特展”暨“湖北，从长江走来”文化旅游图片展在印度国家博物馆展出。

赴印参展的100件展品中约1/5是国家一级文物，以湖北出土青铜器为主。例如，距今已有7 000年历史的大溪文化玉器和造型生动的石家河文化玉器，首次走出国门参展；梁庄王墓出土的金锭，这是目前唯一见证郑和下西洋的珍贵文物；曾仲游父壶、曾侯乙鼎簋等精美文物，都是2018年4月中印两国领导人在湖北省博物馆共同参观过的展品。

这次展览不仅体现了中国古代礼乐文化和青铜艺术的源远流长，而且增进了印度民众了解湖北历史文化，进而了解中华文明。

三、甘地纪念馆

1. 博物馆简介

（1）发展历史

甘地纪念馆的起源可以追溯到甘地于1948年1月30日晚遇刺后不久的一段时期，当时，人们正在缓慢地搜寻收集和保存他的个人遗物、手稿、书籍、期刊、文件、摄影和音像资料等可以收录进博物馆的，与其生活、哲学和工作有关的物品。后来这项工作被转移到德里，1951年初，甘地纪念馆的核心部分被建在与科塔大厦相邻的政府小屋里。1957年，它被转移到曼辛路5号一座风景如画的老宅邸。1959年，最终选择了最合适的建筑，是在圣雄甘地三摩地对面——自由印度最受尊敬的朝圣之地，新德里的拉吉哈特。甘地纪念馆于1961年1月30日由印度总统拉詹德拉·普拉萨德正式宣布落成。

该博物馆被命名为“甘地纪念馆”（Gandhi Smarak Sangrahalaya），俗称“国家甘地博物馆”（Rashtriya Gandhi Sangrahalaya），因为印度也有一些地区性的甘地纪念馆。

（2）建筑布局

甘地纪念馆由建筑师C. 柯里亚设计。作为甘地故居的一个补充，该纪念馆把甘地思想用空间形式加以表述。

纪念馆的入口就设计在圣雄路上，但是场地入口并没有与建筑的入口直接相对，参观者要经过几次转折，在通往祷告平台的石板路上不经意间发现纪念馆的入口，从而在游走间对参观产生深切的期待。

（3）场馆特色

甘地纪念馆设定了独特的愿景和使命：将世界各地的人民联系起来，用甘地的生活和工作激励他们，以便共同塑造一个基于真理和非暴力的、更文明的世界秩序；以最高标准保护、促进和分享甘地的资源。

静修处的展厅（Ashram Gallery）主要展品为甘地在菲尼克斯定居点（南非）、萨巴马提（Sabarmati）和舍瓦格拉姆修道场（瓦尔达附近）写下的五篇修行经。

艺术作品展厅（Art Gallery）主要展品为40幅精选的木雕、刺绣、金属丝、花生壳等艺术作品。

殉道展厅（Martyrdom Gallery）藏有圣雄甘地遇刺时戴的手表和沾满鲜血的斗篷和披肩。

2. 馆藏经典

经典馆藏：甘地的“护身符”“我梦想的印度”和其他语录。

参观者可以在其中收听甘地用印地语和英语录制的演讲，阅读甘地在舍瓦格拉姆修行场照料患有麻风病的帕丘尔·沙斯特里的记录观看甘地的照片和雕塑作品。

值得一提的是，展品中还包括了硬币：为了纪念民众对甘地的记忆，成千上万的人从他们微薄的收入中捐赠，为甘地纪念信托基金会做出了贡献。这里展示的硬币证明了那些不知名的人的奉献精神。甘地国家博物馆向他们致敬，并重申决心尽其所能，本着他们的精神工作。

四、印度国家自然历史博物馆

1. 博物馆简介

（1）发展历史

印度前总理英迪拉甘地（Indira Gandhi）在 1972 年印度独立 25 周年之际，认为该国需要一个自然历史博物馆来描绘其动植物和矿产资源，为儿童教育提供校外设施，并促进群众的环境意识。

1978 年 6 月 5 日，印度国家自然历史博物馆在曼迪豪斯的一栋租来的大楼里向公众敞开大门，这一天恰逢世界环境日（World Environment Day）。

2016 年 4 月 26 日，印度国家自然历史博物馆发生火灾，馆内部分展品及珍贵动植物标本遭损毁，损失惨重。

（2）建筑布局

印度国家自然历史博物馆共三层：第一层为“自然史概论”，第二层为“自然网络：生态学”，第三层为“保护”。

一层展区“自然史概论”描绘了生命的起源和进化，展现了动植物的多样性。另一部分描述了自然栖息地的动植物，接着是花的授粉，植物及其用途，有害和有益的昆虫，伪装，陆生、水生和空中生物对动物的适应，濒危动物等。这些部分不仅为参观者提供了有用的信息，而且是补充课堂教学的宝贵资源。

二层展区“自然网络：生态学”概述了世界主要生态系统、植物作为初级生产者的作用、食物链、食物网、分解、生物地球化学循环、植物、动物和人类之间的相互关系、当今的环境问题，如污染、森林砍伐，野生动物的枯竭等和保护的原因（伦理、美学、经济和科学）。

三层展区设计自然“保护”的许多方面。典型落叶林的逼真立体图呈现了两种截然不同的景观（一种是丰富、平衡的森林生态系统，另一种是荒芜、森林砍伐和荒芜的地形）。森林砍伐是人类对树木不假思索的开发，这是通过一个巨大的人类的手无情地连根拔起一棵树的模型来象征性地表现出来的。

（3）场馆特色

博物馆专门为儿童开设了探索室和活动室，分别适用于年龄较高和较低的儿童。于他们而言，通过实践探索所获得的知识往往要比单纯学习书本理论来得有趣且重要得多。

博物馆为儿童提供了处理和检查标本、参与建模和绘画等创造性活动及探索发现的机会。儿童应善于探索自然，以成为创新型人才，具备探究意识和科学观。这里有游戏、触摸式展品和一些参与式展品。儿童可以参与剪贴画和磁板制作动物故事、拼图等活动。

博物馆

——德黑兰市（伊朗），Tehran（Iran）

一、德黑兰市博物馆发展概况及特点

1. 历史沿革

伊朗是举世闻名的文明古国之一。勤劳、勇敢的波斯人创造了辉煌灿烂的文化，在医学、天文学、数学、农业、建筑、音乐、哲学、历史、文学、艺术和工艺方面都取得了巨大成就。德黑兰是伊朗的首都，也是伊朗最大的城市。德黑兰有许多历史上著名的清真寺、基督教堂、犹太会堂及琐罗亚斯德教的火庙，拥有悠久的历史和文化瑰宝。

在20世纪20—30年代，德黑兰在伊朗沙阿礼萨汗的统治下几乎从零开始建设，礼萨汗认为诸如古勒斯坦宫、吐普哈内广场（Toopkhaneh）、城堡、要塞等古建筑不符合城市的现代化发展，很多建筑都被摧毁，国家银行、警察总部、电报局、军事学院等现代化伊朗式建筑在被摧毁的旧址上建立起来。室内大集市被一分为二,一些古迹被拆除，用以建造宽直的大道。许多波斯花园和古建筑都被纳入重建项目里。

伊朗政府在1937—1938年间，建立起了伊朗国家博物馆，用来收藏在洛霄斯坦出土的公元前1300年的青铜器，在库尔德斯坦出土的8 000年前的动物雕像和在萨盖兹挖出的宝石、金、银、象牙制工艺品等。1947—1975年间，巴列维国王买进军事装备等的同时，王后巴拉赫·巴列维建起了五座现代化的博物馆，这其中包括伊斯兰时代博物馆、尼加拉斯坦及地毯博物馆等。这些博物馆主要用于收藏和展览古代文物及艺术作品。1977年，伊朗现当代艺术开始蓬勃发展，在当时的著名画家卡姆拉·迪巴的倡议下，在其亲族、当时王后法拉赫的支持下，伊朗现代艺术博物馆于德黑兰建成。

德黑兰在1960—1970年间发展迅速，现代化的建筑重塑了城市的面貌。1975年，伊朗加入《保护世界文化与自然遗产公约》的缔约国行列，国内的古文化遗迹开始得到保护和修缮，其中包括首都德黑兰的古勒斯坦宫等。同时，在20世纪70年代至90

年代，德黑兰市内的众多古代宫殿、花园被修缮改造成了博物馆，展出伊朗古文明的见证品，供游人参观。

2. 现状特点

德黑兰悠久的历史和灿烂的文化给这个城市带来了丰富的文化遗产，市内大大小小的博物馆都是伊朗人民宝贵的物质和精神财富。伊朗国内从事文物工作的专业人员多数集中在德黑兰，资金和资源都由中央政府文物部门掌控，因此给予了德黑兰市内文物保护和博物馆建设许多必要的支持。为使博物馆逐步走向专业化，伊朗政府在1997年实施了《博物馆分类法案》。根据这一法案，博物馆被分成国家博物馆、专业博物馆、主题博物馆、私人博物馆等10类，基本上靠政府拨款维持。

德黑兰市内有大型著名博物馆20余家。这些博物馆大多是古时的宫殿和花园改建的，展出宫殿内的珍宝和历史文物，向游人开放。也有部分博物馆是现代修建的建筑，专门用作大型博物馆使用，如伊朗国家博物馆和伊斯兰时期博物馆。德黑兰市内的博物馆文化涵盖面非常广，涉及建筑、古代艺术、当代艺术、服饰纺织品、珠宝首饰和历史文物，全面展现了伊朗丰富的历史资源。

德黑兰市内的博物馆馆藏十分丰富。由于其深厚的底蕴和历史资源，藏品不但历史悠久、价值连城，且具有深厚的历史意义。值得一提的是，恺加王朝中后期，随着诸国王相继到欧洲访问旅行，伊朗逐渐开始接触西方艺术与文化，且开始注重文化交流。在法拉赫王后的主持下，现代艺术博物馆收藏有毕加索、高更、安迪・沃霍尔、杰克逊・波洛克、马克・罗思科、弗朗西斯・培根等欧陆巨匠的绘画作品。

德黑兰的国家博物馆和专业博物馆在收藏、维护历史文物的同时，还承担着教化民众和学术研究的职责。这些博物馆注重对青少年的教育和培养，设立专门的部门来负责课程、导览、学校合作的相关事宜。此外，由于人才、资金、资源被优先分派到这些博物馆，官方有责任支持历史文化研究及带动其他类型、地区的博物馆走向专业化和现代化。

3. 发展策略

由于伊朗具有深厚的文化底蕴，勤劳、智慧的波斯人在伊朗高原上创造出许多伟大的文化瑰宝，故首都德黑兰的博物馆可谓是“分量”十足，任何一个博物馆都藏有价值不可估量的历史文物，由于深厚的历史文化底蕴，其本身就具有先天优势。德黑兰市的博物馆致力于发挥自己的文化特长，充分利用和挖掘宝贵的历史资源。

德黑兰市的博物馆产业正在努力向先进地区的博物馆业看齐，努力将规模以上的博物馆建成集教育、学术、展览、收藏和国际交流为一体的历史文化社区。德黑兰的博物馆普遍注重国民教化，对内展示自己伟大的历史成就，以唤起民族自信心，提升综合国力。大部分重要博物馆设有青少年办公室，周末展开课程，希望用更加丰富有趣的方法让学生学习、了解伊朗灿烂的文化，并加以传承和发扬。

除此之外，德黑兰的博物馆业也是旅游业的重要组成之一。不少海外游客为了感受伊朗高原上灿烂的古文明而来到德黑兰。博物馆内设有衍生品商店、咖啡馆、餐厅等配套营利设施，为游客提供额外的增值服务，可以有力地带动经济增长。

二、伊朗国家博物馆

1. 博物馆简介

（1）发展历史

已故的第一任伊朗国会主席莫尔塔礼·希达亚特首次提出了建立一个国家博物馆的提议，他原本打算建立一个博物馆和一个名为古文物管理局的办公室来管理商业和文化发展，但没有成功。伊朗第一个博物馆于1916年以国家博物馆的名义在教育部管辖的场馆中成立，该场馆位于Dar al–Fonun教学楼的北侧。博物馆有270件由古文物部门工作人员收集或由公众捐赠的青铜器、陶器、玻璃器皿、硬币、旧武器、印章、木制物品、陵墓、书籍和纺织品。

1925年，该博物馆的部分文物被转移到古勒斯坦宫的镜厅。另外，随着欧洲考古学家，尤其是随着以雅克·多梅尔甘（Jacques Domergan）为首的法国考古委员会发掘工作的开始，伊朗开始重视文化遗产。后来，法国考古学家在伊朗的无条件特许权被撤销，只允许他们在苏萨进行挖掘。此外，由于伊朗已决定建立国家博物馆和图书馆，因此法国人获得了设计和施工的特权，为此，法国工程师安德烈·戈达德（Andre Godard）在1929年来到伊朗，开始了博物馆和图书馆的设计与建立。博物馆的门面和入口都是按照Kasra门廊的门面风格建造的。

（2）建筑布局

伊朗国家博物馆是伊朗古老文明的历史缩影，它对人们了解伊朗过去拥有的辉煌历史和各个朝代的兴衰起着重要的作用。国家博物馆由东楼和南楼两部分组成，南楼为古伊朗博物馆，建于1937年，东楼为伊斯兰时期博物馆，建于1996年。古伊朗博物馆占地面积为11 000m^2，共有三层。其门廊和入口处的建筑为萨珊王朝首都迪斯福里著名王宫的建筑风格，砖的颜色为深红色，也是萨珊王朝时期的建筑特色。

博物馆内有一个文化衍生品商店，该商店从2015年秋季开始为游客提供一个舒适的空间。这家商店出售各种文化物品、书籍、CD、手工艺品、博物馆及博物馆作品的复制品。

除此之外，伊朗国家博物馆还设有咖啡厅和餐厅，致力于为游客提供良好的氛围。咖啡厅和餐厅位于博物馆后院，具有美丽宜人的景色，游客参观完毕后可以在该咖啡厅和餐厅中放松和休息。

（3）场馆特色

伊朗国家博物馆不仅是伊朗历史上最大的考古博物馆，而且在展品的数量、种类和质量上也是世界上最丰富的博物馆之一。馆内现存最古老的展品可以追溯到旧石器时代晚期。在伊朗的博物馆产业中，该博物馆被视为行业先锋，其创建初衷是保存和研究过去的艺术品、文物，将其介绍和展示给人民，在国家和人民之间建立和加强和理解与联系，认识并展示伊朗对世界文化和文明的贡献。伊朗国家博物馆一直肩负重要职责，向世界介绍伊朗灿烂的文明。

作为伊朗最大的文化博物馆，伊朗国家博物馆致力于青少年的教育及为学术研究提供平台。该馆专门设有青少年办公室来专注于青少年教育的事项，同时为历史教科书的编写提供了大量支持。此外，伊朗国家博物馆还是伊朗历史文化研究的前沿阵地。其科研重点有文物的保护和修复、铭文研究、印章和纸币研究、陶器研究及史料研究。该馆参与了很多国际学术刊物的发表，同时，与国内其他博物馆密切联系。

伊朗国家博物馆作为国家文化代表，肩负着文化互动和文化融合的责任。伊朗国家博物馆与海外其他文化机构开展了广泛的合作，其中包括与上海博物馆签署备忘录、与韩国国家博物馆进行联合展览、与中东各国举办研讨会及报告会等多种多样的文化交流活动。

2. 馆藏经典

（1）经典馆藏一:《薛西斯接受朝拜》

石刻画中，手执权杖坐在宝座上的是薛西斯，其后站立者是他的长子，也即太子，太子身后是两名宠臣，宠臣身后是两名侍卫。画面的另一侧是朝拜者及侍卫。整件石刻展现了薛西斯接受到访者朝拜的场景。

《薛西斯接受朝拜》不仅展现了薛西斯时代强大的波斯帝国荣享万国来朝的盛世景象，也于不经意间记录下了波斯帝国重大历史事件中几位当事人的形象，实乃不可多得的珍贵文物。

（2）经典馆藏二：中国的青花瓷

伊朗博物馆馆藏的中国青花瓷，是中国与其在丝绸之路上千百年来和平友好通商的证明。典雅精致的中国青花瓷不仅风靡伊朗宫廷，豪门贵族亦争相搜购，视为珍宝。

伊朗国家博物馆伊斯兰馆内中国瓷器展室中的这批中国宝藏几乎全部出自龙泉窑和景德镇窑。这批藏品不仅涵盖了中国元、明、清三代近600年的陶瓷史，还反映出当时政治、经济与社会的变迁。中国与伊朗各据亚洲一端，似乎难有直接联系，但因丝绸之路通商缘故，两国可经海陆和陆路互相往来。两国文化关系尤其密切，两国之间的艺术品交流也在青花瓷上体现得淋漓尽致。馆内的青花瓷皆饰以细密的纹样，少有留白。

三、伊朗国家珍宝馆

1. 博物馆简介

（1）发展历史

伊朗国家珍宝馆有着世界上最昂贵的珠宝收藏，这些珠宝的历史可以追溯到 900 年以前，两个多世纪（907—1148 年）间，萨非王朝的君主沉迷于收集稀有而美丽的宝石。萨非王朝的宝石专家从印度、奥斯曼帝国和法国、意大利等欧洲国家的市场，把珠宝带到了当时的伊朗首都伊斯法罕。

在沙索尔坦・侯赛因开始统治后，宝库内的珠宝被分散，一些珠宝被阿富汗・马哈茂德拿走，转移到了阿什拉夫。沙赫・塔赫玛斯卜二世和那迪尔进入伊斯法罕后，这些珠宝落入那迪尔手中，因此得以保存在伊朗境内。后来，为了找回运到印度的珠宝，纳迪尔给印度法院写了几封信，但没有得到任何有利的答复。纳迪尔于公元 1745 年在印度获胜后，伊朗方面将现金、珠宝和武器作为战利品送给了纳迪尔。不幸的是，从印度获得的部分宝藏在运输过程中丢失，未能到达伊朗。按照当时的传统，纳迪尔回到伊朗后，应当将部分战利品作为礼物送给邻国统治者。因此他给伊玛目礼萨的圣殿赠送了一些美丽而稀有的物品，其余一些则被分发给军队士兵。

1747 年纳迪尔遇刺后，他的指挥官之一艾哈迈德怂恿阿富汗人阿卜杜勒去抢劫纳迪尔的宝库。其中一件著名的珠宝就在这个时候离开了伊朗，并且再也没有回来，那就是著名的“光之山”钻石。这颗钻石几经辗转，最终落入东印度公司手中，并于 1850 年被作为礼物送给维多利亚女王。

在这次事件之后，直到恺加王朝时期，财政部内发生重大改革。在恺加王朝时期，宝库中的宝物被整理归纳并记录在案。其中一些宝石被镶嵌在各式王冠和宝座上。另外两件后来被添入这个宝库中的宝物之一是从当地的绿松石矿中提取的伊朗真正的宝石绿松石，另一件是从波斯湾取得的珍珠。

根据 Aban 1316 SH（1937 AD）25 日批准的法律，宝库的大部分珍宝被转移到伊朗梅利银行，并成为发行纸币的准备金的一部分，后来成为政府对该银行负债的抵押品。现在的收藏室是于 1955 年建造的。1960 年，伊朗中央银行成立，财政部归入中央银行管理。现在它也在伊朗伊斯兰共和国中央银行的保护范围内。

（2）建筑布局

伊朗国家珍宝馆位于伊朗中央银行的地下室，出于安保的考虑，场馆面积并不大，约有半个篮球场大小，且没有隔断，由若干展台和展品组成。

场馆共有三道安检。第一道安检位于一楼，游客通过安检后进入等待区兼宣传区，此处可以购买衍生品如明信片和展品册等；紧接着下到二楼通过第二、三道安检，进入展馆内进行参观。

（3）场馆特色

伊朗国家珍宝馆最大的展览特点是其专一性。其场馆规模较小，只进行伊斯兰革命以前时期的珠宝展览。场馆方选出一些适合展览的、最具历史价值的珍贵珠宝进行长期展览。由于其财产属性的特殊性，不设其他展览。

伊朗国家珍宝馆收藏了萨非王朝、恺加王朝和巴列维王朝的大量皇家珍宝，包括镶满钻石、各类宝石的皇冠和佩刀、腰带、首饰盒等，其价值无法估量。国宝宝库中文物的价值不仅限于其经济价值，其更是伊朗工匠和艺术家在不同历史时期的创造力和艺术品位的体现，是伊朗的艺术文化遗产。

这个宝库，一方面描绘了伊朗人民的文化和文明，他们有着冒险和坎坷的过去；另一方面，描绘着被压迫人民的无声眼泪，他们努力工作，却一无所有，但统治者却可以炫耀傲慢和权力与黄金和珠宝。

这些宝石是在动荡的时代收集的。人们希望，通过观看这些物品，游客能看到人类在广阔世界中的有限地位，并认识到皇冠和皇冠的所在地在一个博物馆里——博物馆展示了一段血腥和痛苦的历史——这段历史在任何情况下都不应再重演。

2. 馆藏经典

（1）经典馆藏一：光明之海（Darya–i–Nur）

光明之海是世界上最大的粉红钻石，在伊朗国库钻石中价值排名第一。这颗著名的钻石和它的伴侣——光之山，由于名字的相似性，在历史上总是相伴在一起，尽管这两颗钻石在切割和颜色上没有共通之处。这两块钻石原本都属于纳迪尔，在他死后，艾哈迈德·沙赫·杜拉尼占领了阿富汗。在艾哈迈德·沙阿之后，它被传给了沙阿·舒亚。后来东印度公司得到了它，并把它作为礼物送给维多利亚女王。

光明之海的重量约为 182 克拉，颜色为淡粉色——钻石的稀有颜色之一。镜框镶有 457 颗钻石和 4 颗红宝石。1965 年，加拿大一个研究小组对国家珠宝进行研究时，这颗钻石的颜色和大小引起了这个加拿大小组的注意，他们认为光明之海和光之山最初是一块石头，后来被分成了两块，一部分变成了光明之海，另一部分则是 60 克拉的光之山。

（2）经典馆藏二：巴扎维的皇冠（Crown Of Pahlavi）

这顶王冠是金银材质的，用钻石、绿宝石、蓝宝石和珍珠作装饰。皇冠的布料是红色天鹅绒的。皇冠的四个侧面是城垛设计，四个面板光彩熠熠，全部镶有钻石。总的设计风格是萨珊王朝（226—651 年）时期的作品。这顶王冠上镶嵌的宝石总数如下：钻石：3 380 颗 1 144 克拉；翡翠：5 片 199 克拉；蓝宝石：2 片 19 克拉；珍珠：368 颗，完美搭配。皇冠的总质量是 2 080g。

四、古勒斯坦宫

1. 博物馆简介

（1）发展历史

德黑兰的阿尔格城堡建于萨非王朝塔赫玛斯一世（Tahmasp I，1524—1576 年）统治时期，后在赞德王朝的卡里姆·汗（Karim Khan）进行二次修缮。后来恺加王朝的阿迦·穆罕默德·汗（Agha Mohammad Khan）选择德黑兰作为首都，古勒斯坦宫的宫殿和花园便成为恺加王朝的官邸。在阿里·沙阿·卡哈尔（Fath Ali Shah Qajar）统治期间，古勒斯坦宫的重要性越来越被强调。这位国王对古勒斯坦宫进行了大规模的修葺。在纳赛尔·丁·沙迦·卡哈尔（Nasser al–Din Shah Qajar）统治期间，由于他的统治和他作为欧洲第一位伊朗国王的来访，古勒斯坦宫在他的三次旅行中发生了根本的变化，增加了很多典型的欧洲元素。

在卡扎尔王朝覆灭和巴列维王朝掌权后的几年里，皇家城堡见证了第一位巴列维王和第二位巴列维王的加冕典礼。同一时期，古勒斯坦宫被正式用于皇家接待，巴列维王朝也在尼亚瓦兰建造了自己的宫殿——尼亚瓦兰建筑群。

1925—1945 年间，根据雷扎·沙阿的命令，该建筑群的大部分建筑被摧毁。他认为，拥有数百年历史的恺加王朝宫殿不应阻碍现代城市的发展。取而代之的是 20 世纪五六十年代现代风格的商业建筑。

古勒斯坦宫于 2005 年 11 月被列入世界文化遗产名录，目前由伊朗的文化遗产机构管理。

就历史记忆而言，古勒斯坦宫是伊朗最独特的历史建筑群之一，这一建筑群不仅是该地区艺术史的重要组成部分，而且由于其古老而闻名于世。发生在其中或与之相关的事件，已成为伊朗历史上最重要部分的不可替代的收藏和鲜活的文献。

（2）建筑布局

这座宫殿围绕着一个花园而建，花园里有池塘和种植区。池塘在巴列维早期建成，现在用于绿化空间。古勒斯坦宫殿北部一些狭窄的门和走廊与神殿相连。由于历史原因，宫殿的内部空间极大。

古勒斯坦宫内有若干宫殿，部分仍作宫殿被保留下来，如大理石座宝殿、镜厅、太阳宫等；另一部分被改建成其他功能场馆，如美术馆、民族学博物馆等。

（3）场馆特色

这座有围墙的宫殿是德黑兰最古老的建筑群之一，在伊朗文化遗产机构的管理和运营下，古勒斯坦宫已经成为一个集研究、展览、收藏、修复和教育为一体的文化机构。

古勒斯坦宫共有展厅和宫殿 12 个。宫殿围绕着一个花园而建，宫殿最具特色的特征和丰富的装饰可追溯到 19 世纪。古勒斯坦指鲜花盛开的地方，寓意非常美。它成为恺加艺术和建筑中心，是一个杰出的典范，其至今仍然是伊朗艺术家和建筑师的灵感来源。它代表了一种融合了传统波斯工艺美术和18世纪建筑与技术元素的新风格。古老的伊朗艺术家的精致灵魂在古老的王宫和宜人的建筑群之间，利用建筑、绘画、石雕、瓷砖、抹灰、镜子、镶嵌等艺术手法，创造了一种新颖的组合和精美的建筑。其展馆也趋近现代化，涉及现当代绘画艺术、人类民族学及摄影三方面。

除此之外，古勒斯坦宫非常重视文物的研究保护和学术发展。古勒斯坦宫的研究办公室从2010年开始运营，其职责是研究、修复珍贵文物，组织和开展研究和出版活动。为了规划古勒斯坦宫的研究路线并考虑研究范围内的收藏品所面临的挑战，自2017年5月以来，该项目的议程已定为国家级别的编制项目。

2. 馆藏经典

经典馆藏：大理石王座。大理石王座由卡加尔王朝（1797—1834年）的法塔阿里·沙阿（Fath Ali Shah）于1806年建造。宝座被绘画、大理石雕刻、瓷砖、灰泥、镜子、珐琅、木雕和格子窗加以装饰，体现了伊朗当时最顶峰的建造水平。大理石王座是阿尔格历史上历史最悠久的建筑之一，位于露台的中间，由亚兹德省著名的黄色大理石制成。

宝座由65块大理石制成，由卡加尔宫廷的首席画师——米尔扎·巴巴·纳卡什·巴希设计。穆罕默德易卜拉欣和皇家泥瓦匠监督建设，以及几个著名的大师来执行。在法塔阿里·沙阿和纳赛尔·埃德·丁·沙阿（1848—1896年在位）统治期间，完成了阳台的建筑细节和其他装饰。

加扎尔国王的加冕礼和正式的宫廷仪式都在这个平台上举行。最后一次在大理石王座举行的加冕礼是1925年巴列维王朝的礼萨·沙阿的加冕礼。

五、萨德阿巴德王宫

1. 发展历史

萨德阿巴德王宫（Saad Abad Museum Complex）原本是伊朗皇室避暑的“夏宫”，位于市区东北的山上，是一座由18座宫殿组成的大面积的建筑群。

在萨德阿巴德王宫建筑群里有许多伊朗和欧洲名画，大多是西方国家首脑赠送给伊朗人民的礼物，但巴列维国王却把这些礼物据为己有。此外，还有许多价值连城的波斯名贵地毯被巴列维王室转移到了西方国家。在萨德阿巴德王宫建筑群陈列的伊朗名画和地毯只是很少的一部分。

在萨德阿巴德王宫建筑群中，规模最大的建筑物是国家博物馆，由于该博物馆是白色，所以以“白宫”而著称。该王宫始建于1931年，历时八年时间，于1939年竣工。该宫殿由伊朗建筑专家设计建造，外表用大理石砌成，大理石取自伊朗西南部的克尔曼市，具有德国宫殿风格，宫殿内部为伊朗风格。

该宫殿为巴列维王朝国王的办公室和夏天居住的地方。殿内设有寝室、餐厅、礼宾厅。其中礼宾厅的装饰和摆设均为欧洲20世纪的风格，例如，沙发为路易十三至十六世时代的风格；瓷器产自法国；铜雕为意大利制造；还有许多欧洲名画和中国装饰品。此外，在该宫殿里还有许多其他国家官员赠送的礼物。

自伊斯兰革命取得胜利后，该宫殿被列为博物馆，更名为“人民宫殿博物馆”，并于1981年开放。宫殿改为博物馆后，仍保持了国王时期的摆设和装饰，以便让人民目睹国王的奢侈生活。当然，宫殿里昂贵的珠宝由于是国家财产，被转移到伊朗国家银行珠宝博物馆珍藏，还有数条地毯被临时放在伊朗地毯博物馆展出。

2. 建筑布局

宫殿占地面积2 164m^2，建筑面积约5 000m^2，分上下两层和地下室。殿内装饰富丽堂皇，将伊朗和欧洲风格融为一体。宫殿顶部为伊朗优美独特的石膏雕塑，地上铺着精美的波斯地毯。无论是建造设计还是室内装饰都体现了伊朗建筑艺术的精华。

萨德阿巴德王宫建筑群共有18座宫殿，包括国王、王后、王储、亲王的宫殿等，其中不少建筑的风格颇具欧洲风味，不难看出西方生活方式对伊朗的影响。有的宫殿没有完工。每一座宫殿都富丽堂皇、设备齐全，有游泳池、花园、体育场等。每一座宫殿的主人都曾是巴列维国王的皇亲贵族。

3. 场馆特色

萨德阿巴德王宫旨在还原巴列维王朝皇室的奢侈生活，除了部分被移至国家珍宝馆和地毯博物馆的藏品外，殿内基本维持原貌。

王宫内的陈设、装饰十分豪华，沙发、桌椅、窗帘、吊灯均从法国、英国、捷克、印度等国进口，超大的手织波斯地毯做工精细、图案精美，洋溢着古波斯韵味。王宫内还陈列了各国元首、政府首脑赠送给王室的各种贵重礼品，其中也有不少中国的手工艺品。巴列维国王的卧室中，陈列着众多国家领导人的肖像。

宫苑内的建筑由森林、花园和草坪包围，空气清新，环境优美，宫殿还设有游泳池、花园和体育场等。政府将宫殿辟为了博物馆和展览馆，并对公众开放，其中知名的七座分别是白宫、绿宫、母亲宫、军事博物馆、自然历史博物馆、细密画博物馆和考古博物馆。园区内绿化好，面积大，成为市民休闲、家庭聚会和郊游的绝佳场所。

萨德阿巴德王宫除了被大面积用作博物馆使用之外，还有一小部分被用作伊朗共和国政府的政务人员办公区域。

六、伊朗地毯博物馆

1. 博物馆简介

（1）发展历史

伊朗地毯博物馆位于德黑兰拉勒公园旁，建于1976年，展出了从16世纪至今伊朗各地的各种波斯地毯。

1976年，有人建议建立一个伊朗地毯博物馆。因此，一些有资质的地毯专家出发前往多个城市和国家，收集不同种类的贵重地毯。很多具有历史意义的珍贵地毯因此被保存了下来。1979年以后，这些地毯的收藏变得更加重要。现在伊朗地毯博物馆展出了许多珍贵的地毯，以保护伊朗的文化遗产。

在这个博物馆里，最古老和最重要的地毯之一是属于萨非时代的地毯，叫作“桑格什库”。还有七种动物地毯、“谢赫·萨菲丁·阿德比利”地毯、花园地毯和塔皮斯波洛奈兹或波兰地毯，这些都是该博物馆收藏的一些珍贵地毯。地毯博物馆共展出地毯200件左右，都是波斯地毯的集大成之作，这些地毯是在卡山、克尔曼、伊斯法罕、大不里士、呼罗珊、库尔德斯坦等主要地毯编织中心编织的。被称为波兰地毯的作品是在伊斯法罕制作的，17世纪时用以填补波兰王子的订单而被转移到波兰。这些地毯的材质多为丝绸纤维，或者用金银线编织的天然染料。全世界已确认的此类地毯多达300件，其中七件已运回伊朗，保存在伊朗地毯博物馆。

（2）建筑布局

该博物馆的外建筑面用白色装饰，这与地毯织布机联系起来，坐落在有美丽的风景的拉勒公园旁边。

博物馆展厅占地3 400m^2，包括两个展厅，用于展示不同种类的基里姆和手工地毯。除此之外，还安排有图书收藏室，收藏图书出版物3 300万余册。在博物馆大楼的拐角处还设有一家茶馆，它保留着古老而传统的伊朗风格，接待着游客。

（3）场馆特色

伊朗地毯博物馆的建筑设计师是阿卜杜勒·阿齐兹·米尔扎·法曼法米安，博物馆外部的穿孔结构设计既像地毯织布机，又能在外墙上投下美丽的光影，以减少夏日炎热的阳光对室内温度的影响。

伊朗地毯博物馆的创立初衷是保护基里姆和地毯编织艺术，该文化机构的一切举措都围绕此目标而进行。除了进行地毯展出、宣传伊朗古老的灿烂艺术外，它还开设了许多体验课程，教授地毯编织、地毯图案设计，以及受损地毯和基里姆的修补和补漆等技术，使游客更加深刻地了解伊朗地毯文化。

2. 馆藏经典

经典馆藏：国王主题地毯。地毯高度为7~8m，整个画面气势磅礴，色彩艳丽。画面主要区域是几百年来各国皇帝的人物造型，以及伊朗历代国王，其中也有欧洲诸国国王或是领袖，每一个都是惟妙惟肖。这幅地毯珍品的材料是棉和羊毛混合织成，完成于20世纪初期，已经有近百年历史。

七、伊斯兰博物馆

1. 博物馆简介

（1）发展历史

伊斯兰博物馆与伊朗国家博物馆位于同一场馆的两部分，二者各有侧重。在伊朗国家博物馆于 1937 年正式开放后，伊斯兰博物馆于 1944 年开始建造，但由于在伊朗国家博物馆举行的各种大型文化活动，伊斯兰博物馆的建造多次被打断。该博物馆在 1950 年完工。由于古代伊朗博物馆中伊斯兰时期的作品量很大，因此开始设计和实施伊斯兰博物馆的扩建，并根据萨桑德时期的计划考虑了该计划。最终，该博物馆于 1972 年开幕。

（2）建筑布局

伊斯兰博物馆占地约 10 000m^2，分四层，其中两层专门用于展览作品，另外两层用于辅助活动。目前，基础设施超过 20 000m^2，占地 18 000m^2，拥有约 300 000 件物品的伊斯兰博物馆被认为是该国最重要的博物馆之一。就伊朗文化、艺术和进化而言，它被认为是世界上最好的博物馆之一。

（3）场馆特色

伊斯兰博物馆中诉说着与伊朗历史不同的故事，它侧重于与伊斯兰宗教有关的历史事实和作品。人类在伊朗高原上存在的最古老的证据可以追溯到 60 万年前。由于伊朗的文化、艺术和文明在各个时期都始终遵循着伊朗的身份发展而没有间断，因此所展示的作品除了具有伊朗艺术的所有独特特征外，还具有连续性。

2. 馆藏经典

（1）经典馆藏一：陶碗

制成于 9 世纪初期，材质为陶瓷。碗面底部涂以透明釉料，碗面凹陷部分有彩绘，画有一只牛和一个人形，代表了当时伊朗最高制瓷水平。

（2）经典馆藏二：水彩画

18 世纪卡加尔王朝时期，Abol Hasan Qaffari 设计绘画的水彩画，上面还有作者的签名。

八、伊朗电影博物馆

1. 博物馆简介

（1）发展历史

在伊朗首都德黑兰市区北部有一处僻静的皇家花园（Garden Palace of Bagh-e Ferdows），这里于 2002 年改建为伊朗电影博物馆。

这个建筑群的起源可以追溯到恺加王朝的穆罕默德·沙赫统治时期，他下令在塔吉里什建造一座名为穆罕默德的豪宅。不幸的是，他于1848年9月去世，未完工的建筑随后被废弃。

后来，与穆罕默德·沙阿关系密切的朝臣侯赛因·阿里·汗在同一区域内跟进修建了一座两层的恺加式豪宅。在纳赛尔丁沙阿统治期间，地皮的所有权转移给了侯赛因·阿里汗的儿子达斯特·阿里汗。他重新装修了这座建筑，并把它改名为弗多斯。后来，达斯·阿里·汗的儿子、纳赛尔·埃德·丁·沙阿的女婿达斯·穆罕默德·汗在围墙南部修建了一座新的豪宅。他使用了伊斯法罕和亚兹德建筑师的工艺，并将其命名为Rašk e Behešt，意思是“天堂的嫉妒”。

这座建筑群几度易手，老宅邸最终被毁。剩余的建筑随后被穆罕默德·瓦利·汗·托内卡博尼买下。他在建筑群中增加了新的水池和喷泉，并重新修建了在早些年为花园提供淡水的渡槽。现在花园的大门也是从这个时候开始有的。

这座建筑群多年来一直被租给各个部委。1937年，教育部把沙普尔中小学安置在这个院落里。1979年革命后，直到2002年，费道斯花园一直是电影制作的培训中心。自2002年以来，这里便成了电影博物馆的所在地。

在阿巴斯·基亚罗斯塔米和埃扎托拉·恩特扎米信使的信任和支持下，以及贾马尔·奥米德、阿米尔·埃斯巴蒂、贝扎德·拉希米安和阿齐佐拉·萨阿蒂信使的努力下，1998年5月博物馆的原建筑在皮尔尼亚街开幕，出席仪式的有电影界人士和支持者，还有爱尔兰共和国副总统哈比比先生。

（2）建筑布局

伊朗电影博物馆位于弗多斯花园，坐落在一座美丽的恺加时代的豪宅中，周围环绕着一个令人愉快的花园。这座有趣的博物馆充分展示和解释了伊朗百年电影工业的设备、照片和海报展品。该馆按性质分为八个主题展馆。在这里不仅能观赏有关伊朗电影所有历史与文化的介绍，还有相关的波斯文化与艺术。总之，伊朗电影博物馆是一个非常有教育意义学习的文化场所，非常值得人们来参观和旅游。

（3）场馆特色

伊朗电影博物馆的建立是一个伟大梦想的开始，这一起步使伊朗文化的倡导者和先行者感到信心十足。电影博物馆官方承诺，这一艺术产业的从业者的所有努力和奉献都将被记录下来，作为照亮后人艺术之路的明灯加以保护。该博物馆旨在收集、保护、记录和展示伊朗电影遗产，展出电影相关的物品，是电影学术研究和制作的基地。伊朗电影博物馆积极与行业人士和民众保持联系，馆内常常举办座谈会和研讨会，促进伊朗电影产业的发展。除此之外，最引人注目的是一家正在馆内运营的电影院。

2. 馆藏经典

（1）经典馆藏一：窥视箱

窥视箱是一种四合院形式的娱乐和便携式盒子，看向里面的黑暗洞时，就能看到伊朗的老照片和世界各地著名地方的照片。当电影和电视在伊朗没有流行起来时，窥视箱蓬勃发展，孩子们对观看这些附有机器主人描述的动画图像非常感兴趣。

（2）经典馆藏二：捐赠文件

捐赠文件包括 1900 年 2 月 11 日在伊朗电影中发现的最古老的文件，以及莫扎法尔・丁・沙赫从国外索取或收到的物品清单。

博物馆

——乌兰巴托市（蒙古国），Ulaanbaatar（Mongolia）

一、乌兰巴托市博物馆发展概况及特点

1. 历史沿革

乌兰巴托是蒙古国的首都，是蒙古国政治、经济、文化、交通、工业、科技中心。乌兰巴托有300多年历史，始建于1639年，1778年起，逐渐定居于现址附近，其是一座具有浓郁草原风貌的现代化的国际化都市。

乌兰巴托市内有大量的古代文化遗存，现发现最早的有3000年前的村落遗址，有匈奴遗址，还有公元6—8世纪的大量文化遗存。文物考察发现了18世纪前数百座居址、各种语言的碑铭、岩画和绘画。蒙古博物馆珍藏着8世纪蒙古汗扎布赞丹巴的遗物。

乌兰巴托市曾经是蒙古国的宗教中心，13世纪前蒙古人民信奉佛教，而13世纪后，喇嘛教传入蒙古，占据了蒙古人生活中的重要部分。这期间，许多宗教寺庙拔地而起，寄托着人们的信仰。后来，很多寺庙遭到大肆破坏，许多珍贵的历史文物也丢失殆尽。在这期间保留下来的寺庙，大多都在20世纪被修缮改建，当作历史博物馆，记录乌兰巴托的宗教历史。

之后，随着蒙古民主革命的爆发及1992年实行的新宪法，蒙古逐渐成为一个现代化的国家，其文化艺术发展逐渐被重视起来。应运而生了许多特色化、多元化的文化博物馆。第一座国家博物馆建于1924年，现在全国共有30多座博物馆，每年接待近80万人。此外，还有各种主题丰富的博物馆，如蒙古戏剧博物馆、扎纳巴尔艺术博物馆、蒙古中央恐龙博物馆等。各高校也有自己的科学博物馆，如蒙古国立大学矿物博物馆。蒙古人的文化生活逐渐丰富了起来。

2. 现状特点

乌兰巴托博物馆业规模较大，市内有30余座博物馆、美术馆和画廊，且类型丰富、种类齐全。

历史类的博物馆有蒙古国家博物馆、博格可汗的宫殿博物馆、蒙古自然历史博物馆等，这些博物馆在进行文物展出的同时，还承担着公众教育和学术研究的职责。文化艺术类的博物馆有剧院博物馆、蒙古当代艺术博物馆等。值得一提的是，乌兰巴托市内有一座寓意中蒙友好的博物馆——中国文化中心，其职责是展示中国历史文化，与乌兰巴托市民构建起友谊和文化的桥梁。此外，乌兰巴托还拥有多种学科的博物馆，如解剖博物馆和地质矿石博物馆。这些博物馆在丰富本市文化生活的同时，每年也吸引着大量游客。

蒙古政府十分重视培养专门的博物馆工作人员，不断用现代化技术成果改进博物馆的设备。从1958年起，开始出版博物馆学年鉴，研究和探讨与博物馆建设有关的许多重要课题。国家博物馆同其他博物馆保持密切联系，经常互派专家，交流经验，并参加国际博物馆理事会工作，出席国际学术会议。

3. 发展策略

乌兰巴托常住人口143.5万，其中74%是青壮年，被称为世界上最“年轻”的国家之一。由于人口的低龄化，博物馆的发展也需要和年轻人的观念接轨，拥抱下一代就是拥抱未来。不少博物馆开发了自己的手机应用，如博格可汗宫殿的BogdKhanPalace，通过网络与科技密切与大众的联系，进入人们的生活。此外，许多博物馆还策划了新颖的特展来吸引大众。

乌兰巴托博物馆业注重与海外同行间的合作和交流，致力于促进文化融合与本国文化的传播。首都博物馆进行过多次海外展出，如1993—1994年在法国巴黎举办的“蒙古的珍宝展”，以及1999年在荷兰阿姆斯特丹举办的“舞动的蒙古恶魔”展等，这些展览往往是联合乌兰巴托市内多家博物馆合作推出的。

二、蒙古国家博物馆

1. 博物馆简介

（1）发展历史

蒙古国家博物馆始建于1924年。1940—1941年，该博物馆被称为博物馆学术研究中心，1956—1991年期间改名为国家中央博物馆。国家中央博物馆于1956年搬进主建筑，展出重点为蒙古国的历史、自然环境、古生物、艺术和蒙古民族。1964年，为丰富展品内容，设立了新的历史画廊，展出国家发展场合中的绘画作品。1991年5月，文化部和国家艺术委员会决定全面改革整个国家的博物馆，它规定在1971年已成立的全国革命博物馆合并蒙古国家历史博物馆和国家中央博物院，最终成为现今的蒙古国家博物馆。为纪念在政治镇压中受迫害的人民而建造的乌兰巴托纪念馆也是蒙古国家博物馆的分馆。

（2）建筑布局

蒙古国家博物馆内共有九个展馆。其中重要的包括如下几个。

史前时期馆内的文物大多是从考古发掘中找到的，这个展厅展示了旧石器时代到早期铁器时代的文物。

古代史时期馆内的考古文物涉及从公元前3世纪开始在现代蒙古领土上建立的政治实体的历史和文化。从公元前3世纪开始，蒙古境内的游牧部落开始争夺权力，形成了地方势力范围。

传统服装和饰品馆内主要展出蒙古族的服饰，包括国家礼仪服装、时令服装、珠宝和配饰。蒙古族服饰反映了蒙古族的风俗习惯，反映了蒙古族的物质文化和精神文化。

蒙古族传统文化馆内展示了蒙古族传统文化与游牧生活方式的联系。蒙古族传统生活馆以畜牧业为基础，展现了狩猎、种植等多种生活辅助手段的游牧生活。它涵盖了对游、畜牧业的追求，以及基于游牧生活方式的周边社会和文化习俗。

17—20世纪初时期馆展出的是相对应时期的蒙古。本展厅以当时的历史文物、文献和照片为基础。

社会主义时期展馆展示了1911年发生的民族独立革命的历史。馆内的重要展品包括：1921年革命党人的武器和照片、20世纪30年代的打字机和电影设备，以及一个1945年的银饰木桶——用作牧民饲养1 000多只动物的奖励。

民主蒙古时期展馆覆盖了从20世纪90年代初至蒙古人民共和国开始发生重大变革到如今的历史时期。在政治过渡到民主和议会制国家的同时，蒙古在经济上转向了自由市场经济。

（3）场馆特色

蒙古国家博物馆是集文化机构、科学机构、教育机构为一体的国立大型博物馆，介绍了从人类的曙光开始至今的蒙古国的历史。展出物品面面俱到，涵盖历史、文化、艺术、科学中的方方面面。

蒙古国国家博物馆的主要博物馆致力于保护蒙古历史和传统生活。博物馆服务于教育和文化角色，为公众提供亲身体验在历史时代生活的机会。从1924年成立至今，一直致力于历史调查和研究，以及与蒙古文化有关的文物的收集、保存和展览。

场馆中从史前时期到近当代的这段时期被划分为九个格局特点的时段，分别进行展出和诠释。此外，馆中还设有一个特展，主题为蒙古传统餐具。传统餐具是千百年来思想和智力的结晶，是文化遗产的组成部分。蒙古国国家博物馆收藏了丰富的古代石器，并对从古代的石制火葬品到现代的瓷器、陶器和冰箱，重新分类进行诠释。

蒙古国家博物馆每年接待游客8万余人次，大约一半游客是外籍，其最大的目标群体是学生。针对这一市场环境，蒙古国家博物馆推出专门针对学生的课程和活动，拉近与学生群体的距离，输出蒙古的历史内涵。博物馆根据不同年龄段的学生，推出形式和内容不同的活动。

2. 馆藏经典

（1）经典馆藏一：推车零件

带有六个侧面凸起的铸铁推车零件，据说它是在13—14世纪铸造的。该文物来自对蒙古人使用的古代战车及古代城市的考古发掘，于1949年在Kharkhorum市的废墟中发现。在推车上安装这种木轮是考虑了轴承和摩擦，增加了负载和耐用性。研究结果发现，该零件是用铸铁、黄铜、青铜制成的，这直接证明了蒙古国冶金学的发展。

（2）经典馆藏二：板鞋

板鞋高47cm，长28cm，宽9cm，质量为2.1kg，由铁、皮革、箔制成，是一双带有金属箔衬里的棕色皮鞋。该皮鞋由阿尔汉卡艾格（Arkhangai aimag）市的R.Dashragchaa家族保存了七代，“独特的历史和文化古迹”的一部分，提供了有关蒙古军事服装的事实信息。

三、博格多汗宫博物馆

1. 发展历史

1911年，外蒙古宣布独立。第八个贾赞达姆巴库塔格特是蒙古独立后的第一个君主博格多汗。蒙古的精神领袖和神权统治者于1893—1903年间住在靠近图尔河的冬宫。这座宫殿于1905年竣工，在博格多汗统治期间又增加了一个新的仪式门，以庆祝蒙古独立。1924年博格多汗去世后，冬宫变成了一座博物馆。20世纪30年代末，寺庙和寺院遭到了大规模的破坏，但院内的建筑群幸免于难。随后的维修不足导致博物馆建筑群的木结构恶化。传统的绿色琉璃瓦年久失修，雨水漏入建筑物。传统的屋顶瓦片被金属板取代，这破坏了建筑物的外观。木柱、木梁及内部装饰也已经变质，亟待需要修复。

在蒙古当局和文物专家的合作下，世界气象基金会支持修复建筑群主要庭院周围四座建筑中的两座。其位于庭院东侧，是该建筑群中因屋顶坍塌和结构沉降而退化最严重的建筑之一，于2002—2003年修复。这些项目包括结构稳定，以及对木材、砖石、瓦屋顶和木地板的必要修理。外国的保护人员被邀请来研究保护这些建筑外部油漆饰面。从2006年开始，中国国家文物局修复了该建筑群两个庭院中第二个庭院的大门和亭子。

2. 建筑布局

皇宫建筑群由七座寺庙组成，围绕两个庭院对称排列，外部漆成红色、绿色、蓝色、白色和金色。

3. 场馆特色

该博物馆除了展出的实物展品外，院落内的古蒙古时期的建筑物也诉说着古老的历史。

博物馆

——万象市（老挝），Vientiane（Laos）

一、万象市博物馆发展概况及特点

1. 历史沿革

自14世纪澜沧王国立国以来，万象在16世纪成为老挝的首都和经济中心。1779年暹罗入侵老挝，万象变成暹罗之附庸。19世纪初，万象叛乱，被暹罗平定，万象被夷为平地，所有文物皆被洗劫一空。20世纪初，万象被到来的法国人修缮，成为法国殖民时代的首府。至第二次世界大战后老挝独立，万象依旧是老挝首都。

由于历史上的动乱，万象市内并不像其他历史悠久的城市一样拥有众多历史遗产和文化场所。但老挝是一个宗教国家，所以万象市内拥有多座佛教寺院，虽然不是传统意义上的博物馆，但在现代仍被用于讲述历史。此外，由于长期的贫困和被殖民侵略，万象市的现代博物馆业起步较晚，多数现代博物馆建成于20世纪中晚期，目前还处于起步阶段。

2. 现状特点

万象市博物馆业规模小，主要为历史博物馆、艺术博物馆和宗教场所。其只拥有屈指可数的画廊和特色文化博物馆。万象市内的博物馆多集中在湄公河畔周围，且距离很近，较为集中。

3. 发展策略

万象市博物馆虽然数量少，但基本类型可以得到保证，如军事类、民族历史类和民族艺术类，这样可以保证最基本的文化传承和研究。其下一步的发展目标是在经济增长的支持下，扩展现有博物馆规模，完善藏品种类，丰富博物馆的职责和内涵。

同时，在中国“一带一路”倡议的影响下，万象抓住机遇，与各国进行文化领域和专业领域的交流，学习他国博物馆业的管理和运营经验，从而使万象市的历史文化和宗教文化成为旅游业亮点，带动经济的增长。

二、老挝国家博物馆

1. 发展历史

老挝国家博物馆于 1976 年 3 月 13 日由老挝政府组织成立，位于万象市中心，是老挝国内 10 个博物馆中最大的展馆。

老挝国家博物馆的前身是“老挝前皇宫博物馆”，国王西萨旺 · 冯（Sisavang Vong，1901—1959）在位时建造。“皇宫博物馆”始建于 1904 年，1909 年完工。它建立之初，被用作国王的府邸、办公室及皇家收藏室。

1975 年 12 月 2 日，老挝人民民主共和国成立，西萨旺 · 凡达纳国王（1959—1975）退位，博物馆及其所有皇家收藏被收为国有，“皇家博物馆”也于 1993 年正式更名为“老挝国家博物馆”。

该博物馆展示了老挝的历史，突出了老挝人民为摆脱外国占领者和帝国主义势力的侵略而进行的斗争。

2. 建筑布局

老挝国家博物馆是一个三层建筑，总面积约 3 000m^2，其中展厅面积 1 000m^2。展厅被分成不同的小展厅，每个小展厅都有一个主题，这些主题涵盖了老挝的史前文明和沙湾拿吉省的恐龙化石、早期文明、1000 多年前印度化的孟高棉（Mon and Khmer）王国文化、老挝王国的澜沧（Lane Xang）文化（1707—1779）、第一次印度支那战争（1945—1954）及美国入侵（1964—1973）等不同的历史阶段。

3. 场馆特色

老挝国家博物馆收藏并展示从史前到今天具有老挝本土特色的不同历史阶段的艺术品，也有少量法国殖民时期的历史遗物。

在此收藏策略下，现在馆内已有约 12 000 件重要文物。这些藏品包括佛像、由国王收藏或民间捐赠的文物，也有艺术品及其档案等文献资料。正是这些丰富的藏品使得老挝国家博物馆的固定陈列具有了多维的体量和深厚的内涵，从而满足了国内和国外观众的需要。此外，老挝国家博物馆还收购了一些本地的工艺品商店和艺术家的私人画廊，并在此基础上不断丰富馆内的艺术品收藏。

欧洲篇

博物馆

——贝尔格莱德市（塞尔维亚），Belgrade（Serbia）

一、贝尔格莱德市博物馆业发展状况及特点

1. 历史沿革

塞尔维亚的首都贝尔格莱德是一个历史悠久的城市，矗立于东西方世界交会之处，孕育出属于自己的独一无二的璀璨文化。贝尔格莱德拥有风格迥异的建筑，从遍布全市的东方建筑，到泽蒙市中心典型的中欧小镇，再到新贝尔格莱德的现代建筑，丰富的文化景点与各具特色的文化活动吸引着来自欧洲乃至世界各地的游客。贝尔格莱德城中散布了各式各样的博物馆，最著名的博物馆是建于1844年的塞尔维亚国家博物馆。

2. 现状特点

由于近年来塞尔维亚的经济发展刚刚摆脱低迷走上复苏，博物馆业的复苏受到政府财政预算的影响，投入资金比较紧张。自2000年起，随着塞尔维亚与西欧和美国外交关系的恢复，贝尔格莱德因为丰富的历史文化资源，逐渐成为外国游客旅游的热门目的地。

3. 发展策略

塞尔维亚对现有文化财产非常重视，博物馆重视及时收藏近现代历史文物和革命文物，为后人研究现在的历史准备了大量的文献和实物资料，并为系统地反映国家城市的政治、经济、文化的连续性和完整性提供了文物保证。塞尔维亚正在推动博物馆与教育更深层的融合，提高博物馆的公共文化属性。2013年，塞尔维亚修订《文化财产法》，成为该国文化遗产保护领域最全面、重要的法律。博物馆被列为负责保护艺术历史作品的保护机构，须履行“确保对公众开放义务”，最大限度地发挥社会效益。

二、塞尔维亚国家博物馆

1. 发展历史

塞尔维亚国家博物馆（National Museum of Serbia）坐落于贝尔格莱德的共和国广场，于 1844 年 5 月 10 日建成，是塞尔维亚最大、最古老的博物馆。1979 年该博物馆被认定为“价值极高的文化遗产”，现在藏品达 40 多万件。

2. 建筑布局

塞尔维亚国家博物馆最初是作为政府机构建造的，由建筑师 Andra Stevanović 和 Nikola—Nestorović 于 1903 年设计，是具有纪念意义的公共宫殿建筑的代表。从风格上讲，该建筑体现了学术折中主义，其中包含了主要的新文艺复兴时期建筑元素。

该建筑物在第二次世界大战期间遭到严重破坏。战争结束后进行了重建，但中央穹顶并没有得到修复。

3. 场馆特色

塞尔维亚国家博物馆内藏品的种类主要包括考古收藏、古币收藏、中世纪的藏品、历史文物收藏、意大利艺术作品收藏、法国艺术作品收藏、日本艺术收藏、俄国艺术作品收藏、澳大利亚和德国艺术作品收藏、立体派作品收藏、南斯拉夫和塞尔维亚作品收藏。其收藏品的数量是相当可观的，是一般的博物馆所不能达到的。

国家博物馆的壁画画廊以其功能和内容而独树一帜，展示了塞尔维亚中世纪和拜占庭艺术的最高成就。其丰富的收藏品包括在 11—15 世纪中叶创作的 1 300 幅壁画。

馆中还收藏了约 300 个中世纪纪念碑雕塑和碑刻纪念碑的石膏模型，其中部分已经破坏或濒临损毁。为了保护这些珍贵文物，塞尔维亚国家博物馆为这些濒危的纪念碑制作了副本。所有副本均由该领域的专业艺术家完成，尺寸、制作方法及损坏均与原件完全相同，也具有极高的艺术价值。

三、南斯拉夫历史博物馆

1. 发展历史

南斯拉夫历史博物馆（Museum of Yugoslav History）前身为成立于 1996 年的南斯拉夫博物馆。2016 年底，合并了约瑟普・布罗兹・铁托（Josip Broz）纪念中心及南斯拉夫民族和少数族裔革命博物馆，正式改为现名。馆内按时间顺序展出了南斯拉夫王国及社会主义南斯拉夫时期的历史，以及前南斯拉夫领导人铁托的一生。

2. 建筑布局

南斯拉夫历史博物馆主体建筑是以大理石为主材的现代风格，拥有两层展览空间。花房进门处有一块刻有名字的白色平铺大理石，是塞尔维亚传奇政治家约瑟普・布罗兹・铁托的墓碑。

3. 场馆特色

在南斯拉夫博物馆中可以很明显地感受到塞尔维亚人民对于约瑟普·布罗兹·铁托的尊重。展览馆整体氛围比较朴素，展品真实地记录了从南斯拉夫国家成为国家到20世纪90年代初解体的历史，比较完整展现了南斯拉夫思想发展有关的社会记忆和文化。

四、尼古拉·特斯拉博物馆

1. 发展历史

尼古拉·特斯拉博物馆（Muzej Nikola Tesla）位于贝尔格莱德中心，成立于1952年，是一座用来纪念并展示发明家、电机工程师尼古拉·特斯拉一生事迹的科学博物馆。

2. 建筑布局

尼古拉·特斯拉博物馆从外面看是一座普通的三层住宅，供参观的地方并不是很多，只有一层的三个房间可供参观。第一个房间是播放记录尼古拉·特斯拉事迹的影片，影片详细地介绍了他的生平事迹。第二个房间有很多尼古拉·特斯拉制作无线电和电磁圈的装置，参观者可以使用这些装置做一些有趣的实验。第三个房间里放满了尼古拉·特斯拉的遗物，馆内常规展出他的原始文件、手稿、藏书、杂志、绘画、照片、发明原型机等。

3. 场馆特色

尼古拉·特斯拉被人们称作“交流电之父”，他的很多研究成果改变了人类历史的进程。尼古拉·特斯拉博物馆已成为塞尔维亚乃至全世界的独特科学和文化机构。它是唯一保留尼古拉·特斯拉原始和个人遗产的博物馆。2003年，由于特斯拉对世界的电气化和未来的技术进步做出的重要贡献，这座博物馆被列入世界记忆遗产。

五、南斯拉夫航空博物馆

1. 发展历史

南斯拉夫航空博物馆（Aeronautical Museum）位于塞尔维亚首都贝尔格莱德的瑟金（Surčin）。博物馆成立于1957年，毗邻贝尔格莱德尼古拉·特斯拉机场。现有设施于1989年5月21日向公众开放。

2. 建筑布局

南斯拉夫航天馆由建筑师伊凡·斯特劳斯（Ivan Štraus）设计，蘑菇云状的玻璃建筑十分具有现代感。展馆分为两层，共展出61架飞机模型。

3. 场馆特色

博物馆拥有200多架先前由南斯拉夫空军、塞尔维亚空军等运营的飞机，以及民用客机和私人飞行俱乐部飞行的飞机。它还拥有菲亚特 G.50 型号唯一幸存的飞机，以及在 1999 年北约轰炸南斯拉夫期间被击落的美国空军 F-117 夜鹰和 F-16 战斗猎鹰的残骸。此外，藏品还包括 130 多种航空发动机，雷达、火箭弹、各种航空设备，20 000 多本参考书和技术文档，以及 20 万张照片。

附录：中国与塞尔维亚博物馆业交流现状

国博“文心万象——中国古代文人的绘画与生活”展览在塞尔维亚举行。2018 年 12 月 14 日，由中国国家博物馆举办的“文心万象——中国古代文人的绘画与生活”展览，在塞尔维亚首都贝尔格莱德国家博物馆开幕。塞尔维亚文化部部长弗拉丹·武科萨夫列维奇在开幕式上表示，“文心万象——中国古代文人的绘画与生活”展是塞尔维亚国家博物馆历经十余年修整重新开放后的首场邀请展，之所以选择中国国家博物馆作为合作方，是因为中国拥有引人入胜的、辉煌的古代文化艺术。

博物馆

——马德里市（西班牙），Madrid（Spain）[①]

一、马德里市博物馆业发展状况及特点

1. 历史沿革

马德里是西班牙的首都，与巴萨罗那并列为西班牙的两大对外文化窗口。西班牙王室在马德里博物馆业发展的过程中起到了重要的推动作用。马德里市拥有丰富的文化遗产，同大部分经历过封建时期的国家一样，王宫和王室的藏品为近代博物馆的形成奠定了基础。同时，马德里也是融合了传统艺术与开放的新观念的城市，是欧洲艺术的先锋。

马德里还是西班牙旅游人数最多的城市，它既拥有现代化的基础设施，又有保存完好的历史建筑。近年来，多种文化活动在马德里开展，包括西班牙国际旅游交易会、艺术博览会、马德里时装周等。

2. 现状特点

马德里市的博物馆业发展起步较早，博物馆建筑保护工作做得很出色。除了用来展示历史文物的传统博物馆之外，目前马德里共有 1 962 座古建筑，其中包括阿尔卡拉门、西比勒斯大桥、太阳门或哥勒斯宫这样的标志性建筑，这些古迹也使马德里成为一座真正的博物馆型城市。

马德里市采取一系列措施，保护、重建教堂、喷泉、防御建筑、桥梁等历史建筑，以恢复其历史与文艺价值；并且，采用高端技术修复价值极高的艺术品，如油画、祭坛、花窗玻璃等。马德里历史遗产部认可其将辖区内物质与非物质文化遗产的历史性、艺术性、建筑性、考古性、民族志等价值，并立法予以保护。

---

① 马德里自治区与马德里市博物馆一致。

3. 发展策略

马德里市的文化产业发展报告中提到，要深入推进文化遗产保护，推动文化遗产与博物馆藏数据化、电子化、信息化，加快数字系统建设；要加强旅游宣传，向世界展现西班牙的璀璨文化。

二、普拉多博物馆

1. 发展历史

普拉多博物馆（Museo del Prado）最早由西班牙国王卡洛斯三世下令修建，1785年由西班牙建筑师胡安·德·比利亚努埃瓦设计建造，最初计划收藏和保存自然历史类文物。19世纪初拿破仑占领西班牙时期，这座博物馆暂停修建，被征用作为拿破仑的骑兵总部和火药库，直至斐迪南七世时期才恢复建设。在斐迪南七世之妻玛利亚·伊丽莎白的建议下，这座博物馆建成后作为新的皇家绘画与雕塑博物馆。1819年11月，该馆正式向公众开放。1868年这座博物馆被收归国有，并更名为普拉多博物馆。

2. 建筑布局

普拉多博物馆建有三座场馆，目前收藏有约8 200幅素描、7 600幅油画、4 800件版画、1 000座雕塑，以及大量历史文献资料。主馆长期陈列1 300件作品，根据展览主题定期更换展品；约有3 100件作品定期借展给其他博物馆与艺术机构。

主馆共有三层。一层共有超过40个展厅，主要展出14—17世纪的欧洲画作与文艺复兴雕塑，部分展厅专门展示罗希尔·范德魏登、耶罗尼米斯·博斯、阿尔布雷希特·丢勒、拉斐尔、弗朗西斯科·戈雅等人的作品。二层共有超过50个展厅，主要展示17—19世纪的欧洲画作。三层共有19个展厅，主要展示18—19世纪的油画和装饰艺术，部分展厅专门展示鲁本斯、伦勃朗、扬·勃鲁盖尔等人的作品。

3. 场馆特色

除去建筑本身非常有看点之外，其绘画类馆藏也非常丰富，最主要的藏品是欧洲艺术大家的绘画作品，约有8 600幅。除了名画之外，这里还收集了雕刻、素描、家具、钱币、徽章、从壁毯到彩色镶嵌玻璃窗的各种装饰艺术品，以及稀世珠宝。

三、马德里王宫

1. 发展历史

马德里王宫（Royal Palace of Madrid）是仅次于法国凡尔赛宫和维也纳美泉宫的欧洲第三大王宫。建于1738年，历时26年完工，是世界上保存最完整、最精美的宫殿之一。后来经王室同意，开放了部分区域用于展览。

2. 建筑布局

宫殿主体结构全部用石头和砖建造，没有采用木头，外观呈正方形结构，富丽堂皇。它是波旁代表性的文化遗迹，在欧洲各国皇宫中堪称数一数二。整座宫殿非常宏伟，150m^2 的建筑物内部，有 2 700 间房屋，开放参观的区域为 50 间左右。主要的展览区域有三个部分：帝王厅、绘画长廊、后花园。

3. 场馆特色

由于历代国王都根据自己的喜好对王宫进行装饰，使得王宫带上了浓厚的个人印记和时代印记，如卡洛斯三世布置的寝宫，卡洛斯四世建造的镜厅和阿方索十二世所钟爱的豪华餐厅。

例如，帝王厅修建于卡洛斯二世时期，厅内的装饰一直未曾改变。厅内拱顶画展现了西班牙君主时代的故事，特别突出了 18 世纪诸位国王的统治。厅内的装饰大部分是在皇家作坊生产，但也不乏远道而来的奢侈品，如威尼斯的枝形水晶吊灯、那不勒斯的天鹅绒刺绣、罗马的青铜狮像。

四、提森 – 博内米萨艺术博物馆

1. 发展历史

提森 – 博内米萨艺术博物馆（Museo Thyssen–Bornemisza）主要展示提森家族的艺术收藏。提森收藏的创立者为奥古斯特・提森，经过家族成员海因里希・提森・博内米萨两代人的经营，现已成为世界最知名的私人收藏博物馆之一。因藏品数量持续增长，提森家族买下位于瑞士卢加诺的法布里达宫，用于展示家族收藏。法布里达宫内的提森收藏于 1949 年正式对公众开放。20 世纪 80 年代，提森家族继承人与一名西班牙女性结婚，随后决定将西班牙作为家族收藏的永久性展出地点。

1992 年，提森 – 博内米萨艺术博物馆正式成立，位于马德里埃尔莫萨宫内。次年，西班牙政府象征性地以 3.5 亿美元正式收购提森家族收藏。

2. 建筑布局

提森 – 博内米萨艺术博物馆馆藏分布在三个楼层，展厅及作品均以年代顺序排列。

一层主要为 20 世纪绘画艺术，包括立体主义、抽象主义、超现实主义、波普艺术及欧洲战后具象派作品，代表艺术家有毕加索、达利、康定斯基等。

二层分为两大展区：一是荷兰画派作品，包括静物画、风景画及日常生活场景主题的画作，代表艺术家有鲁本斯、伦勃朗等；二是现代画作，如印象派、后印象派和德国表现主义，代表艺术家有塞尚、高更、凡・高、莫奈、雷诺阿等。

三层设有两个专题展厅——“文艺复兴时期肖像画”展厅和“18 世纪城市风景画”展厅。其他展品包括从意大利早期绘画至巴洛克时期的艺术作品。

3. 场馆特色

提森 – 博内米萨艺术博物馆是世界上最重要的私人收藏博物馆之一。收藏范围非常广泛，从中世纪和古典主义大师到 20 世纪印象派、后印象派、德国表现主义先锋派及欧美战后绘画作品无所不包。提森－博内米萨艺术博物馆是马德里艺术金三角区的三大博物馆之一，紧邻普拉多博物馆与索菲亚王后艺术中心，囊括来自提森家族的绘画藏品。提森收藏被誉为20世纪无与伦比的西方绘画私人收藏，显示出提森家族父子两代人独到的艺术眼光及他们对艺术极高的品位与追求。

五、索洛亚博物馆

1. 发展历史

索洛亚博物馆（Museo Sorolla）位于马德里尚伯里区Chamberí，博物馆以艺术家本人的作品、绘画和图画为主，不仅是索洛亚本人作品最全和最具代表性的收藏，而且汇集了索洛亚的大部分个人物品。这个博物馆是按索洛亚的遗孀克洛蒂尔德的愿望建立的。1925年，她立下遗嘱，将丈夫的作品全部捐给西班牙政府，用以建立一座纪念索洛亚的博物馆。

2. 建筑布局

索洛亚博物馆是一座颇有情趣的欧式小洋楼，主要展区有两层楼。除了在遍布一楼的索洛亚本人作品之外，博物馆还收集了许多其他的物件，基本集中在二楼的展区。其中较突出的有雕刻、瓷器、流行饰品、老照片和一份非常重要的画家信件档案。另外，画家的房间和起居室内有各种老式的和现代的家具、许多纺织件和一些金属摆件。

3. 场馆特色

索洛亚博物馆保持了索洛亚故居和工作室的原貌，这座博物馆也是欧洲最完整、保持最完好的艺术家故居之一，既有生活的趣味，又有艺术的氛围。由索洛亚亲自设计的花园更是精致玲珑，别具韵味。

六、马德里海军博物馆

1. 发展历史

马德里海军博物馆（Naval Museum Madrid）是隶属于西班牙国防部的国有博物馆。博物馆的起源可以追溯到1792年9月28日的皇家令，安东尼奥·瓦尔德斯（AntonioValdés）和卡洛斯四世海军国务卿费尔南德斯·巴赞（FernándezBazán）促进了在圣卡洛斯建立海军博物馆——为了给西班牙海军中的有志进取的军官提供培训。岁月更迭，现在海军博物馆及其附属博物馆的主要任务是：共同研究、保护和传播海军的物质和非物质遗产，向外展示西班牙海军的历史及其对体制、社会、文化、科学、经济的贡献。

2. 建筑布局

主体建筑由建筑师Francisco Javier Luque和JoséEspelius共同设计，带有折中主义风格。

这座建筑的中央空心像两个内部庭院一样，目前被海军博物馆的两个展览室所占据，被彩色玻璃窗覆盖，这是19世纪末在西班牙成立的Maumejean SA公司的作品。这些窗户装饰有不同的海洋图案，包括海王星的代表，一些海马和美人鱼，以及纹章人物，例如西班牙旧王国的纹章：阿拉贡、纳瓦拉、卡斯蒂利亚和莱昂。里面最引人注目的结构元素是由卡拉拉大理石制成的具有纪念意义的帝国风格楼梯。其中一个高浮雕的饰带带有来自戈多伊宫的经典场景。

3. 场馆特色

海军博物馆收藏品的特点是其丰富性和异质性。它由约10 500件展品组成，包括天文，科学的导航仪器，军舰、兵工厂模型，哥伦布时期地图，早期的装饰艺术，海军武器、旗帜、制服和装饰品，海上装备，民族志作品和杰出水手的私人物品。

七、塞万提斯故居博物馆

1. 发展历史

被誉为西班牙文学界最伟大作家的塞万提斯，其故居博物馆就设于他在1603—1606年间曾居住过的楼房内。房屋的正面由简洁的砖块搭建而成。其正对面坐落着一个美丽的花园。塞万提斯故居博物馆（Museo Casa Natal de Miguel de Cervantes）位于米格尔伊斯卡街道（Calle Miguel Iscar）和雷科莱托斯大道（Paseo de Recoletos）的拐角处，其内部构造已根据17世纪的西班牙贵族风格重新改造，还搭配了简单的装饰点缀。自1916年以来，图书馆被安装在较低的楼层，民众可以参观某些房间。1948年正式成立了今天所看到的博物馆。

2. 建筑布局

博物馆复原了16、17世纪的建筑陈设风貌。房子由六个房间组成。一层是起居室、厨房和餐厅，家具、用品按照曾经使用过的原迹摆放。二层是塞万提斯出生的卧室，此外还有一个陈列室，陈列着《堂吉诃德》的各种版本和译本，包括中文译本。

塞万提斯故居博物馆的藏品是由博物馆本身及其他机构（如瓦拉多利德国家雕塑博物馆，服装博物馆和CIPE）存入的其他物品组成的，包括17世纪的西班牙风格家具、17世纪和19世纪的绘画、Talavera陶瓷和重要的书目收藏。

3. 场馆特色

塞万提斯故居博物馆的外观和内设是具有西班牙风情的欧式小洋楼，内部展出了许多和堂吉诃德有关的译本原著、作者手稿等，能直接通过展示告诉参观者作家在巴里阿多里德市居住的时间、生活方式和装饰，以及其习俗、历史、社会经济和政治背景，便于公众快速地了解这位著名作家的生平。

博物馆

——巴黎大区（法国），Ile-de-France（France）

一、巴黎大区博物馆业发展概况及特点

“巴黎大区”是法国本土13个大区之一，也是法国首都巴黎的首都圈。以巴黎为中心，包括巴黎省（75省）、上塞纳省（92省）、塞纳－圣但尼省（93省）、马恩河谷省（94省）、塞纳－马恩省（77省）、伊夫林省（78省）、埃松省（91省）和瓦兹河谷省（95省），共计1 276个市镇。

在1789年法国大革命期间，大量王室贵族乃至教会的收藏品被充为国有，在此基础上，法国建立了各级公立博物馆，如罗浮宫博物馆。这使法国的博物馆天生就具有国家设立、全民共有的性质。发展至19世纪，法国形成了各级公立博物馆占绝对主导地位的博物馆体系。

法国政府通过实施文化民主化政策，将文化活动、资金、文化设施等分散到全国各地，让全国公民都能够感受到人类优秀文化的熏陶。博物馆作为文化事业的重要组成部分，法国政府尤其重视博物馆向公众开放的职能，使得博物馆成为培养公民历史、艺术、科学素质的重要场所。

巴黎大区的博物馆多以原王室行宫、贵族府邸为基础改建而成，数量众多，是巴黎市内博物馆群的重要补充。

二、凡尔赛宫

1. 博物馆简介

凡尔赛宫（Château de Versailles）位于法国巴黎西南郊外伊夫林省凡尔赛市，是法国著名的宫殿之一，1979年被列入《世界文化遗产名录》。

凡尔赛宫在1682—1789年是法国的王宫及政治中心；在20世纪以后对公众开放，成为世界知名景点和人类文化遗产。

凡尔赛宫是古典主义风格建筑。立面是标准的古典主义三段式处理，正宫前则是一座风格独特的“法兰西式”大花园，讲究对称和几何图形的人工雕琢，用华丽的图形和精心的设计彰显工艺之美。

凡尔赛宫内部装潢艺术形式豪华、精致、细腻。巴洛克风格为主，少数厅堂为洛可可风格。整体建筑有宗教色彩，也是理性美的代表。

1789 年 10 月 6 日，凡尔赛宫作为王宫的历史终结。在随后到来的法国大革命时期，凡尔赛宫被多次洗掠，宫中陈设的家具、壁画、挂毯、吊灯和陈设物品被洗劫一空，宫殿门窗也被砸毁拆除。1793 年，宫内残余的艺术品和家具全部运往罗浮宫。此后，凡尔赛宫沦为废墟达 40 年之久，直至 1833 年，奥尔良王朝的路易 · 菲利普国王才下令修复凡尔赛宫，将其改为历史博物馆。

2. 馆藏经典

（1）经典馆藏一:《法国的路易斯夫人》

《法国的路易斯夫人》（*Madame Louise de France*），出自法国洛可可风格派宫廷画家让 – 马克 · 纳蒂埃，其为路易十五宫廷中的贵妇人画肖像画而著名。这幅保存在凡尔赛宫的肖像画描绘了路易十五世最小的女儿，展现了路易斯公主穿着宫廷礼裙手拿花篮的场景。

（2）经典馆藏二：镜厅

凡尔赛宫镜厅，又称镜廊，被视为法国路易十四国王王宫中的“镇宫之宝”，是凡尔赛宫最奢华、最具代表性的大厅，是凡尔赛宫的代表之一，以 17 面由 483 块镜片组成的落地镜得名。镜厅的 17 扇落地窗面对着凡尔赛宫的后花园，和大厅的内壁上相对着落地窗贴着 350 多幅镜子，不仅反射出窗外美景，还反射着镜厅内奢华的雕塑、壁画等艺术品。到了晚上，其还能反射烛光，将大厅映射得金碧辉煌。镜厅是路易王朝的会客厅，也见证了许多法国的兴衰历史。

三、枫丹白露宫

1. 博物馆简介

枫丹白露宫（Château de Fontainebleau）是法国最大的王宫之一，位于法国北部法兰西岛地区赛纳 – 马恩省的枫丹白露，从 12 世纪起用作法国国王狩猎的行宫。枫丹白露宫中的中国馆收藏和展览了数百件来自亚洲的珍品。枫丹白露意为“蓝色美泉”，当地泉水清冽，12 世纪路易七世在泉边修建了城堡，供打猎休息使用，这就是后来的枫丹白露宫。枫丹白露宫建筑群由古堡、宫殿、院落和园林组成，其中常年开放的馆舍有三间文艺复兴大厅、皇帝寝宫及拿破仑博物馆。从建筑艺术上看，枫丹白露宫可以说是法国古典建筑的杰作之一，各个时期的建筑风格都在这里留下了痕迹。

枫丹白露宫现存有一座封建古堡主塔、六朝国王修建的王宫、五个不等形院落、四座具有四个时代特色的花园。由于这些建筑大多是由法国建筑师完成建筑工程，然后由意大利艺术家来做内部装饰，因此融法意两国风格于一体，将雕刻与油画艺术相结合，形成了著名的枫丹白露派建筑风格——法国文艺复兴时期的一枝奇葩。

2. 经典馆藏

在西方博物馆中，收藏和展览圆明园珍宝最多、最好的要数法国的枫丹白露宫，其中最为广大人民所了解的就是一件景泰蓝麒麟。另外一件金曼扎也是非常重要的中国文物精品。金曼扎是藏传佛教的寺庙摆设品，金罐通体如意花纹闪闪发光，并镶有珍珠、绿松石等多种宝石，非常奢华。

四、法国国立考古学博物馆

法国国立考古学博物馆位于伊夫林省的圣日耳曼－恩－拉耶城堡（Château de Saint-Germain-en-Laye），曾是位于法国首都巴黎西郊的一座王宫。

圣日耳曼昂莱城堡始建于1122年，目前城堡建筑中最古老的部分建于1539年。原为法国的国宾馆。1867年开始，这里成为国立考古学博物馆。1919年，协约国和奥地利共和国在这里签订圣日耳曼条约。1940—1944年德国占领法国期间，城堡曾是德军的法国总部。

法国国立考古学博物馆涵盖了从史前时代到墨洛温王朝时期的各个时期。该馆于1862年3月8日根据帝国法令建立，并于1867年5月12日正式开放。从2009年开始，博物馆、城堡和花园被统一为一个机构，标志着博物馆和城堡迎来了一个新时代。

博物馆

——巴黎市（法国），Paris（France）

一、巴黎市博物馆业发展概况及特点

1. 历史沿革

1789 年，法国的博物馆诞生于法国大革命，革命导致大量皇室、贵族、僧侣阶层珍藏的艺术品、文物被国家征收。

1792 年，罗浮宫博物馆成立。

19 世纪，博物馆的世纪，受数次世博会的影响，博物馆各项运营制度建立起来，社会服务功能逐步明确，博物馆逐渐成为城市中重要的文化、娱乐、教育空间。

1895 年，成立法国国家博物馆联合会（RMN）。

2. 现状特点

巴黎的博物馆大致可以分为八个类别，其中既有国家级博物馆，如罗浮宫博物馆、奥赛美术馆、吉美亚洲艺术博物馆等，也有隶属于巴黎市政府的博物馆，如巴黎市历史博物馆、巴黎当代艺术博物馆等。各类博物馆具有鲜明特点。

（1）皇宫类博物馆，这是利用皇宫、宫殿和古城堡而建立起来的一种博物馆。在法国巴黎等地，保存着许多从中世纪到大革命前后修建的皇宫、宫殿和城堡，近 200 年来，法国政府陆续把一些皇宫和古城堡辟为博物馆。

（2）历史类博物馆大多是专题性质的史迹博物馆，而属于通史性质的博物馆数量较少。

（3）艺术类博物馆，这是法国各类博物馆中数量最多、品种范围最广、内容最为丰富的一类博物馆。就巴黎市区 100 多个博物馆而言，艺术类博物馆约占半数。

（4）考古类博物馆，这类博物馆是近几十年来发展起来的一种新型博物馆。除专门性的考古学博物馆外，大部分是利用重要的考古发掘现场（为史前考古或古代与中世纪文化遗存）就地建立博物馆，或者现场择地建馆。

（5）科技类博物馆，也是品种较多的一类博物馆，有国立工业技术博物馆这类表现 17 世纪以来工业技术的发明创造，也有宇航博物馆表现从 20 世纪初以来国际航空与飞机制造业的历史等。

（6）自然类博物馆，这类博物馆是从 19 世纪中期发展起来的，包括矿物学、动物学和植物学等专门性的博物馆。

（7）人类学博物馆，曾是自然历史博物馆的一部分，却是独立的一门学科。它不仅是博物馆，而且是科学研究和教学机构。

（8）民俗学博物馆，民俗学从广义上属于人类学范畴，这类博物馆主要收藏和研究民间传统的生产技术和民间的生活习俗。

3. 发展战略

巴黎的博物馆无时无刻不在拓展自己的藏品数量，无论是通过兼并其他博物馆还是接受私人藏家的捐赠，同时他们希望尽可能多地增加这些藏品的公众曝光度。能够更多地展出这些珍稀的藏品，是法国博物馆进行国际化扩张的重要原因之一。通过进行巡回的展览和设立分支机构是其向外扩张的方式。

二、罗浮宫

1. 博物馆简介

罗浮宫（Musée du Louvre）位于法国巴黎市中心的塞纳河边，占地约 198 公顷，分新老两部分。宫前的金字塔形玻璃入口，占地面积为 24 公顷，是建筑大师贝聿铭设计的。

罗浮宫始建于 1204 年，原是法国的王宫，居住过 50 位法国国王和王后，是法国文艺复兴时期最珍贵的建筑物之一。1793 年 8 月 10 日，罗浮宫艺术馆正式对外开放，成为一个博物馆。

罗浮宫常年展出的展品数量达 3.5 万件，包括雕塑、绘画、美术工艺及古代东方、古代埃及、古希腊罗马、伊斯兰文明等门类，主要收藏是截至 1860 年以前的艺术作品与考古文物。

罗浮宫三大展馆的命名分别取自法国历史上三位杰出人士的姓氏：路易十三时期的红衣主教兼宰相黎塞留、亨利四世的大臣叙利和罗浮宫博物馆第一任馆长德农。

罗浮宫已成为世界著名的艺术殿堂，是最大的艺术宝库之一，是举世瞩目的万宝之宫。

（1）发展历史

罗浮宫始建于 12 世纪末，由法王菲力二世（“奥古斯都”）下令修建，最初是用作监狱与防御性的城堡。当时的罗浮宫堡并不是法国国王的居所，而是被用来存放王室财宝和武器。

弗朗索瓦一世命令建筑师皮埃尔·勒柯按照文艺复兴风格对其加以改建，于1546—1559年修建了今日罗浮宫建筑群最东端的卡利庭院。扩建工程一直持续到亨利二世登基。亨利二世去世后，王太后卡特琳·德·美第奇集中力量修建杜伊勒里宫及杜伊勒里花园，对罗浮宫的扩建工作再度停止。

波旁王朝开始后，亨利四世和路易十三修建了连接罗浮宫与杜伊勒里宫的大长廊，又称“花廊”（Pavillion de Flore）。路易十四时期曾令建筑师比洛（Claude Perrault）和勒沃（Louis le Vau）对罗浮宫的东立面按照法国文艺复兴风格（法国古典主义风格）加以改建，改建工作从1624年持续到1654年。

路易十四曾计划放弃罗浮宫，并将其拆除，但后来改变了主意，让法兰西文学院、纹章院、绘画和雕塑学院、科学院搬入罗浮宫的空房，此外还有一些学者和艺术家被国王邀请住在罗浮宫的一层和大长廊的二楼。1750年，法王路易十五正式提出了拆除罗浮宫的计划。但由于宫廷开支过大，缺乏足够的金钱来雇佣拆除罗浮宫所需的工人，该宫殿得以幸存。

法国大革命期间，罗浮宫被改为博物馆对公众开放。拿破仑即位后，开始了对罗浮宫的大规模扩建，建造了面向里沃利林荫路的北翼建筑，并在围合起来的巨大广场中修建了卡鲁索凯旋门，作为杜伊勒里宫的正门。拿破仑三世时期修建了黎塞留庭院和德农庭院，完成了罗浮宫建筑群。

1871年5月，巴黎公社面临失败时，曾在杜伊勒里宫和罗浮宫内放火，试图将其烧毁（当时公社决定烧毁的还有巴黎市政厅、王宫等标志性建筑）。杜伊勒里宫被完全焚毁，罗浮宫的花廊和马尔赞长廊被部分焚毁，但主体建筑幸免。第三共和国时期拆除了杜伊勒里宫废墟，形成了罗浮宫今日的格局。

（2）建筑布局

罗浮宫是法国最大的王宫建筑之一，位于首都巴黎塞纳河畔、巴黎歌剧院广场南侧。早在1546年，法王弗朗索瓦一世决定在原城堡的基础上建造新的王宫，此后经过九位君主不断扩建，历时300余年，形成一座呈U字形的宏伟辉煌的宫殿建筑群。

罗浮宫东立面是欧洲古典主义时期建筑的代表作品。据统计，罗浮宫包括庭院在内占地19公顷，自东向西横卧在塞纳河的右岸，两侧的长度均为690m，整个建筑壮丽雄伟。用来展示珍品的数百个宽敞的大厅富丽堂皇，大厅的四壁及顶部都有精美的壁画及精细的浮雕。

罗浮宫东立面全长约172m、高28m，一个完整的柱式分作三部分：底层是基座，中段是两层高的巨柱式柱子，再上面是檐部和女儿墙。主体是由双柱形成的空柱廊。中央和两端各有凸出部分，将里面分为五段。两端的凸出部分用壁柱装饰，而中央部分用椅柱，有山花，因而主轴线明确。立面前有一道护壕保卫着，在大门前架着桥。横向展开的立面，左右分五段，上下分三段，都是以中央一段为主的立面构图。法国传统的高坡屋顶被意大利式的平屋顶代替，罗浮宫东立面在高高的基座上开小小的门洞供人出入。

（3）场馆特色

据统计，罗浮宫共收藏有40多万件来自世界各国的艺术珍品。法国人将这些艺术珍品根据其来源地和种类分别在六大展馆中展出，即东方艺术馆、古希腊及古罗马艺术馆、古埃及艺术馆、珍宝馆、绘画馆及雕塑馆。其中绘画馆展品最多，占地面积最大。罗浮宫区有198个展览大厅，最大的大厅长205m。用一两天的时间根本无法欣赏全部的稀世珍品。如今它的藏画就有15 000件，但平时用以出展的不过2 000多幅，因此有幸目睹罗浮宫全部珍藏的人寥寥无几。置身于40万件艺术珍品的包围之中，无论是谁都会面对艺术本身或隐含其中的历史的情绪的沉积浮想联翩——罗浮宫的魅力也正在于此。

2. 馆藏经典

（1）经典馆藏一：断臂维纳斯

这座雕像创作于公元前130—前100年之间，表现的是希腊神话中爱与美的女神阿佛洛狄忒（罗马神话中与之对应的女神是维纳斯）。这座大理石雕成的雕像高202cm，略大于人体真实大小。1820年发现于希腊米洛斯岛（现代希腊语称作米洛），故被称为米洛的维纳斯。过去它曾被误认为雕刻家普拉克西特列斯的作品，现在一般认为是亚历山德罗斯的创作。

（2）经典馆藏二：油画《蒙娜丽莎》

达·芬奇生前一直把《蒙娜丽莎》作品留在自己的身边。直到达·芬奇去世后，法国国王弗朗西斯一世用了12 000里弗（法国金币名），才从达·芬奇的弟子手中买下。从此，该作品被收藏于法国罗浮宫。

3. 展览

（1）黎塞留馆

黎塞留馆共有五个常设展，分别为法国雕塑、古近东文物：美索不达米亚、伊朗、欧洲装饰艺术，欧洲北方画派绘画，法国绘画。

（2）叙利馆

叙利馆共有七个常设展，分别为“素描与版画”“古近东文物：伊朗、黎凡特、阿拉伯半岛”“古希腊文物”“古埃及文物”“欧洲装饰艺术”“古希腊和古罗马文物”“法国绘画”。

（3）德农馆

德农馆共有12个常设展，分别为“近东和埃及艺术”“伊斯兰艺术”“古希腊文物”“欧洲雕塑”“古罗马文物”“古意大利和伊特鲁里亚文物”“非洲、亚洲、大洋洲和美洲艺术”“法国绘画”“阿波罗廊 / 皇家珠宝”“意大利绘画”“西班牙绘画”“英美绘画”。

三、奥赛博物馆

1. 博物馆简介

奥赛博物馆是一家国立博物馆，位于塞纳河左岸，与罗浮宫和杜伊勒里花园隔河相望。博物馆坐落在建筑师维克多·拉鲁（Victor Laloux）为1900年万国博览会设计修建的火车站中，馆内主要陈列1848—1914年间创作的西方艺术作品，包括绘画、雕塑、装饰品、摄影作品、建筑设计图在内的精彩藏品，显示出一个现实主义、印象主义、象征主义、分离主义、画意摄影主义等流派大师辈出的时代所具有的令人难以置信的艺术创造力。

奥赛博物馆由废弃多年不用的奥赛火车站改建而成，1986年底建成开馆。改建后的博物馆长140m、宽40m、高32m，馆顶使用了35 000m^2的玻璃天棚。博物馆实用面积57 000多平方米，共拥有展厅或陈列室80个，展览面积47 000m^2，其中长期展厅16 000m^2。

（1）发展历史

19世纪中叶，这里曾是当时的行政法院和皇家审计院的所在地。1789年的法国大革命期间被大火烧毁。1898年，为了迎接巴黎万国博览会，巴黎奥尔良铁路公司向国家购买了这块地皮，修建火车站。但在1940年即已没落，闲置了46年之后，1986年将火车站改建成奥塞博物馆。火车站由建筑师维克多·拉卢设计，不仅丰富而且大胆。他主张尊重原有的建筑结构，保留了原有的柱子，铸铁横梁及仿大理石装潢。

（2）建筑布局

建筑结构采用工业革命后带来的新型金属和玻璃材料，但是为了和周围高贵的环境相称，外墙面采用高贵的石材加上生动的石膏雕像，遮住金属支架，而内部在玻璃穹顶下加上第二层用石膏雕琢藻井装饰成的穹隆，将奥赛火车站改成博物馆，华美的玻璃天棚成为展馆入口，走道是主要展示区，大厅空间呈轴对称，两侧是一间间独立的小展厅。老车站建筑区分对待的改造，形成了新旧结合、外旧内新、新中带旧的混合区域。

（3）场馆特色

这里聚集了法国近代文化艺术的精华，填补了法国艺术发展史上从古代艺术到现代艺术之间的空白，也因而成为连接古代艺术殿堂罗浮宫和现代艺术殿堂蓬皮杜中心的完美的过渡。

2. 馆藏经典

（1）经典馆藏一:《塔希提的两个女人》

油画《塔希提的两个女人》是高更的作品，这是一幅描绘塔希提普通女人的画。一提到高更的塔希提画，就会让人想起蓝蓝的天空和海洋，茂密的热带丛林，丛林间的绿色草地，草地上嬉戏的男女，淳朴、善良而痴情。画中两位坐在沙滩上的少女，一个闭目养神，一个用黑白分明的眼睛疑惑地看着我们，不知道是好奇还是惊慌。画的背景并不复杂，黄沙、碧海、红衣，一切都显得宁静而浪漫。高更的塔希提画作就是这样，洋溢着神秘浪漫的情调，充满了原始古朴的风味，既有丰富的象征意义，又有奇特的装饰美感，独树一帜，深受人们的喜爱。

（2）经典馆藏二：凡·高的《向日葵》

凡·高有种特殊的嗜好——画向日葵，而且是不停地画。凡·高把画画当作宣泄情感的一种最佳方式，在他眼里，向日葵不是寻常的花朵，而是太阳之光，是光和热的象征，是他内心翻腾的感情烈火的写照，是他苦难生命的缩影。

3. 展览

（1）地下展厅

地下共有 18 个常设展厅，涉及 1~14、17、18 室、上游凉亭和中央雕塑群一个临时展览。

（2）二层展厅

二层共有 17 个常设展厅，涉及 51、55~66 室、雕塑平台、上游凉亭、新画廊、后印象派画廊、罗丹露台。

（3）顶层

顶层共有四个展厅，涉及 38~42 室、印象派画廊、德泰平台和贝莱莎萨尼画廊。

四、橘园美术馆

1. 博物馆简介

橘园美术馆位于罗浮宫前的杜伊勒里花园（Jardin des Tuileries）西南角，紧邻塞纳河，其历史可以追溯到拿破仑三世时期。橘园的前身是一个种植柠檬和柑橘的温室，故而得名“橘园”。1918 年，莫奈将他即将完成的作品《睡莲》捐献给国家，当时的总理乔治·克莱蒙梭建议把画作布置在橘园中展出，接下来便是《睡莲》见证着橘园的三次改造。

（1）发展历史

橘园最早是在 16 世纪后期修建起来的，原来的位置是法国的第一个堡垒。1668 年，路易十四时期的著名皇家园林建筑大师勒诺特（Andre Le Notre）将这个堡垒和杜伊勒里花园融为一体。1918 年，莫奈决定捐赠《睡莲》给法国政府，这使得橘园美术馆在 1921 年成为高雅艺术殿堂。1958 年开始，由于法国时任总理克利蒙梭（Georges Clémenceau）的影响力，安德烈·纪德（André Paul Guillaume Gide）和他的妻子 Jean Walter 陆续捐赠了一大批著名的 19 和 20 世纪绘画给美术馆。

（2）建筑布局

橘园美术馆一共有两层。展厅为圆形，每个展厅放置了三幅画作。

（3）场馆特色

橘园因馆藏的莫奈《睡莲》而闻名，可以说橘园的改建尤其是室内的布置和设计是完全围绕着《睡莲》进行的。美术馆的古典外貌并没有十分惊艳之处，只有改造后的落地式玻璃和透过玻璃看到的混凝土体量隐隐彰显着现代气息，这种古典和现代的形式并没有冲突，更多的是一种共存的态度，质朴而祥和。加建的混凝土体量以一种“悬浮”的姿态被安置在橘园美术馆的古典外围护结构里面，这种“脱离”的处理手法，无论是从外观上，还是空间感受上，都营造出一种奇妙的效果，“并置”本身便创造出一种宁静的氛围，而清水混凝土材料的选择更加强化了这样的氛围。

2. 馆藏经典

（1）经典馆藏一:《睡莲》

1918 年 11 月 11 日，莫奈将象征和平的作品《睡莲》捐赠给法国政府，希望为巴黎人带来一处宁静的港湾。1927 年，在他去世几个月后，依照其方案陈列于橘园美术馆内。这处独一无二的场所——1952 年安德烈·马松誉之为“印象派的西斯廷教堂”——给莫奈的作品提供了一个最适合的展示环境，环抱着他 30 多年前开始创作的《睡莲》组画。这批画作是 20 世纪上半叶画坛最大型的组画之一。馆内整个空间和墙面被画作覆盖，把观者围在其中，近百米长的路线展开的是一幅睡莲、柳枝、树影、云影交映的水景，就像莫奈自己说的那样，“一片波光粼粼的水面，没有地平线，也没有堤岸，犹如没有尽头的幻影”。这组杰作意境独特，举世无双。

（2）经典馆藏二：让·瓦尔特与保罗·纪尧姆藏品

除了莫奈的《睡莲》，橘园美术馆的其他收藏也十分有名，其一便是让·瓦尔特和保罗·纪尧姆的收藏品。不同于当时的其他艺术品收藏家，纪尧姆不是来自富有和有文化的背景，也不像其他艺术品经销商那样只是为客户需求提供艺术作品。他积极推动巴黎艺术和文化生活，为艺术家提供道德和物质支持，并为人们解读这个时代的艺术。纪尧姆在 42 岁时去世，他积累的这一批杰出的现代主义作品，交由他的妻子多米尼卡保管。后来，他的妻子与建筑师让·瓦尔特再婚，继续他们的收藏之路。法国政府在 1959 年和 1963 年两次收购了这批藏品，并把它安置在橘园美术馆。

3. 展览

（1）常设展

橘园美术馆主要有两个常设展：第一层是莫奈的睡莲系列，第二层是让·瓦尔特与保罗·纪尧姆的收藏品，包括雷诺阿、马蒂斯、高更、毕加索等人的作品。

（2）临时展

橘园美术馆曾举办的展览有从苏拉特到马蒂斯的新时代，焦点收藏 / 莫奈，保拉·雷戈的残酷故事，睡莲：美国抽象与最后的莫奈，谁怕女摄影师？ 1839 年至 1919 年，当代对策：向莫奈致敬等。

五、巴黎荣军院

1. 博物馆简介

巴黎荣军院又名“巴黎伤残老军人院”。它是路易十四时期的建筑。1670 年 2 月 24 日，路易十四下令兴建一座用来安置军队中伤残军人的建筑，从此荣军院“应旨而生”。如今，这座荣军院依旧行使着它初建时收容安置伤残军人的功能。它同时也是多个博物馆的所在之地。法兰西帝国的始皇帝拿破仑一世的墓也在这里。

（1）发展历史

巴黎荣军院于 1671 年 3 月开工，1677 年 2 月竣工。工程的进度在当时来说可算是极为迅速的。这也得以使第一批残老军人于 1674 年即住进了荣军院。

1872 年建成了炮兵博物馆，1896 年又成立了军事历史博物馆。1905 年两馆合并成为现在的法兰西军事博物馆。

（2）建筑布局

巴黎荣军院建筑风格庄严宏大，典雅大方，古典主义的平和与哥特式向上的动势既互相对比又互相协调。

整座荣军院是一个有着五个大庭院的建筑群，最令人瞩目的就是庄严肃穆、美轮美奂的圆顶圣路易大教堂，据说顶上镶贴的都是真金，所以特别闪亮耀眼。教堂里面金碧辉煌，通过连通各庭院之间的大门去向各分庭院，这些庭院是军队医院与伤残军人的养老院，后来荣军院又被赋予了博物馆、陈列馆的功能。

荣军院的核心建筑是圣路易教堂，它吸取了古典主义的建筑风格，综合了文艺复兴建筑的哥特样式的特点。

（3）场馆特色

巴黎荣军院的圆顶楼始建于 1679 年，1706 年竣工，这里埋葬着拿破仑家族及其他一些法兰西伟人，是纪念拿破仑的圣殿。巴黎荣军院安葬了一代枭雄拿破仑的遗骸，也承载了法国一段不平凡的历史风云和光荣梦想。在这里举行欢迎仪式是法国政府欢迎来访的外国国家元首的最高礼遇。

2. 展览

巴黎荣军院内部包含荣军穹顶、圣路易荣军教堂、法兰西军事博物馆、微缩建筑模型博物馆和法国解放勋章博物馆五所博物馆。

位于巴黎荣军院内的法兰西军事博物馆由多个标志性主题展览馆组成。

博物馆由不同建筑风格、主题及时代的厅组成。

荣誉庭：古典战袍。

古代展厅：13—17 世纪古代盔甲及兵器。

近代展厅：1643—1870 年路易十四至拿破仑三世的文物。

奇异陈列室：历史人物微缩模型、火炮模型和乐器陈列室。

（1）历史人物微缩模型。军事博物馆总计约 140 000 件藏品，其中包括近 5 000 件代表了各种类型的历史人物模型。这间陈列室展示了四大类人物的微缩模型，大部分以纵列形式呈现。第一类是 18 世纪初起由人们用硬纸板制作的纸质模型；第二类是 19 世纪后半叶时期被称作“锡板”的小塑像；第三类是源于孩子玩具的铅质小铸像，后者仍是“小士兵”在集体想象中的样子；第四类是塑料制的士兵小像，因其坚固和价廉在 20 世纪极为普遍。

（2）火炮模型。共有上千件的火炮缩小版模型，这是世界上规模最大的相关收藏之一。这间陈列室展示着王室和公侯的物件模型及带有私人纹章的模型，后者大部分是荣誉的代表。同时，还展示了从未实现的武器方案草图，它是为了在特定技术层面改良火炮而设计的。此外，某些模型是今天已经消失的火炮的唯一见证。

最后，可以通过对 18 和 19 世纪法国火炮进行了忠实再现的缩小版模型展览了解它们。一整个橱窗被用于展示 Gribeauval 火炮系统，以其设计师为名，这是法国军队采用的第一个火炮系统。

（3）乐器陈列室。乐器陈列室展示了从军事博物馆器具库藏中精选的大量格外具有象征性和代表性的军用乐器。其中大部分是管乐器和打击乐器（气鸣乐器和膜鸣乐器），适于在军乐团中使用。自大革命至第二帝国时期，展品从历史和音乐两个角度追溯了军乐的演变。与这个一起展出的还有光泽变幻的军服与绘画，使得这些乐器使用时的背景得以重现；也展示了军乐的一系列大改革，即为了代替蛇号及奥斐克来德号，1845 年在军乐内部实行的萨克斯体系（由比利时乐器制造者 Adolphe Sax 实现），它从 1853 年起被全面采用。军乐展区是与音乐博物馆（巴黎爱乐音乐厅）合作完成的，后者分享了它的科学理念并允许从其收藏中拿出 30 件乐器寄存展出。

六、雅克马尔·安德雷博物馆

1. 博物馆简介

雅克马尔·安德雷博物馆位于巴黎 8 区的奥斯曼大街，这里是当时贵族聚居的区域，曾是银行家爱德华·安德雷（Edouard André）与夫人奈利·雅克马尔（Nélie Jacquemart）的私人府邸。

（1）发展历史

雅克马尔·安德雷博物馆建于 1869 年，1875 年正式完工，当时著名建筑师亨利·帕朗（Henri Parent）设计了这座可以与巴黎歌剧院媲美的私人豪宅。1881 年，这对崇尚艺术的情侣结婚。这对夫妇一年当中有半年不在巴黎，在世界各地旅行并购入艺术品，而别墅则在为布置艺术品而进行装修。两个人没有后代，1912 年奈利去世，按照她的遗愿，宅邸捐赠给法兰西学院并改造成博物馆，于 1913 年向大众开放。

（2）建筑布局

用来收藏艺术品的豪宅大楼属于巴洛克风格，建筑正门的古希腊罗马式柱廊显示出非同凡响的气派。其内部装饰异常精致华丽，进入一层会客大厅，抬头看见大厅顶部便是威尼斯杰出艺术家提埃波罗的洛可可风格的天顶画。

（3）场馆特色

这里保存的都是文艺复兴的中心地区意大利的艺术精华、18 世纪法兰西学院派和法兰德斯大师的经典之作，奢华典雅的环境和气氛，使游客产生时光倒流之感，仿佛置身于第二帝国时期繁华的巴黎。

博物馆因其高质量的馆藏和私人收藏氛围，与纽约弗里克收藏馆、伦敦华莱士收藏馆齐名。

2. 馆藏经典

意大利文艺复兴时期的代表作品共计 100 多件，创作年代跨越了三个世纪，包括以下画家的不朽之作：曼迪那（Mantegna）、贝里尼（Bellini）、波提切利（Botticelli）、卡纳莱托（Canaletto）、乌切罗（Uccello）、卡帕奇欧（Carpaccio）、萨维亚蒂（Salviati）、瓜第（Guardi）、迪拉·罗比亚（Della Robbia）等。

18 世纪法兰西学院派的经典之作：弗拉哥纳（Fragonard）、戴维（David）、布歇（Boucher）、维杰·勒布伦（Vigee-Lebrun）、纳提埃（Natier）、夏尔丹（Chardin）、格勒兹（Greuze）、康坦·德·拉图尔（Quentin de la Tour）等。

18 世纪法兰德斯及荷兰画家，包括伦勃朗（Rembrandt）、凡比克（Van Byck）、哈尔斯（Hals）、罗伊斯达尔（Ruysdael）等人的作品。

3. 展览

曾在该博物馆举办过的展览有“意大利绘画的阿拉纳珍藏”“卡拉瓦乔的罗马时期：他的朋友和敌人”“玛丽·卡萨特：巴黎的美国印象派画家”“汉森的秘密花园：Ordrupgaard 系列”“梅迪奇宫廷的佛罗伦萨肖像”“佩雷斯·西蒙收藏品展览：‘欲望与性感——维多利亚时代的杰作’”等。

七、吉美博物馆

1. 博物馆简介

吉美博物馆（Musée Guimet）是由里昂工业家爱米尔·吉美（Emile Guimet）于 1889 年正式建立的，位于巴黎第 16 区，主要展现古埃及、古罗马、古希腊、中国和其他亚洲国家的宗教文化博物馆。

（1）发展历史

吉美博物馆由爱米尔·吉美创办于 1879 年，馆址最初位于里昂，后来转为国营并于 1885 年迁至巴黎。

1889 年正式建馆后，起初，这个博物馆主要展现的是古埃及、古罗马、古希腊和亚洲国家的宗教文化，后来，因一系列远东不同地区的考察探险，博物馆在保留古埃及宗教部分的同时，对亚洲越来越关注。

1927 年，吉美博物馆归属法国国家博物馆联合会，同时接纳了一大批探险家在中亚和中国考察探险时获得的艺术品。后来，博物馆又先后收到印度支那博物馆的原件真品和法国赴阿富汗考察队提供的出土文物。同时，馆长约瑟夫·赫金完成了馆内中庭加顶工程，使得部分高棉收藏品得以展出。吉美博物馆遂以其泛印度文化圈丰富的艺术收藏而树立名望。

1945 年起，法国国有博物馆收藏大规模重新组合。吉美博物馆将其埃及部分转给罗浮宫，后者则把亚洲艺术部分作为回赠。吉美博物馆因而成为首屈一指的亚洲艺术博物馆。

（2）建筑布局

吉美博物馆中国展厅分“远古中国”“古典中国”和“佛教中国”三大部分，另外中国西藏与尼泊尔等单独组成了“喜马拉雅山文化”展区。

（3）场馆特色

吉美博物馆中藏有自 18 世纪以来的中国艺术品两万余件。在考古领域主要有：新石器时代的玉器，商、周朝的青铜器及其马饰车具、铜镜、古币和漆器等。在雕塑领域，除了一些展现佛教艺术的大件作品外，还有汉、唐时期的收藏。在装饰领域，则呈现出完整的历史全貌，通过一万余件陶瓷、粗瓷、青瓷、硬瓷，反映了瓷器历史的技术革新。另外，馆内还收藏了自唐代至清代的千余幅绘画作品。

2. 馆藏经典

（1）经典馆藏一：中国象尊

象尊可谓是吉美亚洲艺术博物馆的镇馆之宝，是目前世上所知的动物型尊中最大的一件。它体形庞大，长 96cm、高 64cm、宽 45cm，背部开口的长宽为 26cm 和 21cm；腹外侧与头部刻有兽面纹，耳、鼻、足部饰有鳞纹。从该尊背部的开口形状判断，其原先应有一个盖，且与伦敦大英博物馆和东京根津美术馆的藏品“双羊尊”大致相同，遗憾的是顶盖已失，且象鼻大部被毁。如同同时代的大部分尊的风格，象尊应该属于殷商晚期的作品，甚至可追溯到西周初期。传说该尊出土于湖南长沙，但无据查证，不过其自然写实的造型和纹饰风格使得专家判断更倾向于“它出自长江流域中部盆地的工匠之手”。

（2）经典馆藏二:《阿弥陀西方净土变图》

《阿弥陀西方净土变图》为绢画，是8世纪初的作品。画中，阿弥陀佛居中，上为华盖，旁有观音和菩萨，下方舞乐齐奏，莲花宝池在前方，无数化生童子游玩其中，宝楼阁则巍立于天界上方。整个画面色彩斑斓，堪称杰作。

3. 展览

（1）常设展

共有13个常设展，分别为“阿富汗巴基斯坦”“喜马拉雅艺术”“东南亚”“中亚”“中国”“韩国”“印度”“日本”“纺织品类”“图书馆宝藏”“声音档案”“摄影档案”“佛教的手势和符号”。

（2）临时展

过去在这里举行过“阿富汗：发现宝藏”“越南的艺术珍品：占巴的雕塑”“孔子：中国人文主义的曙光”“日本的韩国建筑师：Itami Jun”“水墨诗”“丝光”“东京大田博物馆的杰作”“明朝：中国家具的黄金时代”“中国清朝国画名作（1662—1796）”等。

八、法国国家自然历史博物馆

1. 博物馆简介

这座历史悠久、占地22公顷的巨大博物馆，集世界最丰富、最罕见的动植物和矿物标本之大成；聚动物园、植物园、高山公园、古建筑、实验室、图书馆和暖房于一体；荟萃众多稀世之宝，呈现出奇持的大自然景观，展现了自然界传统的、现代的及未来的多学科领域。

（1）发展历史

法国国家自然历史博物馆正式建立于1793年6月10日，正值法国大革命期间。其起源于路易十三于1635年建立的皇家药用植物园（Jardin royal des plantes médicinales），当时由皇家医师管理。1718年3月31日，路易十五宣布取消其医用功能，使其成了单纯的皇家花园（Jardin du Roi'），并专注于自然史。

18世纪的大部分时期，皇家花园都由布丰管理，他是博物学的先驱。法国大革命后，皇家机构非常幸运地保留了下来，被12位知名教授改建为国家自然历史博物馆。其中包括了解剖学家乔治·居维叶、进化论先驱让–巴蒂斯特·拉马克和艾蒂安·若弗鲁瓦·圣伊莱尔。

该博物馆的目的是传授知识、收集藏品并进行科学研究。其在19世纪蓬勃发展，特别是在化学家米歇尔·尤金·谢弗勒尔（Michel Eugène Chevreul）管理期间，其与巴黎大学在科研领域旗鼓相当。例如，亨利·贝可勒尔在任博物馆应用物理主席期间（1892—1908年）发现了铀的放射性。

1891年12月12日的一道法令结束了这一阶段，使国家自然历史博物馆重新关注自然史。在1907年获得财务自主权后，它开始了新的发展。植物馆在1935年开放，一系列实验室于1939年在居维叶大街落成，人类馆在1937年的世界博览会以后于夏洛特宫内建立，同一时期动物园出现在万森森林中。而外表古典庄重、内部现代活泼的进化史展馆在得到彻底更新后于1994年重新向公众开放。

20世纪末至今，国家自然历史博物馆专注于人类开发对环境影响的研究和教育工作。在法国公共管理领域，博物馆被归类于高等教育机构。

（2）分馆布局

国家自然历史博物馆包括最开始的皇家植物园，位于巴黎五区，其内包括矿物学与地质学馆（la Galerie de Minéralogie et de Géologie,）、古生物学与比较解剖学馆（la Galerie de Paléontologie et d'Anatomie Comparée）和著名的进化馆（la Grande Galerie de l'Evolution）。博物馆动物园也坐落于此。

人类学博物馆位于巴黎十六区。其展品涉及人种学和体质人类学，包括文物、化石等。

巴黎十二区万森森林的万森动物园（Zoo de Vincennes）和滨海塞纳省克莱尔动物园（Parc zoologique de Clères），都是博物馆的一部分。

（3）场馆特色

法国国家自然历史博物馆在全球范围内也是顶尖的。它保存了世界上自然和人类科学方面最大的收藏之一；它在基础和应用研究方面涵盖了天文学、地质学、地理学、人类学，以及生物学的各个重要分支。

2. 馆藏及展厅

（1）古生物馆：展示了6亿年来地球上的生命演化史。其馆藏的马斯特里赫特沧龙和蒙马特古兽具有重大历史意义。其中还有产自中国萨拉乌苏地区的蒙古野驴骨架、披毛犀骨架。

（2）比较解剖馆：展示了畸形人体标本、古脊椎动物化石标本等。

（3）矿物学与地质学馆：建于1841年，现有超过60万件矿物标本，包括世界上独一无二的巨大水晶、皇家收藏的贵重宝石等。

（4）古植物馆和昆虫馆：展出昆虫标本1 500件。

（5）人类馆：收藏各大洲人种的人类学资料，包括法国人早年在中国的西藏和凉山地区拍摄的珍贵照片和收集的生活用品，还有人类进化时期的化石和石器。

（6）进化馆：是法国国家自然历史博物馆最著名的展馆，由19世纪的动物馆改建而来，展示面积达6 000m^2，主题围绕“生物界的多样性”“地球历史上的生命演化”“人类活动对环境的影响”展开。

入门可以看见两具鲸鱼的标本，二层陈列着包括非洲草原哺乳动物、撒哈拉沙漠动物、极地动物、美洲雨林动物在内的陆地生物；三层中间放置着一头大象标本及一群动物队列，一侧的长廊里展示已经灭绝或濒临灭绝的动物标本，如澳大利亚的袋狼、马达加斯加象鸟的一枚蛋。四层介绍现代的进化观念。

除了内部展示空间外，博物馆还有一个植物园和一个动物园。

九、巴黎毕加索博物馆

1. 博物馆简介

巴黎毕加索博物馆藏有毕加索的 3 500 多幅作品，从油画到素描、版画、陶塑，种类繁多。除此之外，还有毕加索的亲笔原稿，以及编有他的插图的书籍。另外，还有一部分是毕加索生平所收藏的帕尔哥（Braque）、卢梭（Rousseau）、米罗（Miro）及雷诺瓦（Renoir）等人的画作。

（1）发展历史

巴黎毕加索博物馆于 1985 年辟建成立。在 2009 年，博物馆因大规模装修暂时关闭。2014 年 10 月 25 日，巴黎毕加索博物馆重新对外开放，整修耗资约 5 200 万欧元（约合 6 600 万美元，即 4 亿元人民币），其中博物馆的规模扩大了 3 倍，每年可容纳近百万的游客。

（2）场馆布局

博物馆由五层楼组成，地下一层、零层和一层是特别展览（每年两个展览），上层用于陈列博物馆的藏品，大约每年更新一次。

（3）场馆特色

世界上有三座毕加索博物馆，分别位于马拉加、巴塞罗那，以及巴黎。巴黎的毕加索博物馆坐落于巴黎艺术品与艺术爱好者集结圣地“玛黑区”，位于一栋建于 17 世纪的巴洛克风格建筑里，庭院幽静，一直是受到政府保护的历史遗迹。这里收藏有关于艺术大师毕加索的最丰富的藏品，包括本人作品，其艺术收藏与档案文件，均为毕加索的继承人馈赠。

2. 展览

（1）常设展

a. 绘画作品。毕加索绘画作品的历史在巴黎毕加索博物馆的藏品中得以展现，包括近 300 件画作。从蓝色时期的《自画像》《赛乐丝汀娜》到晚期的《吻》《大裸女》《斗牛士》《乐师》，涵盖了毕加索艺术生涯中主要时期的代表作。包括《亚维农的少女》的素描稿、1912 年的《藤椅上的静物》（第一件现代艺术拼贴画）、立体派杰作《弹吉他的男子》和《弹曼陀林的男子》（1911—1913 年），立体主义时期别具一格的组装、纸张拼贴和结构系列（1912—1916年），古典主义杰作《泉边三女子》和《排笛》，1924—1930 年期间卓越的超现实主义油画系列，描绘西班牙内战的“战争绘画”，纳粹占领法国时期的《死亡象征》，20 世纪 50 年代混合了波普精神的绘画和雕塑，以及最后十年与古代大师们对话的作品。

b. 雕塑作品。1985 年开放以来，巴黎毕加索博物馆展出了一批雕塑、陶瓷和工艺品佳作，此前长期都存放于毕加索的不同工作室中不对外展览。约 250 件三维作品构成了艺术家最完整的立体作品，其中有众多罕见的作品，如浮雕画和立体主义结构作品。

馆中将几乎所有毕加索的雕塑作品汇集成一个其绘画艺术的实验室：原始立体主义的木头和青铜作品（1906—1909 年）、立体主义的结构作品（1913—1916 年）、铁丝模型如《阿波利奈尔纪念碑项目》（1928 年）、在波舍鲁创作的大型石膏头像系列（1930 年）、《花园中的女人》的象征性人物（1930 年）、《牛头》（1939—1943 年）、《男子与羊》（1943 年）、柳条和组装作品《跳绳的小姑娘》（1950 年）、《山羊》（1950 年）、《雌猴和小猴》（1952 年）、20 世纪 60 年代革新性的剪切铁皮作品，都是毕加索雕塑作品的代表之作。

所有这些与一批独特的摄影作品一起保存在博物馆中。作为毕加索工作室的常客，布拉塞（Brassaï）留下了一大批关于毕加索雕塑创作的的照片。它们自然而然地与毕加索的雕塑联系在一起，是这些雕塑的铭记，1996 年，巴黎毕加索博物馆收购了布拉塞拍摄的关于毕加索的作品及生活的照片，成为博物馆藏品。

毕加索积累的文献于 1992 年由其继承人赠予国家及法国档案局和法国国家博物馆联合会，并被移交给巴黎毕加索博物馆进行保存和利用。

摄影作品超过 17 000 件，显示出毕加索对摄影的兴趣，这种兴趣通常是实验性的。其中汇集了毕加索自己以及 20 世纪摄影大师们拍摄的照片，反映了毕加索与摄影大师们的紧密合作。

全部书面文献超过 10 万份。它们来自毕加索的各处住所，包括他写的东西、个人证件、账户、图书、展览目录、通信、手书、著作草稿、小册子、请柬、剪报等，所有这些犹如生活的隐迹纸本，因为毕加索“保留所有一切”是出了名的。

c. 图书与文献。图书馆汇集了约 1 1000 册著作。它们都是近 30 年通过购买、捐献或交换而来的。馆内还藏有 100 多本巴勃罗・毕加索原创插画的图书。此外，博物馆还拥有不同来源和格式的音像资料。

d. 贾柯梅蒂设计的家具。巴黎毕加索博物馆拥有迭戈・贾柯梅蒂（Diego Giacometti）专门为这座公馆设计的 50 件不同寻常的家具。这批独一无二的家具包括青铜桌子、凳子和椅子，以及各种样式的青铜树脂灯具，它们是 1985 年毕加索博物馆开放时通过法国国家造型艺术中心发起的一份公共订单向这位艺术家购买的。

（2）临时展

博物馆曾举办的展览有“毕加索：魔法画”“毕加索：地中海风格”等。

十、凯布朗利—希拉克博物馆

1. 博物馆简介

凯布朗利博物馆（Musée du Quai Branly）展示非洲、亚洲、大洋洲和美洲具有特色的艺术和文化。该博物馆靠近埃菲尔铁塔，位于布朗利河岸（Quai Branly），故命名为凯布朗利博物馆。2016 年，该馆庆祝成立 10 周年之际，为纪念希拉克总统对该馆的支持，改名为“凯布朗利—希拉克博物馆”。

（1）发展历史

位于塞纳河畔、紧邻埃菲尔铁塔的凯布朗利—希拉克博物馆是在法国前总统希拉克的提议下兴建的。方案于 1996 年提出，于 2006 年 6 月完工。希拉克的想法是，重新给予那些长期被忽略的艺术和文化应有的地位，同时希望这个博物馆能够成为一个促进和平的设施，充分证明每个个体和各种不同文化都拥有同等的尊严。希拉克在揭幕典礼上声称这是一座向曾经“被侮辱和蔑视的人民”致敬的博物馆。

（2）建筑布局

以方舟为形，这座博物馆承载了设计师对非西方文化在建筑表达上的敬意。更为特别的是，博物馆收藏陈展的主要是非洲、美洲、大洋洲和亚洲原始风格的艺术品。所以，凯布朗利博物馆又被媒体称为“非西方艺术博物馆”或“他者博物馆”。

这座建筑与自然的和谐一致，更铸就了其在世界建筑史上的地位。建筑师让·努维尔在博物馆周围布置了大片的绿化带，其中包括一个 18 000m^2 的大花园，博物馆的所有建筑都处于这座大花园的环绕包围之中。园内栽有 180 棵高度超过 15m 的大树，放眼望去，宛如一座森林博物馆。

在博物馆与凯布朗利河岸大街交界的边缘上，让·努维尔还设计了一道高 12m、长 200m 的玻璃幕墙，既隔离了博物馆与街道，显示出与众不同，又让这座色彩鲜艳的博物馆完美地融合到了巴黎的大环境里。整个博物馆的建筑看起来开阔、通透，如同一座连接西方文化与非西方文化的桥梁。

（3）场馆特色

博物馆的设计师是法国当代建筑大师让·努维尔（Jean Nouvel）。他的作品色彩斑斓、妖娆多姿，充满想象力。从埃菲尔铁塔望下去，凯布朗利博物馆就像一艘静静停泊在塞纳河畔的巨大方舟。

2. 馆藏及展览

（1）常设展

常设展主要分为大洋洲、美洲、非洲、亚洲和“四个杰出收藏”。

a. 大洋洲。

①美拉尼西亚。美拉尼西亚的展厅以新几内亚大岛上“男人之家”或“仪式之家”

相关的杰出作品为特色。从巴布亚新几内亚到所罗门群岛，战争、打猎和葬礼主题都在不断演变。在交换和仪式中使用的硬币和饰品显示了社会中威望的中心地位，例如，瓦努阿图群岛等级制度的象征物品和新喀里多尼亚卡纳克酋长的象征物品。

②波利尼西亚。在美拉尼西亚和波利尼西亚之间，作为一条连接线，“人民的十字路口”是一个独特的设施，它通过考古学、海洋定居点和航行技术展示了这个庞大的“岛屿海”的历史。

③澳洲。澳大利亚北部和中部沙漠原住民的艺术在博物馆中占有重要地位。“树皮室”展示了卡雷尔·库普卡（Karel Kupka）在 20 世纪 60 年代从阿纳姆（arnhem）的土地上收集的大约 50 幅桉树树皮画。多媒体设备唤起人们对制作地点、艺术家和“梦想时代”神话的回忆。

④印度尼西亚。印度尼西亚（东南亚和大洋洲）的收藏突出了该区域作为东南亚大陆和大洋洲交汇处的文化和种族多样性。一系列奢华的装饰，证明了人们对个人声望、婚姻交流和家庭财富的重视。

b. 美洲。

从白令海峡到火地岛。美洲的博物馆倾向于按主要文化领域介绍印第安人的收藏。从北到南，从白令海峡到火地岛，这条路线上有数个断点。北极和西北海岸主要以阿拉斯加的面具、格陵兰的面具和小雕像及因纽特人的象牙制品为例。大湖区和密西西比河谷地区的彩绘皮肤、乌兰姆酒、礼炮、武器、珍珠制品均继承自法国国王的收藏，见证了 17 世纪 20 年代美洲印第安人与法国人之间的交往。

同时，玻利维亚精选的节日服装和面具也说明了安第斯世界的宗教融合。相反，墨西哥的文物唤起了人类在宇宙中的位置，而亚马孙闪闪发光的装饰品则是与人体彩绘相关的迷人羽毛艺术的例证。

c. 非洲。

①北非的各个方面。非洲藏品的地理分布从北非开始，分为三个区域。第一个区域主题通过丰富的家具和刺绣展示了城市艺术。第二个区域是乡村艺术，以地毯、木制餐具、陶器和珠宝为主，其中许多物品来自鲜为人知的柏柏尔文化。第三个区域是关于游牧艺术及其与农村文明和撒哈拉以南非洲的联系。主题展示确保了这些两极之间的联系和过渡，特别强调历史和史前、神圣的表达、婚姻、神话、游戏……

②撒哈拉以南的时空之旅。撒哈拉以南的收藏仍在继续，其核心是来自马里、科特迪瓦、尼日利亚、加蓬和刚果的作品。

d. 亚洲。

凯布朗利博物馆的 5.5 万件亚洲文物覆盖了整个亚洲地理区域。它们主要展示了近代的民间和少数民族艺术，与罗浮宫和吉梅国家美术馆的收藏相辅相成。

e. 四个杰出的收藏

①纺织品收藏。博物馆的纺织品收藏包括超过 25 000 件作品，代表了世界各地人类所用的各种材料、工艺、用途和形式。大多数藏品可以追溯到 19 世纪和 20 世纪，还包括一些来自美国的考古和历史织物。

②摄影作品集。博物馆的摄影作品集包含约 700 000 张旧照片和当代照片，其中包括约 580 000 张来自霍姆博物馆（Muséel'Homme）的照片和来自国家非洲与海洋艺术博物馆的 66 000 张照片。

③音乐学收藏。博物馆还有丰富的音乐收藏，从人类博物馆和非洲及大洋洲国家艺术博物馆继承而来的乐器收藏始于1878年，并随着法国民族志的使命而丰富。今天，它由大约 9 500 种不同时代的乐器组成：4 250 种来自非洲，2 150 种来自亚洲，2 100 种来自美洲（其中 750 种来自前哥伦比亚时代），550 种来自大洋洲，450 种来自岛屿。

④历史收藏。博物馆通过大量收购获得了丰富的收藏，如今，该收藏包括近 10 000 种极为多样化的作品：绘画、版画、雕塑、旅行者笔记本等。

除此以外，还收藏了各种代表物件：可追溯到 1931 年殖民时期展览的西洋镜，19 世纪初水手的水彩画，东方主义绘画和代表北非和撒哈拉以南非洲风景的探险家草图，18 世纪想象中的美洲印第安人的虚构图像，等等。

（2）临时展

博物馆过去举行的展览有“文身师：文身”“印加和征服者”“象牙海岸雕塑大师”“玛雅人”“印度的亮度”“蒂基 · 波谱”“平原印第安人”“南希 · 库纳德的《黑人的黑人》”“哥伦比亚夜曲”“象牙的秘密”“卡纳克：艺术就是一个词”“查尔斯 · 拉顿：‘原始’艺术的发明”“珍爱的头发”“菲律宾：交流群岛”“尼日利亚：贝努瓦河谷的艺术”“在原住民绘画的来源”“基督教拉克鲁瓦所见的东方女性”等。

十一、罗丹博物馆

1. 博物馆简介

罗丹博物馆是一处知名旅游胜地，也是法国大革命时期的遗迹。自创立以来，美术馆一直保持开放的状态。它的大楼、附属建筑及花园，根据它们对应的用途，都经历了变化和改建，密切地推动着政治、社会、文化历史的发展。

（1）发展历史

罗丹博物馆位于佩朗克 · 德莫拉的宅邸（hôtel Peyrenc de Moras），又称毕宏宅邸。

富裕的金融家亚伯拉罕 · 佩朗克 · 德莫拉（Abraham Peyrenc de Moras）在 1727—1737 年之间，在梵伦纳路上修建了这个非同一般的宅邸。建筑图经过国王的御用建筑师让 · 奥博尔特（Jean Aubert）审阅，完全符合当时的潮流，完美诠释了洛可可建筑风格。宅邸位于巴黎市区的边缘，它既是一座都市居所，又是一座休闲别墅。亚伯拉罕·佩朗克·德莫拉于 1732 年去世，未能见证整个宅邸及二楼室内装潢的完工。

从 1736 年起，德莫拉的遗孀将宅邸终身租赁给了曼恩（Maine）公爵夫人。房屋的外部建筑未有改动。宅邸内部的房屋重整改建。1753 年公爵夫人去世后，德莫拉的遗孀将这块地产卖给了路易安东尼·德·贡多毕宏（Louis-Antoine de Gontaut-Biron）（1700—1788），也就是后来的毕宏元帅。毕宏宅邸得名于毕宏元帅，直到今天仍沿用这个名字。

后来经过几个世纪，梵伦纳街上的这个宅邸几次易主和更换租客。

从 1905 年开始，在等待出售的过程中，毕宏宅邸和庄园内的其他建筑进驻了各式租客，其中包括多位艺术家，如作家让·考克多（Jean Cocteau）（1889—1963）、画家亨利·马蒂斯（Henri Matisse）（1869—1954）、舞蹈家伊莎多拉·邓肯（Isadora Ducan）（1878—1927）、诗人莱纳·玛利亚·里尔克（1875—1921）的妻子、雕塑家克莱拉·韦斯特霍芙（Clara Westhoff）（1878—1954）等，罗丹也正是通过莱纳·玛利亚·里尔克的关系发现了这个庄园。1908 年，罗丹在一楼租了四间露台面朝南的房间，把这里作为他的工作室。他在这里发现了一处荒芜的花园，修会于 1904 年解散后，该花园便被废弃。罗丹便在这里安置他的部分作品和一部分古董收藏。自 1911 年起，罗丹开始独有整个毕宏宅邸。

1911 年，这块地产被正式出售给了政府。一年之后，政府承诺将买下毕宏宅邸，以便于安置公共教育部的民用建筑处，也承诺将购买靠近巴比伦街的部分用来新建一所中学（今维克多·杜卢伊高中学校）。除了罗丹，所有的住户都被要求离开。罗丹做出他最大的努力保存此宅邸，极力开始与政府进行协商。

“我将我所有的石膏、大理石、青铜、石塑作品和我的画作都捐赠给国家，以及收集的古董藏品赠送给国家，作为培养和教育艺术家和工人的资源。我请求政府将所有这些收藏留在毕宏宅邸，将它改建成罗丹博物馆，并允许我在此终生居住。”

1916 年，国民议会投票通过了一项法令，接受罗丹的捐赠，并宣布将毕宏宅邸及其花园改名为罗丹博物馆，在此展出罗丹捐赠给法国政府的作品。

1917 年底，罗丹去世，罗丹博物馆于 1919 年正式揭幕，而毕宏宅邸与其花园于 1926 年被划分为国家历史古迹。为更好地维护美术馆的功能，毕宏宅邸及它的土地已经历经了重大复原、翻新及重整工程。

博物馆占地约 80 000m^2，建筑体系是洛可可式，配以广大的花园造景。罗丹博物馆是罗丹生前最后的住所。也许是这个原因，罗丹博物馆成为法国继罗浮宫、凡尔赛宫之后参观者最多的博物馆，每年达 50 万人次。

（2）场馆特色

罗丹博物馆收藏了 6 600 座雕塑作品，包括陶土、石膏、青铜、大理石、瓷等材料制品。巴黎的展馆内展示的大都是罗丹已完成的大理石和青铜作品。

2. 馆藏经典

（1）经典馆藏一:《地狱之门》

因为《青铜时代》的成功，法国政府委托罗丹为将来的“装饰艺术博物馆”制作一扇门，这就是《地狱之门》。

《地狱之门》共有186个形象，由但丁的《神曲地狱篇》启发创作。有别于布局清晰、按照故事情节发展来构图的建筑装饰浮雕，这件作品打破了一切条框、限制，一眼看去，各种人物、鬼魅扑面而来，高浮雕与浅浮雕的交替并用形成了复杂神秘的阴影与起伏的律动，塞满了每个角落、每个空隙的各种形象仿佛都有着内在的拧结、缓慢的运动，绝望着、嘶吼着、愤怒着、踌躇着、沉思着、痛苦着、恐惧着、挣扎着，一片阴森，一片嘈杂。

这件作品直到罗丹去世仍未交付，罗丹用了几十年的心血，不断地塑造、修改，在一件作品中融入了他对这个世界的观察，对生命、希望、爱情、苦难、欲望等的思索，如此的错综复杂，如此的感情浓烈，如此的淋漓尽致，如此的生动广大。他的许多著名作品，如《思想者》《吻》《三个女神》等正是由为《地狱之门》构思的形象脱胎而来。

（2）经典馆藏二:《思想者》

《思想者》原名《诗人》，塑造了一个粗壮有力的男子，屈膝弯腰，身体团缩，肌肉紧绷，右手托着下颌，双目凹陷，陷入深思。这个形象罗丹最初打算放在《地狱之门》的顶端，象征着诗人但丁，注视着地狱中形形色色的鬼魂。这样一种满怀着对人类的悲悯、爱惜而目视地狱中一出出的苦难，给诗人所带来的那种深刻的痛苦、巨大的矛盾及由之而来的深沉的却难寻出路的思索，罗丹通过人体的身体姿态、面部表情、四肢肌肉生动地表现了出来。

（3）经典馆藏三:《吻》

《吻》取材于《神曲》中的一对悲剧恋人：保罗和弗朗西斯卡，也有人认为实际灵感的来源是罗丹与他的女学生卡米尔的爱情。这座雕像高190cm，表现了洁白的大理石带来的明洁和拥吻的情侣炽热而真挚的爱恋。《吻》中的男女姿态优美，肌肉匀净而仿佛有着柔软的质感。罗丹使用了古典写实手法，将两人的形象创作得细腻、优雅，无比生动，充满了青春的热情与爱情给人带来的快乐。

3. 展览

展览分为室内和室外两部分。

（1）室内展馆。一层有九个展厅。1号厅陈列的是罗丹年轻时的作品；2号厅主要是装饰类雕塑作品，如《少妇与孩子》（*Jeune Femme Et Enfant*）；3号厅是他的《青铜时代》代表作；4号厅里有《上帝之手》（*La Main De Dieu*）、《吻》等杰作；5号厅里有《教堂》（*La Cathedrale*）、《行路人》（*L'Homme Qui Marche*）；6号厅是罗丹的情人克洛代尔（*Camille Claudel*）的作品，包括《成熟年代》（*L'Age Mur*）；7号厅里有《夏娃》（*Eva*）；8号厅里展示的都是女性雕像；9号厅内是绘画作品展示。楼道上也有罗丹不少的杰作。二层有七个展厅。10号厅里有著名的《地狱之门》（*La Porte D'enfer*）的第3遍草稿作；11号厅里有《斑蝶》（*Iris*）；12号厅里是一些研究资料；13号厅里是一些石膏和大理石模子；14号展厅里有凡·高的油画《堂居伊老爹》（*Le Pere Tanguy*）；15号展厅里有巴尔扎克、雨果等人的雕像作品。16号展厅放的是舞女的素描。

（2）室外花园展览。罗丹博物馆除了室内展馆外，还有一个美不胜收的花园。参观者可以在花园中一边漫步，一边欣赏大师的杰作。花园里也有很多罗丹的雕塑及复制品：著名的《地狱之门》和《思想者》就在一进门的庭院里，草坪的一侧是3m高的《巴尔扎克》，另一侧是《加莱义民》，这些青铜雕塑品错落有致地矗立在户外树林间，让参观者感受到有别于室内展览的艺术氛围，更加贴近艺术的本真。

附录A：中国与巴黎市博物馆交流现状

（1）巴黎赛努奇亚洲艺术博物馆（Musée Cernuschi）与中国当代艺术的渊源可溯至20世纪中叶。从1946年开始，博物馆开始向亚洲当代艺术敞开怀抱。50年代到90年代，博物馆围绕此主题的展览及收藏政策使其在欧洲独占鳌头。赛努奇前馆长瓦迪姆·叶利谢耶夫（Vadime Elisseeff）曾以法国驻华大使馆文化参事的身份前往中国，并结识了赵无极等中国艺术家，也正是他鼓励赵无极去巴黎亲身体验西方艺术的魅力，还带了赵无极的大批作品回法国展览。2018年3月9日，赛努奇博物馆与中国上海博物馆共同策办的《中国芳香：中国古代香文化》展览开展，持续5个多月，通过香具及书画来展现“中国香”文化。2020年3月，博物馆经数月修缮后重新迎客，仍以中国展品为主，保持了“小而精”的特点，以具有代表性的精美展品浓缩中国文化。

（2）巴黎吉美博物馆全称吉美国立亚洲艺术博物馆（Musée National des Arts Asiatiques–Guimet），位于巴黎第16区、塞纳河岸，由法国里昂工业家爱米尔·吉美（Emile Guimet）于1889年建立。吉美博物馆是欧洲首屈一指的亚洲艺术博物馆。为庆祝中法建交50周年，“汉风——中国汉代文物展”于2014年10月22日在吉美亚洲艺术博物馆开幕。

（3）2018年，中国腾讯集团与法国国家博物馆在巴黎大皇宫签署战略合作协议。腾讯将在助力博物馆数字化、激发青年创意活力、丰富文化创作形态三方面为法国博物馆界提供中国的数字化解决方案。腾讯集团与故宫博物院合作的Next Idea游戏创意大赛在连续举办七年后首次出海，法国罗浮宫授权《蒙娜丽莎》的IP邀请中国青年进行文创设计，为经典文化赋予新的生命活力。

附录 B：与北京在博物馆领域大事记

（1）2014 年，巴黎罗丹博物馆与中国国家博物馆联袂推出的“永远的思想者——罗丹雕塑回顾展”在中国国家博物馆开展。展览展出了这位法国 19 世纪雕塑艺术巨匠的 139 件传世名作。

（2）2014 年，国家博物馆与罗浮宫博物馆合作举办“罗浮宫馆藏精品见证法国历史 800 年”展览。

（3）2018 年，中国国家博物馆、法国国家造型艺术中心、巴黎国立高等美术学院在北京共同主办“学院与沙龙——法国国家造型艺术中心、巴黎高等美术学院珍藏展”。

（4）2018 年，中国国家博物馆、法国 Heart & crafts 公司在北京共同主办“新考工记——中法手工之美”展。

（5）2019 年，巴黎圣母院遭遇火灾后，国家博物馆馆长就巴黎圣母院文物保护致信罗浮宫馆长，马丁内兹回信感谢。

博物馆

——科隆市（德国），Cologne（Germany）

一、科隆市博物馆业发展概况及特点

科隆是德国仅次于柏林、汉堡和慕尼黑的第四大城市。科隆建城于罗马时代，是德国最古老的大城市，可以追溯到公元前 1 世纪。它以其悠久的历史和现代化城市中留存的独具魅力的古老教堂建筑闻名于世，同时它还是世界著名的展览会名城。

2007 年起，为扶植文化创意产业发展、增强国际软实力，德国政府实施“文化创意产业倡议”，短时间内就初见成效，文创产业成为仅次于机械制造和汽车业的德国国民经济重要产业。

德国联邦政府文化与媒体政策中提出，政府承诺支持各地重要艺术项目与展览，出资支持博物馆与展览厅。2019 年，德国国会提出 2 200 万英镑预算保障用于新建位于科隆市的一座移民主题博物馆，以记录城市中的移民建设者。

二、瓦尔拉夫·里夏茨博物馆

1. 博物馆简介

瓦尔拉夫·里夏茨博物馆是德国科隆三个主要博物馆之一，是一个以艺术陈列和收集为主的博物馆。1824 年，收藏家 Franz Ferdinand Wallraf 将继承的所有中世纪艺术作品带来科隆。博物馆的第一座建筑由 Johann Heinrich Richart 捐赠，在他 1861 年去世后不久博物馆开张。1976 年，部分收藏品作为路德维希博物馆（Museum Ludwig）建馆所用。它是德国一座古典主义大画库，也是德国最古老的美术馆之一。

藏品常年因捐赠而增加，尤其是 1946 年 Haubrich 捐赠的当代艺术展品。1976 年，在路德维希夫妇捐赠的时候，收藏品被分开。路德维希新博物馆接管了 20 世纪的艺术展览。

目前这座 2001 年建造的建筑位于科隆市政厅附近，由奥斯瓦尔德·马蒂亚斯·安

格斯（Oswald Mathias Ungers）设计。同样在2001年，瑞士收藏家杰勒德·科布（Gerard Corboud）把他收藏的170多件印象派和后印象派作品永久出借给博物馆。随后，博物馆在其名称中增加了“科布基金会”。

2. 馆藏经典

（1）经典馆藏一：《圣婴崇拜》（*Adoration of the Child*）是希罗宁姆斯·博施（Hieronymus Bosch）创作的一幅描绘圣母玛利亚和圣婴的画作。

（2）经典馆藏二：《耶稣的诞生》（*Adoration of the Shepherds*）由荷兰画家杰拉德·范·昂塞斯特（Gerard van Honthorst）创作，体现了牧羊人在伯利恒见证耶稣诞生的场景。

（3）经典馆藏三：《阿尔勒城朗格卢瓦桥》（*Langlois Bridge at Arles*）是凡·高四幅油画、一幅水彩画和四幅素描的主题。这些作品创作于1888年，当时凡·高住在法国南部的阿尔勒。凡·高使用他在海牙建造的透视画框，在描绘透视时创造出精确的线条和角度。

三、科伦巴艺术博物馆

科隆大主教区的科伦巴艺术博物馆（Kolumba Art Museum of The Archdiocese of Cologne）以一座晚期哥特式教堂的名字命名。圣科伦巴教堂（Sankt Kolumba）是科隆中世纪最大的教区的所在地，在第二次世界大战中被毁；以前的教堂现在成了科伦巴艺术博物馆的所在地。新博物馆建筑是真正的建筑杰作，由瑞士建筑师和普利兹克奖得主彼得·卒姆托设计，并获得了几个建筑奖项，包括2008年德国的大坝建筑奖和2011年的NRW建筑奖。博物馆保留了原哥特式教堂的部分特色，在其废墟的残余部分之上重建，新旧交融的风格提供了强烈的视觉冲击。博物馆有16间展览室，陈列着罗马天主教区有着千年历史的艺术品。

四、路德维希博物馆

1. 博物馆简介

路德维希博物馆（Museum Ludwig）主要收藏现代艺术品。包括波普艺术、抽象艺术和超现实主义的艺术品，并且拥有欧洲规模最大的毕加索藏品。

2. 馆藏经典

（1）经典馆藏一：豪布里希收藏系列——现代主义和表现主义。

1946年，德国收藏家豪布里希（Josef Haubrich）将其艺术收藏献给了科隆。科隆人民将捐赠视为来自更美好世界的信息。市民们很长时间以来认为已经遗失了的、饱受战争摧残和堕落了的德国印象派与现代画家的作品突然重见天日。一段时间以后，这些收藏品成为Ludwig博物馆的基石，也使得Ludwig成为欧洲最重要的近现代艺术博物馆。

（2）经典馆藏二：波普艺术收藏系列也是路德维希博物馆的重要馆藏部分，囊括了 Lichtenstein、Joe Tilson、Rauschenberg 等众多美国和欧洲波普艺术家的作品。

五、伊姆霍夫巧克力博物馆

汉斯·伊姆霍夫（Hans Imhoff，1922—2007），一个充满激情的巧克力制造商，有一个长久以来的梦想：拥有一个源源不断的巧克力喷泉的巧克力博物馆。

1972 年，汉斯·伊姆霍夫收购了科隆 Sudstadt 城区的 Stollwerck 工厂。就在那里，他偶然发现了一个运输集装箱，里面装着坏了的机器、包装材料和旧文件，准备扔进垃圾堆。他意识到他发现了一个宝藏。他让人检查、翻新和修复了里面的东西，为博物馆打下了基础。

但是，在巧克力博物馆开放之前，许多年已经过去了。汉斯·伊姆霍夫利用这段时间研究了巧克力的文化和工业历史，同时继续发展和扩大他的收藏。

1992 年，他的妻子格邦格·克拉拉·伊姆霍夫（Gerbung Klara Imhoff）在莱茵诺港的旧中央海关办公室发现了巧克力博物馆的绝佳地点，这样科隆的新地标就建成了。

经过 13 个月的建设，巧克力博物馆于 1993 年 10 月 31 日开幕。它成了德国博物馆历史上无人能想到的一次胜利。它是科隆市游客最常去的文化机构，每年约有 60 万人次游客。

六、罗马 - 日耳曼博物馆

罗马 - 日耳曼博物馆（Romano-Germanic Museum）是一座位于科隆的考古学博物馆，收藏了大量科隆地区罗马时代的考古文物。该博物馆于 1974 年开业，收藏着大量古罗马时期的玻璃藏品，数量居世界之冠。

罗马日耳曼博物馆开放于大教堂南面的一处城市别墅。它有两套收藏：罗马收藏品和史前收藏品。前者是一批 1935 年以来由科隆市拥有的罗马收藏品，它组成了瓦拉夫 - 理查兹（Wallraf-Richatz）博物馆；后者也就是 1926 年来被称为史前和早期历史博物馆的博物馆。

史前和早期历史博物馆始建于 1907 年，内容主要是莱茵兰的史前文化。瓦拉夫 - 理查兹博物馆的起源则可以追溯到弗朗兹·费迪南德·瓦拉夫（1748—1824）的收藏品。藏品作为他的遗赠赠给了科隆市。

第二次世界大战中科隆遭到大量破坏，科隆市博物馆也未能幸免于难。瓦拉夫 - 理查兹博物馆设法转移大部分藏品至科隆城外的紧急存放处，而史前和早期历史博物馆的藏品损失惨重。

罗马 - 日耳曼博物馆成立于 1946 年 10 月，新馆于 1974 年开馆。博物馆开馆以来，已经有 2 000 多万人参观。

博物馆

——柏林市（德国），Berlin（Germany）

一、柏林市博物馆业发展概况及特点

柏林位于德国东北部，是德国的首都和最大的城市，也是德国的政治、文化、交通及经济中心。柏林有很多古老的博物馆展示着这座城市辉煌灿烂的艺术和文化。柏林是博物馆的天堂，博物馆超过 170 个，此外还有 300 个公立和私立的画廊。

二、柏林博物馆岛

1. 发展历史

施普雷河是哈弗尔河的支流，也是柏林城的母亲河。河上闻名遐迩的河心岛就是柏林博物馆岛（Museum Island）。这个岛原名施普雷岛，曾经是普鲁士国王的御花园，自从 19 世纪初岛上的第一家博物馆（现柏林博物馆旧馆）对外开放以来，这里慢慢建成了皇家博物馆（现柏林博物馆新馆）、旧国家画廊、佩加蒙博物馆等重量级博物馆，慢慢地这座岛的名字就变成了博物馆岛。整座岛也被收录为世界文化遗产。

2. 建筑布局

（1）佩加蒙博物馆。佩加蒙博物馆（Pergamon Museum）是博物馆岛占地面积最大也是最著名的博物馆，因镇馆之宝佩加蒙祭坛而得名。它的主题是近东的历史及艺术展品，展示了古巴比伦、古亚述、古希腊等灿烂文化。如果用一个词来形容佩加蒙博物馆，那就是气势恢宏。佩加蒙博物馆与其他大部分博物馆最大的区别在于，它的核心展品不是单个艺术品或文物，而是整座建筑。中心展区的佩加蒙祭坛是一座高 9m、宽 35m、前后进深达 33m 的巨大建筑。佩加蒙祭坛发掘于土耳其，祭坛上有以巨人战役为主题的古希腊雕刻。另一个重量级的展品是巴比伦伊士塔尔门，宝石蓝的城门贴面和金黄色的浮雕可能是古代巴比伦最著名的文化印象了，它被考古学家在伊拉克发掘后，1930 年在这个博物馆得以复原。米丽都市场大门高 17m，宽 29m，发掘于土耳

其境内，同样是古希腊文明的瑰宝。

（2）旧博物馆。旧博物馆是博物馆（Altes Museum）岛最古老的博物馆，前身是普鲁士皇家博物馆。这座博物馆于1830年建成开放，用于陈列和展示古希腊和古罗马雕像艺术。旧博物馆东西两侧分别是柏林大教堂和军械库。按照这座博物馆出资人弗雷德里希威廉三世的意愿，这四座建筑物分别代表了人文教育、王室的尊贵、宗教权威和军队的力量。博物馆按照文化及雕像材质被分为古罗马、古希腊、伊特鲁斯坎三个文明，以及青铜、大理石雕像、浮雕等不同展厅。除此之外，还有古代货币展厅，通过货币的变迁展示了古典主义时期地中海商业文明。当然，对于建筑爱好者来说，这座博物馆的建筑本身才是最大的亮点。

（3）詹姆斯·西蒙画廊。作为博物馆岛的新门户，詹姆斯·西蒙（James Simon）画廊在片区内扮演着重要的角色。每日大量的游客从这个入口进入，参观完这座当代博物馆还可以顺着隧道进入旧国家画廊和佩加蒙博物馆。这里与Schlossbrücke桥和Kupfergraben运河构成了和谐的整体。

3. 场馆特色

柏林博物馆岛是联合国教科文组织指定的世界文化遗产。博物馆均为政府运营。政府每年投入巨资用于博物馆的日常运营与维护，甚至在经济危机最为严重的时刻，政府依然没有缩减博物馆方面的开支。问及原因，得到的回答是：“知道我们的来历，根在哪里，哪些艺术家在过去为我们创造了什么，这是非常重要的。”

三、德国历史博物馆

1. 博物馆简介

（1）发展历史

德国历史博物馆成立于1987年，展览面积约2 800m^2，是一座主要展现德国建国以来历史的国立历史博物馆（Deutsches Historisches Museum）。1987年10月28日，西德政府和西柏林州成立了德国历史博物馆有限公司。1990年两德合并后，建于1695年的原普鲁士军械库被选为德国历史博物馆永久会址，但因面积过小，无法达到展览要求，因此时任德国总理科尔于1995年委任贝聿铭在军械库原址上进行扩建。新馆于2003年落成，并于2006年向公众开放。

（2）建筑布局

博物馆共有四个展区，分为永久性展览“图片和工艺品中的德国历史”和临时特展两大类。其中永久展览中展出的藏品超过7 000件。除了展览空间外，馆内还设有视听室、博物馆商店、书店、办公等辅助空间，并通过地下通道与原博物馆连接。

（3）场馆特色

德国历史博物馆目前馆舍由贝聿铭于1995年设计，展览面积2 800m^2，馆内藏品共有约90万件册。新馆采用天然石料及玻璃材料建成，融合了巴洛克及现代建筑风格。

2. 馆藏经典

经典馆藏：馆内藏品分为日常生活文化、古籍、文献、军事、电影、雕塑及应用艺术品等11个大类共计90万件册。

四、民主德国博物馆

1. 发展历史

冷战时期，柏林被分为东西两面，在不同的政权之下，各自的生活、习惯、居所都变得很是不同。创办民主德国博物馆的Peter Kenzelmann在参观过正经历史资料充足的东德历史博物馆之后，决心开设了这一所以花边历史为主的体验式博物馆——民主德国博物馆（DDR Museum）。

2. 建筑布局

游走在馆内，在整整400m^{2}的空间，有17个区域，由边境到交通，再从文化到娱乐等相关展品，一一在参观者眼前展出，随看可触，可以亲身体验。所有的展品都十分珍贵，由前东德的人民手里搜集而得，可见馆主对展示东德生活的诚意。

3. 场馆特色

由于创新的展览设计，民主德国博物馆已获得欧洲年度最佳博物馆奖两次提名，是世界上最具互动性的博物馆之一。民主德国博物馆提供了独特的参观者体验，使其成为柏林最受欢迎的博物馆之一，参观者可以沉浸在前东德的日常生活中。展览涵盖了一系列基于学术研究的主题，包括日常生活、柏林围墙、史塔西等。鼓励参观者触摸、感受和互动，从而获得体验过去生活的乐趣和丰富的理解，一目了然地探索柏林墙和国家运作背后的生活的各个方面。

五、柏林犹太博物馆

1. 博物馆简介

（1）发展历史

柏林犹太博物馆（Jüdisches Museum）于2001年9月起向公众开放，以德国犹太人两千年来的历史文物与生活纪录为主要展览内容，主馆建筑面积达15 000m^2，是欧洲最大的犹太历史博物馆之一。博物馆始建于1933年，原址设在一家犹太教堂内。1938年由于纳粹统治，博物馆被迫关闭。1975年，犹太博物馆协会（Association for a Jewish Museum）在柏林成立，并于1978年举办首次犹太历史展。1988年，柏林墙倒塌前，为扩大犹太人历史的展出空间，柏林政府对柏林博物馆的扩建工程进行招标，项目一度因资金问题而搁浅，终于2001年完工，并以“犹太人博物馆”正式开馆。自1977年起至今，博物馆馆长由出生于德国奥拉宁堡的W. Michael Blumenthal教授担任，他曾在美国卡特（Jimmy Carter）总统时期出任过美国财务部长。

（2）建筑布局

博物馆目前的馆舍由建筑师Daniel Libeskind于1999年设计建造，包括巴洛克风格的博物馆旧馆、后现代主义风格的里伯斯金大楼、建于2007年的玻璃中庭及开放于2012年的新博物馆学院。其中主建筑里伯斯金大楼外形呈现出大量锐角和曲折线条，形似闪电，给人直接而强烈的视觉震撼，不仅是柏林的地标建筑，也是结构主义建筑的代表作之一。

（3）场馆特色

犹太人大屠杀的历史是该馆展览中的重要组成部分，馆内设有常规展览“大屠杀（Holocaust）纪念展”，展出相关展品3 900件，其中原件达1 600余件。博物馆在正式开放前就以其独特的“闪电”造型吸引了超过35万人次游客。

2. 馆藏经典

经典馆藏：馆内最知名的藏品《落叶》（*Shalechet*）设在内部一条通道上，是以色列艺术家Menashe Kadishman创作的一件永久性雕塑，以3cm厚的钢板制作成10 000个神情各异的面孔，铺在地面上并允许访客踏过，借这种形式引起人们对犹太人遭受的迫害及大屠杀的深思。

六、德国技术博物馆

1. 博物馆简介

庞大的德国技术博物馆（Deutsches Technik Museum）包括交互式客户端、演示和展览，是一个能让儿童尽情玩耍的奇妙去处。邻近的光谱科学中心更是如此，游客可以在那里参与约250项实验，解释各种科学原理；还有拥有风车和水磨机、铁路系统和历史上著名的酿酒厂的博物馆公园（Museums Park）。2003年12月开放的另外一家新的船形建筑恰如其分地承担了博物馆著名的航海展。

技术博物馆是一个互动的学习和科学体验场所，展览内容包括交通技术、通信技术、生产和能源技术、内陆和远洋航运、航空和航天探索等。在计算机之父康拉德·楚泽（Konrad Zuse）百年诞辰之际，经过重新打造的展览“第一台计算机——康拉德·楚泽和计算机时代的开始”拉开帷幕：300m^{2}的展区介绍了第一代计算机Z1之父楚泽的生平和作品。

德国技术博物馆带有一个大型的实验区（Science Center Spectrum），26 000m^{2}的面积使它成为欧洲最大的技术博物馆之一。

2. 馆藏经典

经典馆藏：德国技术博物馆有许多相当有历史价值的展示品，其中有大量的铁路车辆和航空器，如 Bf 110 战斗机、高射炮、Ju 87 俯冲轰炸机和 V–1 导弹。近年也展示了马蒂亚斯・鲁斯特在冷战期间飞到莫斯科并降落在红场的塞斯纳 C–172。

德国技术博物馆展示了超过 25 000m^2 的交通、通信、生产和能源技术的文化历史。在总共 14 个展览部门中，以许多实物清晰展现了交通、通信、生产和能源技术。

博物馆

——基辅市（乌克兰），kyiv（Ukraine）

一、基辅市博物馆业发展概况及特点

基辅是乌克兰首都，经济、文化、政治中心，是著名的旅游胜地。乌克兰文化璀璨，它的油画、芭蕾、舞蹈和音乐等在国际上享有盛誉。基辅市大部分坐落在第聂伯河右岸，市内共有 50 多座公园，绿色占地面积达市区总面积的 60% 以上，被人赞誉为“花园城市”。

基辅市历史悠久，文化古迹比比皆是。基辅是乌克兰的文化摇篮，早在 10—13 世纪，基辅就以其众多的教堂、精美的工艺品和独特的民间文学而闻名欧洲，基辅的民间合唱团、交响乐团、舞蹈团和马戏团等文艺团体的艺术水平堪称世界一流。

基辅人的文化修养和艺术鉴赏水平都很高。他们不仅乐于在节假日和周末去观赏歌剧和听音乐会，而且还自发地组织各种业余的文艺团体，其中一些组织具有较高的艺术造诣。众多的俱乐部和文化宫为群众的业余文化生活提供了极好的活动场所，促进了业余文化事业的发展，基辅十分重视对博物馆珍品和历史建筑文物的保护。

基辅的博物馆除了供游人参观外，还进行大量的科研和文化教育工作。基辅共有 20 多个国家博物馆，其中尤为著名的是 11 世纪的索菲亚大教堂。该教堂于 1934 年起成为受国家保护的博物馆，主要收藏 13—17 世纪的圣像画和 18—20 世纪初的绘画与雕像。此外，基辅还有舍甫琴科等许多历史名人的故居和纪念馆等名胜古迹。

二、基辅卫国战争博物馆

1. 博物馆简介

（1）发展历史

卫国战争博物馆（Museum of the Great Patriotic War）矗立于古老的第聂伯河右岸，是一组雄伟的雕刻和建筑艺术群。卫国战争博物馆是乌克兰最大的博物馆，展品超过

300 万，展示了第二次世界大战期间苏联军队使用的装备。其占地 10 公顷，入口原是彼得大帝 1716 年为抵御瑞典人入侵而修筑的洞穴要塞。纪念馆周围建有高浮雕群像。馆中陈列 8 000 多件第二次世界大战时期的展品及许多油画和雕塑，记录了乌克兰人民在卫国战争中建立的不朽功勋。

创建战争博物馆的想法和决定出现在 1943 年 6 月，但是，其他优先事项，例如经济的重建和发展以及社会问题，则将该决定的执行推迟到 20 世纪 70 年代中期。1946 年 4 月共和党展览名为“乌克兰游击队在与法西斯德国侵略者的战斗中”开幕，并获得第一类博物馆的地位，被认为是乌克兰现代博物馆发展的重要阶段之一。50 年代初，博物馆关闭，其资料被移交给国家历史博物馆（乌克兰国家历史博物馆）收藏。1970 年，建立战争历史博物馆的创意小组成立。1974 年 10 月 17 日，“乌克兰卫国战争时期的乌克兰国家博物馆”在前克洛夫斯基宫的佩乔尔斯克开幕，立即引起了公众和众多游客的注意。“1941—1945 年爱国战争历史乌克兰国家博物馆”纪念建筑于 1981 年 5 月 9 日开放。

（2）建筑布局

博物馆位于“祖国”女神纪念碑下方底座部分。馆中陈列了德苏开战前至冷战末期苏联使用过的装备等大量军史文物，武器装备保养良好。博物馆的展览馆由该馆三层楼的 16 个大厅组成，展示了第二次世界大战的乌克兰一侧。这些资料揭示了军事行动、战争和战后生存策略、争取两个极权政权之间的独立性、人口转移及关于第二次世界大战的历史记忆等主题。

纪念馆占地超过 11.24km^2。通往主楼的道路始于 18 世纪的旧 Pechersk 堡垒的前莫斯科大门。参观者可以探索 Li-2 飞机、Mi-24B 直升机和 MiG-23 喷气式战斗机。群众庆祝活动期间，广场可容纳约 3 万人。为了纪念与第二次世界大战有关的国定假日，在这里举行了许多庆祝活动。

（3）场馆特色

博物馆的收藏以客观全面的方式呈现 20 世纪最大军事冲突的历史。通过展示其参与者、证人和受害者的命运，向世人显示这场灾难对乌克兰的后果，揭示乌克兰人民在与纳粹主义斗争中的牺牲和英雄主义的历史现实。

博物馆旨在帮助游客了解导致战争的悲剧的根源，展示如何避免战争以及了解人类过去的教训；铭记战争中阵亡的士兵和平民的名字，以及关于第二次世界大战的乌克兰社会的历史记忆，促进乌克兰公民的爱国教育。

2. 馆藏经典

经典馆藏：“祖国—母亲”雕像是纪念馆的主体组成部分，也是基辅的标志性建筑之一。其高 62m，系为纪念卫国战争中牺牲的英雄而建。“母亲”的左右手分别高举盾和剑，象征着乌克兰人民保卫祖国的信心和决心。纪念碑代表折中主义的风格，它以对社会主义现实主义风格的主导模型——身体和美学上发达的人的文艺复兴理想的崇拜，综合了苏联战前艺术的特征。

三、国立切尔诺贝利博物馆

1. 博物馆简介

（1）发展历史

国立切尔诺贝利博物馆（National Museum “Chernobyl”）于 1992 年 4 月 26 日向公众开放。它是一个多功能机构，结合了科学、文化和教育活动及现代化的博物馆和档案馆，对 20 世纪最严重的放射性生态灾难切尔诺贝利核灾难的历史进行记录、保存和传达。这场灾难的后遗症无可比拟，且与其他自然或人为的灾难有所不同。这座博物馆的存在不仅时刻在提醒世人，也对下一代具有警示作用。

（2）建筑布局

博物馆入口处的标语是“Est dolendi modus，non est timendi”（悲伤有极限，焦虑无极限）。博物馆内收集了近 7 000 份文件和地图、图片及部分实物展品，从各个侧面讲述这场目前世界上最大的核事故。馆内分为三大展厅：第一个展厅主要介绍相关的救护人员和事情发生的真相，游客可以看到核电站的模型，了解电站的组成和工作原理；第二个展厅介绍了核电站周围的位置、核污染的过程和后果；第三个展厅是后人的追思，很多触目惊心的图片让人不忍观看。

（3）场馆特色

博物馆的使命是通过目睹事故，参与减灾和遭受灾难的数千人的命运来帮助人类了解灾难的范围。目的是使人们意识到危及人类文明和地球生存的人类，科学与技术之间和解的必要性，以构想悲剧的教训，以免世界忘记了切尔诺贝利的教训。目标是使博物馆成为生态文化和安全生活文化的教育中心。为此，博物馆中汇集了专家、教师、科学家、教授、乌克兰和世界公共组织的努力。博物馆的藏品，主要展览和临时展览的高科技和艺术水平，员工和研究人员的足够水平，使博物馆能够满足不同年龄、兴趣和专业的游客的需求。

2. 馆藏经典

（1）经典馆藏一：卡济米尔·马列维奇（Kazimir Malevich）的画

马列维奇是俄罗斯至上主义创始人、构成主义与几何抽象派画家。他在 2016—2018 年访问切尔诺贝利禁区期间创作了这些画作。博物馆策展人介绍，“19 世纪末和 20 世纪初，前俄罗斯帝国领土正处于现代主义鼎盛时期，所有精神力量得到极大唤醒，可以说是俄罗斯文艺复兴时期。同时，也是基普主义者、至上主义的创始人卡济米尔·马列维奇生活和工作的时代。20 世纪的结束宣告‘帝国’的灭亡。普里皮亚特镇在遭受切尔诺贝利核事故后被辐射‘毒死’，被居民遗弃，永久停滞在 1986 年，因此可以说是衰败的完美标志。马列维奇的大师作品与以遗弃的废城为主题的旧照片同时展出，看起来像是那个时代墓碑上的墓志铭，代表了从出生到结束。”

（2）经典馆藏二：20 世纪 80 年代末 90 年代初切尔诺贝利之后的家用辐射测量仪器

博物馆的“向市民提供帮助的重要知识”展览，旨在给予人们有价值的知识。例如，炸弹有哪些类型？如何保护自己，使您的房屋、水、食物免受放射性、有毒化学物质和生物制剂的侵害？如何对食物和水、衣服和凉鞋进行消毒？如何建造庇护所？这些均可从展览中展示的民防教育海报中集中了解。尽管在 1986 年，这些海报在每所学校、每家公司中都占有一席之地，但现在已成为稀有之物。

四、一条街博物馆

1. 博物馆简介

一条街博物馆（Museum of One Street）坐落在安德烈坡靠近 Podil 在山脚的一端，是一家民办的博物馆，陈列安德烈坡自 18 世纪以来居民的生活用品、衣服、印刷广告复本。博物馆内帝俄末年的展品尤丰，亦有一角展示在安德烈坡考古发掘发现的物品。

该博物馆虽然规模不大，但内容却非常深入，因此成为基辅最受欢迎的博物馆之一。博物馆琳琅满目的展览中充斥着历史文献、手稿、亲笔签名、古董明信片、照片，展示了 18 世纪以来安德烈斜坡一带居民的生活细节。探索博物馆的游客沉浸在历史的怀旧氛围中，仿佛乘着时光机回到了过去。

自 19 世纪末以来，许多乌克兰和俄罗斯科学与文化名人居住在博物馆所在的这条人口稠密的街道上。一条街博物馆展示了他们的生活和工作方式，没有任何先入为主的偏见。

2002 年，一条街博物馆参与了欧洲博物馆论坛（European Museum Forum）。该论坛是由欧洲委员会主持、比利时法比奥拉女王赞助的国际组织。一条街博物馆是乌克兰参加论坛的第一个也是唯一的博物馆。

2. 馆藏经典

经典馆藏：理查德城堡（Richard's Castle）。理查德城堡位于从 20 世纪初开始就居住在乌克兰著名画家 F. Krasitsky、G.Dyadchenko、I.Makushenko 和雕塑家 F. Balavensky 的居住地中，博物馆收藏了他们独特的艺术品。

博物馆

——布鲁塞尔首都大区（比利时），Brussels Region（Belgium）

一、布鲁塞尔大区博物馆业发展概况及特点

布鲁塞尔是比利时的首都和最大的城市，是欧洲有名的旅游城市，素有“小巴黎”之美誉，城中有众多的名胜古迹和博物馆。布鲁塞尔拥有全欧洲最精美的建筑和博物馆，摩天大楼与中世纪古建筑相得益彰。整座城市以皇宫为中心，沿“小环”而建，游览以步行为佳。布鲁塞尔的建筑物，从带有浓郁中世纪风格的大广场到充满后现代艺术意味的欧盟建筑群，包含了多种元素和文化符号。

布鲁塞尔的文化设施包括布鲁塞尔剧院、有着悠久历史的皇家铸币局剧院等。此外也有各式各样的博物馆，包括收藏有大量鲁本斯作品的比利时皇家美术博物馆、皇家武装力量与军事史博物馆和比利时漫画艺术中心等。

二、比利时皇家美术博物馆

1. 发展历史

1801 年，法国皇帝拿破仑一世下令成立布鲁塞尔美术博物馆（Royal Museums of Fine Arts of Belgium），主要用于展示来自罗浮宫的艺术品。比利时王国独立后，比利时联邦政府正式接管博物馆，并将其改名为“比利时皇家美术博物馆”。

比利时皇家美术博物馆的主楼建成于 1887 年，是古典艺术博物馆和现代艺术博物馆两座分馆的所在地。2009 年，另一分馆马格里特博物馆正式开放，坐落于博物馆主楼的北侧。

2011 年 2 月，分馆现代艺术博物馆因场地修缮进入闭馆期。为了更好地展示馆内的现当代艺术品，比利时皇家美术博物馆于 2013 年设立世纪之交博物馆，取代原来的现代艺术博物馆。

2. 建筑布局

比利时皇家美术博物馆共设有六座分馆，分别为古典艺术博物馆、世纪之交博物馆、现代艺术博物馆、马格里特博物馆、默尼耶博物馆和维尔茨博物馆。博物馆的藏品数量超过 2 万件，涵盖 15 世纪至今的油画、雕塑、绘画和艺术装置。

（1）古典艺术博物馆（Old Masters Museum）：展示 15—18 世纪的欧洲绘画作品。馆内有全世界规模第二大的勃鲁盖尔画作收藏，仅次于维也纳艺术史博物馆（KHM）。重要展品包括法国画家的雅克·路易·大卫的《马拉之死》及超过 20 幅鲁本斯油画。

（2）世纪之交博物馆（Fin-de-Siècle Museum）：展示 1868—1914 年的艺术作品，代表艺术家包括文森特·凡·高、保罗·高更、乔治·秀拉、罗丹等，展品亦涉及文学、建筑、摄影、歌剧、音乐及诗歌领域。

（3）现代艺术博物馆（Modern Museum）：展示 1914 年迄今的现当代艺术品。

（4）马格里特博物馆（Magritte Museum）：展示比利时超现实主义画家勒内·马格里特的作品，是全球最大的马格里特作品收藏，共展出超过 230 件作品和档案，包括油画、水粉、素描、雕塑、海报、乐谱、照片及影像等。

（5）默尼耶博物馆（Meunier Museum）原是比利时艺术家康斯坦丁·默尼耶的故居，共收藏超过 700 件他的作品。现展出约 150 件艺术品和档案文件。

（6）维尔茨博物馆（Wiertz Museum）曾为比利时艺术家安托万·维尔茨的工作室，重要展品为油画《两个女孩》（*Two Girls*）和《活埋》（*Premature Burial*）。

三、布鲁塞尔乐器博物馆

1. 发展历史

在从比利时首都布鲁塞尔中央车站经过艺术山的路上，耸立着引人注目的雄伟新艺术运动建筑——迷人的布鲁塞尔乐器博物馆（Musical Instruments Museum）。乐器博物馆的历史可以追溯至 1877 年，最初由布鲁塞尔皇家音乐学院创立，第一批藏品由两部分组成：国王利奥波德二世收藏的 100 件印度乐器，以及学院已故的首任院长 François-Joseph Fétis 的私人收藏。

成立初期，策展人 Victor-Charles Mahillon 对博物馆的发展做出了重要贡献，他为藏品撰写目录，创建修复工作室，凭借积极的收购和良好的人脉获得了一批珍贵的乐器，到 1924 年他去世时，博物馆所藏乐器总数已超过 3 000 件。

受到经济萧条和第二次世界大战的影响，博物馆在 20 世纪上半叶陷入困境，直到 1957 年策展人 Roger Bragard 上任情况才得到改善，他从政府争取到更多资金，翻修展厅、组织音乐会，并继续购买藏品。

2. 建筑布局

常设展分布在四层展厅内：地下一层展示机械和电子乐器；一层陈列世界各国的

传统乐器；二层介绍中世纪晚期至 19 世纪末的西方古典音乐；四层则主要介绍键盘乐器的发展历史。音乐厅位于博物馆八层，平均每年举办 130 场音乐会。其他楼层还设有专业图书馆、修复室、互动空间、餐厅和商店等。

3. 场馆特色

乐器博物馆目前是比利时皇家艺术与历史博物馆的一座分馆，共收藏超过 7 000 件乐器，涵盖来自全球各地的弦乐器、管乐器、打击乐器和电子乐器等。重点藏品包括比利时音乐家 Adolphe Sax 发明的多件乐器，以及现存的唯一一架“鲁特”（luthéal）式钢琴。

四、勒内·马格里特博物馆

1. 发展历史

勒内·马格里特（René Magritte）（1898—1967）出生于比利时西部的莱西恩市（Lessines），18 岁进入布鲁塞尔的皇家艺术学院就读，一生大部分时间都在这座城市度过。马格里特的早期作品受到未来主义的影响，1927 年他前往巴黎，与达利、米罗、布勒东等共同成为超现实主义运动的主要成员。1930 年马格里特回到比利时，与妻子搬到布鲁塞尔 Jette 镇，租用了 Esseghem 街 135 号公寓的一层。他在此居住长达 24 年，期间创作了《人的境况》（*La Condition Humaine*）、《光之帝国》（*L'Empire Des Lumières*）、《记忆的宫殿》（*Le Palais Des Souvenirs*）等作品。

马格里特夫妇搬走后，公寓继续被其他租户占据，直至 1992 年由超现实主义艺术收藏家 André Garitte 发现这座“故居”的存在。次年他买下公寓并对其进行翻修，在照片和文件记录的帮助下将房间恢复成马格里特居住时的样式。1999 年，改造后的公寓作为博物馆正式对外开放。

2. 建筑布局

勒内·马格里特博物馆的建筑落成于 1925 年，原本是一座公寓住宅。博物馆共有三层。一层展厅真实还原了马格里特在此居住期间的房间陈设，包括卧室、起居室、工作室、餐厅和厨房等，部分家具为他与妻子生前使用。二层和三层为基本陈列，以时间为线索介绍马格里特的生平和艺术，藏品包括近 30 幅水彩画、油画和素描，以及超过 400 件档案文件、照片、私人物品、手稿、信件等。此外，博物馆还拥有约 750 件其他比利时抽象艺术家的作品，主要在临时展览中展出。

五、奥塔博物馆

1. 发展历史

奥塔博物馆（Horta Museum）位于布鲁塞尔首都大区的圣吉尔市（Saint-Gilles），专注于介绍比利时新艺术风格建筑师维克多·奥塔（Victor Horta，1861—1947）的一生，展示他及同时期建筑师的作品。

维克多·奥塔是比利时建筑师与设计师，亦是欧洲新艺术（Art Nouveau）风格建筑的代表人物。1932 年比利时国王阿尔贝一世（Albert I）授予奥塔“男爵”勋位，以此肯定他在建筑领域所做的贡献。

奥塔博物馆原为奥塔故居与工作室，1898 年开始建造，1901 年完工，1906 年、1908 年进行两次扩建。1919 年奥塔出售房屋，迁至布鲁塞尔的路易斯大街居住。

1961 年，在奥塔的学生 Jacques Franck 建议下，圣吉尔市决定买下这座建筑，将其改建为博物馆，该馆于 1969 年对外开放。2000 年，奥塔博物馆作为“维克多·奥塔主要城市房屋”的一部分，被列入联合国世界遗产名录。

2. 建筑布局

奥塔博物馆由两座新艺术风格建筑组成，分别是奥塔的居住与办公区域。室内以自然纹饰进行装饰，并保留了马赛克、彩绘玻璃、墙面壁画、旋转楼梯等元素。

奥塔博物馆地下室展出奥塔作品的微缩模型；一楼包括客厅、餐厅和音乐室；二楼原为奥塔夫妇的房间；三楼是客房和奥塔女儿的房间，顶部彩色玻璃天窗将自然光线引入建筑内部。

3. 场馆特色

博物馆长期陈列奥塔及同时代设计师的家具、餐具、室内装饰艺术品，以及与他的生平相关的档案资料，同时定期举办以奥塔及同时期艺术家为主题的临时展览。

文献中心由档案馆和图书馆两部分组成，收藏超过 5 000 册书籍，包括奥塔的个人文献、建筑作品的照片，以及新艺术风格建筑的作品资料。

附录：比利时与北京在博物馆领域大事记

2014 年 3 月 31 日，习近平主席夫人彭丽媛在比利时王后玛蒂尔德陪同下到布鲁塞尔乐器博物馆参观。彭丽媛参观了中国乐器展和萨克斯管展示馆，并同两国艺术家交流。彭丽媛表示，这是一次文化之旅，希望两国艺术家加强交流。

博物馆

——阿姆斯特丹市（荷兰），Amsterdam（Netherlands）

一、阿姆斯特丹市博物馆业发展概况及特点

17 世纪的荷兰黄金时代使阿姆斯特丹成为世界上最重要的贸易中心之一。贸易带来了财富，财富带来了艺术和科学的蓬勃发展，阿姆斯特丹成为充满活力的文化中心。阿姆斯特丹是荷兰的文化首都，是一个具有渊博历史背景的城市，有 60 多个博物馆，是世界上博物馆密度最高的城市，因此有“博物馆之都”的美誉。博物馆广场汇集了大多数主要的博物馆，它坐落于阿姆斯特丹南方，是该城市最大的广场，在 19 世纪末期为举办世界博览会而兴建。广场北部是巨大的荷兰国家博物馆，博物馆前是一个矩形人造池塘。广场西部是凡・高博物馆及市立博物馆。广场南部是范・巴尔勒大街，这也是通向广场的主要道路。

随着科技网络发展，数字化的展示得到了广泛应用。阿姆斯特丹旅游信息网是专门针对到荷兰旅游游客的网站，其中专门设有艺术与文化选项，针对博物馆所在的不同城市或地区进行分类，网站为博物馆的数字化多元展示，利用视频展示藏品的更多信息，提供更多的视觉体验。

荷兰官方旅游局在其官方网站上推出“荷兰故事”（Holland Stories）企划，列举 10 个典型的荷兰文化标志，指向国家各处风景名胜、名人故居或文化机构，包括凡・高博物馆，以及收藏荷兰风格化运动与蒙德里安的系列画作的艺术馆，以更好地帮助广大游客游览荷兰。

二、荷兰国家博物馆

1. 博物馆简介

1800 年 5 月 31 日，荷兰国家博物馆的前身国家画廊在海牙成立，当时藏品为来自荷兰省督捐赠的 200 幅画作。1806 年荷兰王国成立，在路易・波拿巴的命令下，国家

画廊在 1808 年搬到了阿姆斯特丹。包括《夜巡》在内的一批阿姆斯特丹政府所有的画作进入博物馆中。

荷兰国家博物馆是荷兰规模最大的博物馆，藏有大量珍贵艺术品。国家博物馆研究图书馆是该博物馆的一部分，也是荷兰最大的公共艺术史研究图书馆。

荷兰国家博物馆陈列了大量荷兰艺术作品。它于 1885 年开馆，馆藏约 100 万件展品。画家伦勃朗是和这座城市联系最紧密的艺术家之一，他和他的学生的作品大多被收藏在国家博物馆。该馆还收藏了扬·维米尔、弗兰斯·哈尔斯、费迪南德·博尔及保卢斯·波特等的作品。

2. 馆藏经典

（1）经典馆藏一：《夜巡》

《夜巡》是 17 世纪荷兰黄金时代画家伦勃朗的名画，完成于 1642 年，是荷兰肖像画黄金时代的杰作，现在是荷兰阿姆斯特丹博物馆的馆藏，但一般在荷兰国家博物馆展出。此画为伦勃朗受雇于阿姆斯特丹射手连队为其所做的肖像画，伦勃朗一改以往肖像画中人物按照尊卑排列的原则，另辟蹊径做出舞台化的效果。此画所描绘的其实是白天队长与副队长的景象，因光线昏暗而被误认为是描绘黑夜。

（2）经典馆藏二：《倒牛奶的女仆》

《倒牛奶的女仆》是一幅由荷兰黄金时代画家扬·维米尔绘画的油画，主题是一名倒牛奶的厨房女仆。画中的女仆正在小心地将牛奶倒入锅中。旁边的桌子上有各种各样的面包。

三、荷兰国家海事博物馆

1. 博物馆简介

（1）发展历史

17 世纪的阿姆斯特丹成长为世界上最重要的贸易中心。位于艾河河畔的荷兰国家海事博物馆有着世界上最大规模的海事收藏。自 1973 年 4 月 13 日由女王贝娅特丽丝主持开馆以来，每年都吸引着无数游客慕名前往，见证历史旧物，亲历荷兰的黄金时代。沿着“黄金时代”的踪迹前往国家海事博物馆，探索阿姆斯特丹海上运输和国际贸易的规模和影响力。

（2）建筑布局

海事博物馆的馆址本身也是一座有着悠久历史的荷兰巴洛克式建筑。展厅有秩序地分布在博物馆的东、西、北三翼。其中，西翼更侧重于儿童与青少年参观者，包括体验海员生活、讲述鲸鱼故事等生动的互动展览。东翼的各个展厅分门别类地陈列着众多大大小小的模型、船只部件、画作与地图，面向的则是较为年长的参观者。北翼集中展示了荷兰港口城市的繁忙，也以停泊在博物馆身后的荷兰东印度公司商船复制品而闻名。

（3）场馆特色

这座建筑于1656年落成。近五个世纪以来，一度被荷兰历代海军作为仓库和军械库所使用，存放着荷兰海军的弹药、船帆、粮食与衣物。

2. 馆藏经典

（1）经典馆藏一：阿姆斯特丹号

穿过博物馆北翼走廊，来到博物馆身后。紧邻的运河上，停靠着荷兰东印度公司的木制三桅帆船“阿姆斯特丹号”的1:1复制品。该型号商船长达45.72m，配备58门大炮。在17和18世纪的港口，挤满了从世界各地运来大米、可可、棉布、咖啡、烟草和香料的这类商船。船上满载着纺织品、酒类、大炮、纸张、钢笔、银币等多种贸易商品。折合至今日，整艘船上的货物价值上百万欧元。

（2）经典馆藏二：《1607年4月25日荷兰与西班牙舰队的直布罗陀海战》

17世纪以来，航海业成为荷兰的国家经济支柱，从而带动了科学的进步和文化的繁荣。海景画无疑是荷兰画家最为喜爱的创作类别之一。时至今日，这些黄金时代的海景艺术作品已成为无价之宝。展厅中最引人注目的作品莫过于《1607年4月25日荷兰与西班牙舰队的直布罗陀海战》，它由画家范·魏林根创作。这是描绘17世纪海事场面最大的油画之一，多个细节刻画了海战中的残酷场景：漂浮在海平面上的烟雾、即将沉没的战舰、挣扎着的溺水士兵。

四、阿姆斯特丹凡·高博物馆

1. 博物馆简介

（1）发展历史

凡·高曾经短暂居住在阿姆斯特丹。这座博物馆是该片区域中少数几个现代建筑之一，建于1973年，由著名设计师赫里特·里特费尔德设计，以收藏凡·高黄金时期最珍贵的200幅画作而备受瞩目。还保留着凡·高1 000多张手稿、十几本复印画集、四本画稿和750多封书信。所有的展品都由博物馆永久收藏。

（2）建筑布局

本馆主楼地上共四层，底层设有书店、咖啡馆。从一层到三层摆放了凡·高从早期到晚期的画作。1999年，博物馆建造了一座名叫“表现之翼”（Wing of Performance）的新楼，这座大楼是由日本设计师黑川纪章所设计的，主要用来展示临时展品。像《吃马铃薯的人》等一些著名的画作现在都藏于该馆。而凡·高博物馆也是全市参观者最多的博物馆。

（3）场馆特色

博物馆自开放之日起，将凡·高作品与现代艺术作品的收藏、研究、展览，以及科学材料的制作与普及等多项活动融为一体。除了作为博物馆所应具有的功能之外，凡·高博物馆还从理念上传达凡·高的思想。凡·高在大众心中不可撼动的艺术地位，让来到阿姆斯特丹的游客，一定会来到凡·高美术馆打卡，一览这些绝世作品的真容。

2. 馆藏经典

（1）经典馆藏一:《盛开的杏花》

《盛开的杏花》是凡·高给新出生的侄子的贺礼。开花的树对凡·高来说具有特殊的意义，它们代表着觉醒和希望，他喜欢这些开花的树，这些作品记录了凡·高受到日本浮世绘的影响。

（2）经典馆藏二:《吃马铃薯的人》

《吃马铃薯的人》是凡·高创作于1885年的一幅油画。凡·高用朴实的模特来显示真正的平民，借着油灯的光线，吃土豆的人用他们在土地上工作的手从盘子里抓起土豆，诚实地自食其力，是其早期写实主义的代表作。

五、阿姆斯特丹博物馆

阿姆斯特丹博物馆是一座介绍阿姆斯特丹历史的博物馆，包括建筑模型、地图、绘画、考古发现等，见证阿姆斯特丹从一个中世纪的小城镇成长成为现代大都市的过程。阿姆斯特丹博物馆的展品丰富，藏品从中世纪到现代作品都有。

阿姆斯特丹博物馆在1926年正式成立，当时作为市立博物馆的一部分设在Waag古建筑内。当时的阿姆斯特丹历史博物馆，也即阿姆斯特丹博物馆的前身，在1975年搬迁到现在的地方，以前曾是市孤儿院。在2011年正式改名为阿姆斯特丹博物馆。

博物馆咖啡厅Mokum在阿姆斯特丹博物馆的内庭，以其充满气氛的露台而出名。在参观阿姆斯特丹博物馆的同时，可在此品尝早、午、晚三餐。博物馆咖啡厅所处的地点有悠久的历史。这座咖啡厅的前身是当时圣卢西安修道院的牛棚。这座修道院建于1414年，当时是阿姆斯特丹市内21座修道院之一。

整个博物馆致力于阿姆斯特丹的悠久历史，概述了13世纪沿“阿姆斯特尔”河沿岸的一个定居点如何转变成一个活泼的国际化城市，表现了这座城市吸引了来自世界各地的人们数百年来的宽容及进取的精神和个性。

六、安妮·弗兰克故居

1. 博物馆简介

安妮·弗兰克故居（Anne Frank House）是20世纪的畅销书《安妮日记》的故事发生地。作为当前荷兰第一大城市，阿姆斯特丹历经了从渔村到国际化大都市的发展过程，经历了辉煌与破坏，以及世界大战的洗礼，从一定程度上讲，她的历史也是荷兰历史的一个缩影。安妮·弗兰克之家是一家纪念犹太女孩安妮·弗兰克的博物馆，这里也是安妮·弗兰克一家在纳粹党统治时的躲藏处。除父亲外，安妮本人及其全家都在第二次世界大战中被纳粹杀害。安妮的日记中详细记录了她两年的避难生活。如今，这个避难所成了著名的反法西斯和种族主义博物馆。

《安妮日记》在阿姆斯特丹发表，引起轰动。故居的布置保持了书中原样。进入安妮故居，走进那扇书架后的暗门，爬上那狭窄楼梯，走进狭小的房间，窗户上贴满了厚厚的纸，是当时用来消除外人对存在暗室的怀疑，至今仍让人感受到与世隔绝的窒息感。住在里面，足不出户，白天必须蹑手蹑脚，不敢发出任何声音，终日见不到阳光，两年多的提心吊胆、暗无天日，考验着忍耐力的极限，身处其中仍能体会到隐匿生活的艰辛。

如今这里成了阿姆斯特丹最受欢迎也是参观人数最多的景点。每年有近 70 万游客到此想切身体会《安妮日记》中描写的那个世界；同时，这里还展出了安妮珍贵的日记手稿和当年的日用品，墙上日记中的段落表达了这位 13 岁少女的痛苦、寂寞、恐惧和期盼。安妮对生命的渴望深深地震撼着每一个人的心。

2. 馆藏经典

（1）经典馆藏一：尤尔特·凯特勒帕的亲笔签名书与安妮的诗句。

尤尔特·凯特勒帕的亲笔签名书以及 1939 年夏安妮的诗句。在左页，安妮粘贴了自己的照片，摄于 1939 年 5 月。尤尔特·杰是安妮在第六届蒙特梭利学校的同学。1943 年 7 月 9 日，她在索比堡灭绝营中被谋杀。安妮自己在日记中写的亲笔签名书丢失了这些亲笔签名的书籍幸存下来，是安妮·弗兰克故居收藏的一部分。

（2）经典馆藏二：玛格与祖母的照片

三岁的玛格和她的祖母罗莎·霍兰德在亚琛。伊迪丝笔迹的标题写着："新手提箱"。玛格特定期与祖母在一起，并在 1933 年弗兰克家人移居荷兰后继续这样做。随着德国变得越来越不安全，奥托和伊迪丝要求司法部部长允许罗莎来到荷兰。她在家人藏匿前六个月去世了，这张照片是在一张玛格特和安妮的童年照片专辑中。

七、运河船屋

运河船屋博物馆（Canal House）独具特色，地处美丽的绅士运河旁。船屋，也是荷兰的文化符号之一，自 1663 年起无数富有的银行家和商人在此居住过，其中 Jan Willink 最为有名。

"漂流小屋"式的浪漫在荷兰随处可见，船屋起初均为货船，之后货舱经由改建成为船屋，博物馆共有六间展室。

2010 年，源于 17 世纪的阿姆斯特丹运河带正式列入联合国教科文组织世界遗产名录。了解世界上最成功的城市扩张计划：17 世纪的阿姆斯特丹运河带。参观者可以欣赏多媒体互动展览，40min 穿越阿姆斯特丹 400 年的历史。

八、阿姆斯特丹市立博物馆

阿姆斯特丹市立博物馆因其值得称道的当代艺术藏品而世界闻名。尽管其藏品在这个领域与国际顶级博物馆相当，建筑本身却是过时的。凡·高博物馆旁边是市立博物馆。这座博物馆与广场是同一时期的产物，目前藏有皮特·蒙德里安和卡雷尔·阿佩尔等艺术家的作品。

博物馆现有建筑由市政建筑师 A.W. Weismann 于 1895 年设计，以其宏伟的楼梯、大房间与自然采光闻名。根据前博物馆馆长威廉桑德伯格（1945—1962）对整个博物馆的介绍，这些优点及白色的使用一直留存在建筑师 Benthem Crouwel 的设计中。新的扩建并不要求更多的相同点，而是增添更多类别和展览的新机会。旧建筑与新形式合为一体，无论是展览还是流线，都避免了在新旧之间做出取舍。扩建并不是次要的或现有建筑旁的一座十分不同的展馆，而是一个综合的增建部分。新建筑与老建筑的对比在外立面十分明显，而在博物馆内部几乎注意不到从新建筑漫步到旧房子。

博物馆

——莫斯科市（俄罗斯），Moscow（Russia）

一、莫斯科市博物馆业发展概况及特点

1. 历史沿革

（1）苏联时期

十月革命前，俄国仅有 150 多个博物馆，大部分集中在中央地区。

1917 年 11 月 7 日，彼得格勒革命军事委员会任命专门的委员，负责保护文化艺术珍品。

1917 年 11 月，成立苏维埃俄罗斯联邦共和国教育人民委员会，全权处理博物馆事务和保护文物委员会。

1918 年 5 月，成立统管所有博物馆的博物馆司。

1917—1918 年，政府法令和决定中规定，对一些大的私人博物馆实行国有化，制定保护博物馆和文物条例，禁止艺术品运往国外。

1917—1927 年，博物馆数已达到 805 个，并出现新型博物馆——革命历史博物馆。

19 世纪 60 年代，开始建立民众博物馆，分别由村苏维埃、文化馆、工业企业、学校和各加盟共和国的其他组织创办。

1977 年，全苏共有博物馆 1 348 个，收藏品 4 890 万件。每年有 100 多万件展品被收进博物馆，其中一半以上是反映苏联科学技术发展和建设成就的。

苏联的博物馆按其专业分为革命历史博物馆、历史博物馆、地质博物馆、艺术博物馆、纪念博物馆、自然博物馆和专业博物馆等。

（2）俄罗斯时期

1996 年 5 月 26 日《关于俄罗斯联邦博物馆藏品和俄罗斯联邦境内博物馆》联邦法（2007 年 6 月 26 日修订）规定：俄罗斯博物馆属于非商业性文化机构，收藏、展示和文化教育是博物馆的三大职能。

2. 现状特点

莫斯科是历史上博物馆最多的城市之一，拥有 450 多家博物馆，博物馆展览面积等于 14 个足球场，工作人员多达 6 190 名，多达 250 万个馆藏。其中最大的是女皇博物馆保护区（The Tsaritsyno Museum Reserve），最小的是阿富汗战争历史国家展览馆（History of the War in Afghanistan State Exhibition Hall），最古老的是莫斯科动物园，最新的是扎里亚季耶地下博物馆（the Underground Museum in Zaryadye）。

博物馆大多是收费的，除了收取门票费、出售纪念品、文字和图像资料外，参观者在博物馆内照相、摄像仍需要另外购票，每架相机 200~350 卢布不等。为了保护文物，有些展品即使交费也不允许拍照，部分场馆宣传折页或手册也需付费购买。博物馆对于国内外观众实行不同的票价，但门票对于学生有免费或优惠政策。即使参观博物馆是一笔较高的开销，但每年俄罗斯参观博物馆的人数仍然占全国人口的一半以上，部分群众将参观博物馆作为一种生活习惯。俄罗斯丰富的博物馆资源，得益于其深厚的人文底蕴，也正是俄罗斯人良好的艺术素养，支撑了俄罗斯博物馆业的繁荣。

博物馆细致地维护展品设施及建筑，没有破旧、污损现象。为了保护博物馆展品及文物，所有博物馆都要求参观者在进入展厅前将大衣和较大的外套存放于存衣处。在售检票、存衣存物、场馆环境卫生等各方面的管理井然有序，体现出博物馆在管理和展品设施维护方面的细致工作，既提升了博物馆的日常工作效率，也为观众创建了良好的参观环境，提高了观众的舒适度和满意度。

外聘人员是博物馆不可缺少的组成部分，无论是大馆还是稍小的场馆都有外聘人员，外聘人员在几十到几百人不等。外聘人员基本全部都是博物馆应俄罗斯政府要求而聘用的老年人，其目的是提升这些老年人的收入。这些人人员流动性较低，对于自身工作非常认真负责，对于博物馆中的展品、文物的保护工作起到了很好的辅助作用。这些外聘社会人员的职责主要是负责每个展区的展品和文物的看护工作，但不负责展品的讲解和答疑解惑。他们的服装没有统一要求，但会佩戴统一的工作证件。俄罗斯博物馆展厅内的正式员工非常少。博物馆内正式员工大多从事科研、管理、活动策划等工作，仅有少数博物馆中的工作人员会在展厅内进行讲解及其他相关的教育活动，如莫斯科航天博物馆。

鉴于俄罗斯特殊的历史及艺术传统，其博物馆主题仍以历史文化类居多，而科技类很少，一些处于国际领先的科技领域，也少有与之对应的主题和内容的博物馆或科技馆。据了解，目前在俄罗斯几乎没有真正意义的“科学中心”式的科技馆，而综合性的科技博物馆只有莫斯科综合技术博物馆，且目前正在进行改造。另外，在苏联时期，整个国民经济主要围绕军工开展，因此武器类博物馆不少。

教育活动以参观、讲解等基础性活动居多。大部分博物馆没有专设的活动室和教室，博物馆展览之外的科普活动基本为团体解说、文化交流、专题科普讲座、专题展览、科学研究等。学生在博物馆内的活动多以参观为主，少数博物馆内设有博物馆教学的教研室，对博物馆教学法进行研究，并可面向幼儿组织相应的博物馆进行教学活动。大部分博物馆中，负责为学生团体讲解的大多为学校教师，教师根据学生的认知特点设计讲解的内容。例如，在埃尔米塔日博物馆、国家博物馆这种历史文化氛围浓郁的博物馆中，教师讲解的主要内容是油画、雕塑等展品展示的内容，或者其背后蕴含的历史和人文故事，而非深奥的艺术技巧。

注重与社会团体合作，充分运用文化手段吸引观众。俄罗斯很多博物馆，如莫斯科国家历史博物馆、莫斯科综合技术博物馆等场馆都与社会演出团体建立了合作，开展音乐会和戏剧表演。博物馆会根据人们的兴趣，组织各种文化活动，包括巡回展览、音乐会、歌剧表演等，将教育、文化、娱乐融合为一体，使博物馆的责任和义务有所延伸。正如社会上许多餐厅、商店等场所的博物馆化一样，科技馆或博物馆也可以结合自身特点与社会接轨，为社会服务。在充分挖掘本馆资源的基础上，结合社会力量，运用文化交流手段，吸引和扩大观众面，将全体社会公众作为潜在观众予以发展。

场馆建筑与装饰有效扩展了展览主题。俄罗斯博物馆非常注重场馆建筑、装饰与展览的协调。例如，莫斯科航天博物馆，位于宇宙征服者纪念碑基座下，高耸的纪念碑犹如直冲云霄的火箭，引人注目。而莫斯科国家历史博物馆，无论建筑本身，还是内部装修装饰，都具有浓厚的历史感和自身地域及民族特色，作为珍贵的历史遗迹而成为所在城市的标志性建筑。即使是在莫斯科航天博物馆和莫斯科综合技术博物馆这种技术性、专题性较强的展馆，也不缺少精美的浮雕、壁画和雕塑。这些装饰及建筑本身与展览内容融为一体，巧妙的设计带给人们深深的震撼，给观众留下深刻的印象，也最大限度地烘托、扩展了场馆及展览的主题和内容。这一特点也从一个侧面体现了俄罗斯这个国家和民族悠久的历史文化传统和国民良好的艺术修养。

展示及服务的国际化和人性化有待提升。大部分博物馆，导览标识、展品说明及其他相应服务，基本上只有俄文，展厅中外聘人员也只讲俄文，这对于外国参观者而言，会产生很大的沟通障碍，削弱了观众对于展览内容的理解，降低了观众参观的便利性。此外，场馆中可供观众休息的空间和座椅较少，这种服务国际化和人性化方面的不足，对场馆的服务水平和观众体验产生了不利影响。

博物馆活动：

（1）2017 年 9 月，莫斯科启动了“儿童博物馆”项目——学生可以全年免费参加城市的展览馆和博物馆。项目启动以来，已有 40 多万名在校学生参与。达尔文博物馆、科洛门斯科耶、柳比诺和伊兹梅洛沃博物馆保护区及宇航员博物馆是游客最多的博物馆。

（2）2018 年 2 月，博物馆教育日活动启动——课程在宇航员博物馆、库斯科沃博物馆遗产、Tsaritsyno 博物馆保护区、达尔文博物馆、莫斯科国防国家博物馆、莫斯科国家综合博物馆保护区和亚历山大·普希金国家博物馆举行。这些机构组织数学、物理、化学、外语、历史、美术、地理、生物、文学、俄语和技术课程。课程集中在主办博物馆的领域。

（3）2019 年 4 月，莫斯科博物馆周活动启动——市民和游客在这七天内可以免费参观任何市立博物馆。莫斯科博物馆、达尔文博物馆、莫斯科现代艺术博物馆、宇航员博物馆等 40 多家机构加入。

（4）“博物馆之夜”“艺术之夜”活动和“城市日”期间免费参观莫斯科博物馆。

3. 发展策略

（1）展示日益主题化，手段日趋互动化。

（2）高科技在博物馆各项工作中的广泛应用。

（3）强调教育职能，正确处理人与物的关系。

（4）不断开创管理上的新途径。

二、莫斯科国家历史博物馆

1. 博物馆简介

莫斯科国家历史博物馆是莫斯科最具代表性的博物馆。自 1883 年开馆以来，从未因任何原因关闭过，即使是在第二次世界大战德军兵临城下期间，博物馆也坚持开馆，成为激励莫斯科军民抗击德国法西斯的强大精神动力。

（1）发展历史

1872 年由亚历山大二世下令建馆，1883 年在亚历山大三世加冕仪式举行的同时开馆。博物馆的所在地原本是莫斯科大学的一个校舍，1881 年由建筑师 A.A. 塞缪诺夫和 B.O. 谢尔布特设计建成国家历史博物馆。

（2）建筑布局

博物馆按年代分为 48 个展厅，每个展厅采用不同时代或不同地区的装饰风格，其中一些展厅墙壁的装饰画上还细致地表现着东正教的发展历史。

（3）场馆特色

博物馆是一座建筑造型非常美丽且极具新俄罗斯风格的朱红色建筑物。在主体建筑物的两侧各有一座高耸对称的塔楼，还有装饰性的尖塔、三角檐与圆拱形窗户。

馆内展品和档案材料丰富多样，不仅涵盖了俄罗斯的千年历史，还展示了从旧石器时代至今的东北欧亚的文明演进。

2. 馆藏经典

（1）经典馆藏一:《1682 年彼得在克里姆林宫即位》

彼得大帝的父亲、沙皇阿列克谢一世有两个妻子，第一个妻子为他生了 13 个孩子，第二个妻子只生了彼得大帝一个孩子。阿列克谢去世后，围绕皇权进行了激烈斗争，最后不得不同时将彼得大帝与他的同父异母哥哥伊凡五世并立为沙皇，并由其同父异母的姐姐索菲亚摄政，直到 1689 年，彼得大帝才真正掌握政权。油画《1682 年彼得在克里姆林宫即位》就是描写彼得大帝与伊凡五世同时登基的场景。

（2）经典馆藏二：沙皇的宝座

这个宝座十分豪华、气派，宝座坐落在穹顶之下。在宝座周围是一圈镀金柱子，支撑着金碧辉煌的穹顶，穹顶上立着四个小型圆形塔，塔尖为十字架，环绕着穹顶正中上部的一个大圆形塔，塔尖也是一个十字架。在宝座和穹顶四周刻画着俄罗斯多神教时期的故事，镶嵌着种种珍宝，这是沙皇最为气派的宝座。

3. 展览

1~7 号展厅主题为远古人类文明：石器时代、铜器时代和铁器时代的发展历程。

8~14 号展厅展现了古代俄罗斯国家的发展历史。考古文物、文字史料、绘画、手稿、圣像等还原了一个个命运攸关的历史现场：接受基督教、动荡与分裂、侵略与抗争。

15~21 号展厅主题为统一中央集权国家的建立与扩张。

三、胜利博物馆

1. 博物馆简介

胜利博物馆（Museum of the Great Patriotic War）是一座关于卫国战争和第二次世界大战主题的主要军事历史博物馆，是世界上最大的军事历史博物馆之一，位于莫斯科的俯首山。整栋建筑物由建筑师阿纳托利・波利扬斯基设计，建造始于 1986 年 3 月 3 日，1995 年 5 月 9 日对大众开放。博物馆的展览与陈列物品都是与第二次世界大战有关，馆藏规模多达 75 090 项。

今天，胜利博物馆作为全俄文化教育研究中心，是抵制历史歪曲企图的主要机构之一，也是新一代爱国教育的中心。

（1）发展历史

早在卫国战争主要胜利战役前，人们就已经想到必须建立一个纪念碑来纪念人民的功勋，在 1942 年由苏联建筑师协会举办的为未来胜利纪念综合体最佳设计竞赛中，就出现了第一张建立博物馆的图纸。1958 年之前，俯首山就被选为未来博物馆的地址并举行了奠基仪式，但此后由于政治原因，博物馆一直未能开工。直到 1985 年，在政治敏感问题开始淡化后，胜利纪念碑群开始建设，其中包括中央博物馆，大部分都成了现在的胜利博物馆的附属建筑。但刚开工，就遇上了戈尔巴乔夫“新思维”改革，社会开始动荡，经济困难加深，博物馆工程就搁置起来。

第二次世界大战在俄罗斯人民的心中烙下了深刻的印迹。1993 年，在人民长时间内心受伤失落，俄罗斯在外部也遭到西方国家的冷遇后，时任俄罗斯总统的叶利钦决定利用日益兴起的俄罗斯民族主义的因素，把苏联在第二次世界大战中的光辉胜利纳入俄罗斯战胜外来侵略的历史中审视，在他的直接推动下，博物馆工程重新启动，各项保障迅速到位，工程进展顺利，不到一年半时间按质竣工。

1995 年 5 月 9 日，卫国战争博物馆正式开馆。借博物馆开放之机，俄罗斯恢复了 1991 年开始停止的胜利日阅兵传统，地点由红场搬到了博物馆前面的胜利广场，直到 2000 年普京上台执政以后，才恢复了在红场阅兵。胜利广场还有阅兵活动，主要是国防部或莫斯科军区首长出面主持，隆重接待外国军事要员的仪式，再有就是每年 5 月 9 日第二次世界大战老战士组织和群众自发组织的阅兵活动。

2017 年 6 月 22 日，卫国战争博物馆更名为胜利博物馆。

（2）建筑布局

主体建筑地上三层、地下一层，首层大厅集中布局，其他楼层分散布局。整体设计与博物馆主体相辅相成。

博物馆陈列由主题陈列、专题陈列和临时展览三部分组成。

（3）场馆特色

博物馆外观呈弧形，两端呈马蹄形，两端屋顶上的胜利女神吹响胜利号角，博物馆长廊上方的红色大标语，写着“莫斯科战役——最重要的胜利！”。

博物馆主要用来纪念苏联在第二次世界大战中付出生命的战士们。场馆大厅矗立着多名苏军元帅的铜像与生平事迹介绍，展览厅展出战争时期大量的图片和实物，其中也有缴获敌军的战利品和中国政府审判日本战犯的判决书。

2. 馆藏经典

（1）经典馆藏一：缅怀与哀悼厅

位置：博物馆主楼地下一层。

作品作者：雕塑家，社会主义劳动英雄，苏联人民画家，卡尔贝尔教授。

材料：白大理石。

缅怀与哀悼厅用来缅怀 1941—1945 年卫国战争中为保卫祖国而牺牲的 2 660 多万名同胞。房间里灯光昏暗，宽敞的顶棚上垂下无数条用黄铜链子悬挂的水晶链，数量有 2 660 多万条之多，象征着为死者流下的眼泪，熠熠闪亮，代表第二次世界大战中苏联 2 660 多万名死难者不朽的灵魂之光。会议厅中央设立了一个名为“悲伤”的雕塑团体，它代表了所有在战争中牺牲的母亲、妻子、姐妹和女儿。其中，最显眼的是尊白色雕像——一位母亲面对死去的儿子正在悲伤地哭泣，天花板上垂下 60 万根银丝水晶灯，犹如“母亲涟涟的泪水”。

（2）经典馆藏二：名人堂

位置：博物馆主楼二层

名人堂是为了纪念在卫国战争中击败德国侵略者和日本军国主义者的红军士兵、军官和将军们的非凡壮举。这个房间里 72 个大理石挂架上刻有 11 695 多名被授予苏联英雄称号战士的名字。这份英雄名单上，涉及68个民族的人，其中有三个苏联英雄的名字：亚历山大·伊万诺维奇·波克雷什金、伊万·阔日杜布和格奥尔基·康斯坦丁诺维奇·朱可夫；英雄名单中的115人曾两次被授予这个称号；86名女性英雄、249名游击队和地下组织成员和15名外国公民。大厅中央有一个6m高的铜像，是乌克兰雕塑家 В.И.3Но6bI 的作品，胜利的士兵举起手来宣布胜利与和平。圆顶是一顶青铜花冠，象征着苏联人民的胜利。圆顶的中心是最高军事秩序“胜利”的加冕典礼。在大厅的顶部，有12个城市的浮雕——英雄的城市和布列斯特的“英雄堡垒”，以及授予这些荣誉法令的文本。大厅里还会举行庄严的宣誓仪式，向军事学校的毕业生颁发文凭，以及其他公众活动。

3D胜利之路装置由著名的国际互动媒体工作室 Sila Sveta 创建。大投影讲述了战争年代的关键事件，伟大胜利和伟大悲剧的故事。你会看到关键事件——战争开始、莫斯科战役、列宁格勒封锁、斯大林格勒战役、柏林战役、胜利游行。该视频由20台强大的投影仪、光炮和音频扬声器播放，这些投影仪的设计是为了适应20m高的胜利博物馆名人堂的建筑。展览每天为博物馆的所有客人举行。

3. 展览

（1）基本陈列

馆中共有九个基本陈列，包括历史真相大厅、西洋镜、《军队的壮举》展览、胜利堂、记忆与悲伤大厅、大会堂、名人堂、《人民的壮举》展览、三维全景图《开拓者：柏林之战》。

（2）临时展览

馆中三层展览馆拥有超过3 000m^2的展览空间。1993年5月在这里举行了第一次展览“祖国的防御”。从那以后，该画廊定期举办无数艺术展览，这些展览既有胜利博物馆的藏品，也有俄罗斯最好的博物馆的藏品。

四、钻石基金会博物馆

1. 博物馆简介

钻石基金会博物馆是一个独特的收藏馆，内部收藏包括历史文物、珠宝、稀有珍贵宝石、黄金和铂金矿块。1719年由彼得大帝宣布建立，是为了收藏俄国皇室拥有的各类钻石和珠宝，如皇冠、徽章、首饰等，重要藏品包括俄罗斯女皇叶卡捷琳娜二世的加冕皇冠、宝球和权杖等。

（1）发展历史

1719年彼得大帝（Emperor Peter the Great）决定建立一个存放王室贵重物品的国家仓库，专门负责登记、保管皇室的贵重物品，如皇冠、权杖、仪式首饰等。随着时间的推移，管辖范围逐渐扩大到皇室拥有的一切钻石、珠宝和贵金属。这批珠宝最初被存放在特别设立的“钻石室”。1764 年叶卡捷琳娜大帝（Catherine the Great）将她曾经的卧室改建成钻石室。整个罗曼诺夫王朝（House of Romanov）统治期间，钻石室的宝藏不断增加，欧洲最出色的珠宝工匠们为皇室制作了大量高级珠宝首饰。

第一次世界大战前夕，这批珠宝被转移到克里姆林宫兵器库，在十月革命后一并被收归国有，并于 1922 年成立“苏联钻石基金”。20 世纪 50 年代，苏联境内发现的一些矿藏如金伯利岩、大型钻石、金块等被纳入收藏。

为庆祝苏联成立 50 周年，1967 年“庆苏联钻石基金”藏品在兵器库首次公开展出，原计划展期为一年，因受到公众欢迎，自 1968 年起改为常设展馆。

（2）建筑布局

钻石基金会博物馆共有两个展厅，藏品主要包括冠冕珠宝、历史珠宝、18—19 世纪珠宝、大钻石、钻石原石、贵金属块、勋章和其他首饰等。

（3）场馆特色

作为莫斯科一个专门收藏并展出珠宝、贵重金属等珍稀物品的机构，其历史悠久，可以追溯到彼得大帝时。里面收藏的钻石都非常珍贵，包括有半个鸡蛋大小的蓝绿色的奥尔洛夫钻石（重 189.62 克拉），以及重 88.7 克拉的浅黄色的伊朗王钻石。

2. 馆藏经典

（1）经典馆藏一：王冠、权杖

使钻石基金的宝藏闻名于世的包括一组用于加冕典礼和其他特殊场合的特殊物品，旨在展示帝国的荣耀和财富，包括大皇冠、小皇冠、节杖、圆球、扣环、大链和圣安德鲁星。

这顶巨大的皇冠是为 1762 年凯瑟琳二世的加冕而打造的。它是由宫廷珠宝商格奥尔格·弗里德里希·埃卡特和钻石工匠耶利米·波泽尔在两个半月内完成的。王冠上装饰有 4 936 颗钻石（总质量 2 858 克拉）和 75 颗大的印度哑光珍珠。最著名的宝石之一是重达 398.72 克拉的尖晶石。这顶王冠因其完美的工艺和美丽而令人惊叹。

钻石基金收藏还包括由宫廷珠宝商 G.F. Eckart 为凯瑟琳二世皇后加冕而制作的金球。这是一个光滑抛光的金球奖，四周环绕着钻石腰带。圆球顶部有一个十字架，并用重达 195 克拉的锡兰蓝宝石装饰。

（2）经典馆藏二：电气石

电气石，形状像浆果或一串葡萄。科学家认为这种宝石来自缅甸。电气石的颜色和不同寻常的形状与绿色珐琅叶子形成鲜明的对比，衬托出金色的背景。这颗钻石的质量为 260.86 克拉，大小为 4cm × 2.7cm × 2.3cm。这颗宝石被保存在波希米亚鲁道夫二世国王的宝库中，鲁道夫二世从他的姐姐——法国国王查理九世的遗孀——那里得到了这颗宝石作为遗产。1648 年，在与瑞典的战争中，宝石在布拉格被捕获，并出口到斯堪的纳维亚，在那里它被转移到女王克里斯蒂娜手中。女王死后，这颗宝石被带到了斯德哥尔摩。1777 年，瑞典国王古斯塔夫三世访问圣彼得堡时，将电气石作为礼物送给了凯瑟琳二世。

（3）经典馆藏三：花束架

花束架（Grand Bouquet）制作于 1770 年。金色的花茎上覆盖着绿色的珐琅，用优雅的钻石丝带和软蝴蝶结松散的顶部。这颗宝石的内部是空的，它曾被用作放鲜花的小花瓶。它可以用一个特殊的别针系在礼服的胸花上。

（4）经典馆藏四：大花束

大花束是皇后礼服上装饰的一个例子。风格化的花朵，如野玫瑰、鸢尾花、水仙花和由钻石制成的勿忘我，以及由平坦的祖母绿制成的叶子，都被放置在灵活的金色茎干上，以不同的层次和角度，从而创造出 3D 效果。由于宝石的重量，花和叶子颤动类似一束自然的花。一颗重 15.5 克拉的天然淡紫色钻石镶嵌在蝴蝶花花蕾中央的精致框架中。钻石下面放了几片彩色的金属箔，达到了一种五彩缤纷的效果。

（5）经典馆藏五：圣安德鲁勋章

1917 年之前，俄国最高的圣安德鲁骑士团是由彼得大帝在 17 世纪末建立的。骑士团的徽章是蓝色斜十字架的形状，上面画着受难的圣安德鲁，他是耶稣基督的第一个信徒。十字架被放置在俄罗斯的国徽上——一个王冠和十字架下的双头鹰。圣安德鲁一直被认为是国家的保护神。

五、普希金博物馆

1. 博物馆简介

普希金博物馆是俄罗斯第一家艺术博物馆，也是其最大的外国艺术品收藏馆，有规模在欧洲首屈一指的画廊，还有规模在世界上堪称最大的古希腊、古罗马及文艺复兴时期的石膏模制品。该馆的命名是为了纪念著名诗人普希金。馆内收藏着从古埃及、古巴比伦直到今天各个时代的 50 多万件艺术品，囊括了欧洲艺术的意大利画派、荷兰画派、西班牙画派、佛兰芒画派、法国画派等主要流派，更重要的是其中的法国现代绘画艺术系列，展示了法国现代艺术从印象派到野兽派再到立体主义的进程和脉络。这些收藏把俄罗斯文化艺术同西方文化艺术连接起来，以对话与碰撞开启了俄罗斯新文化的里程。

（1）发展历史

早在 19 世纪上半叶，俄国知识分子中间就产生了建立一个外国艺术博物馆的想法。1892 年，特列季亚科夫兄弟把自己的藏画赠送给莫斯科市建立一个民族艺术博物馆的行动，给了莫斯科知识分子以很大影响。他们开始在社会各界进行广泛的募捐，旨在建立莫斯科第一个外国艺术博物馆。精通古代哲学的莫斯科大学教授、艺术史教研室主任伊万茨维塔耶夫（著名女诗人茨维塔耶娃之父）负责筹集资金和营建博物馆大楼的工作。

博物馆始建于1898年，1912年落成。1937年，这个博物馆被命名为普希金博物馆。

1957年经过翻修，1961年6月6日为纪念普希金162周年诞辰，博物馆正式举行开幕典礼。

在未来，普希金博物馆计划改造成新文化区。由世界著名的福特斯建筑事务所提出的总体规划十分大胆，为了在莫斯科中心打造一座新的文化区，使博物馆本身与周围环境相得益彰，不仅就博物馆本身的修补进行了设计，还对场地周围相应建筑进行精心改造。

（2）建筑布局

博物馆的主馆与分馆分开，主馆主要以方形为主，其余还有19—20世纪欧洲和美洲艺术画廊、茨维塔耶夫艺术教学雕塑名作复制品博物馆、斯维多斯拉瓦——里希特故居。

（3）场馆特色

馆内收藏了3 000多幅意大利、荷兰、比利时、德国、西班牙、英国、法国和美国艺术家的油画。其中有波提切利的《报喜》、鲁本斯的《酒神节》、伦勃朗的静物画、莫奈的《草地上的早餐》、德加的《摄影师面前的舞女》、凡·高的《放风的囚徒》、毕加索的《站在地球上的少女》、马蒂斯的《金莲花与“舞蹈”壁画》等。

除了外国艺术家的油画外，这里展出了古埃及的文物、古希腊的花瓶及8—15世纪的意大利圣像。罗丹的大理石雕像《夏娃》、米开朗琪罗的雕像《大卫》的复制品及其他许多著名雕塑品的复制品也是这个博物馆的特色之一。

2. 馆藏经典

经典馆藏:《演员珍妮·萨玛里的画像》。《演员珍妮·萨玛里的画像》是印象派油画家雷诺阿1878年创作的一幅布面油画，油画中的模特儿是法国国家歌剧院的女演员让·隆玛莉。1875年她初次登台演出后，雷诺阿一直倾心于这位女演员，留下了十余幅她的油画肖像。

附录：与北京在博物馆领域大事记

（1）2014年7月3日，时任故宫博物院院长单霁翔与克里姆林宫博物馆馆长加加林娜代表双方在建福宫花园签订合作意向书，今后双方将在文物研究、遗产保护、管理和利用、人才培养、文化交流等方面展开全方位合作，以促进文化遗产保护与展示，更好地为观众提供服务。

（2）2018年，中国国家博物馆举办“纪念十月革命100周年——俄罗斯国家历史博物馆藏十月革命文物展”。

（3）2019年，故宫博物院和莫斯科克里姆林宫博物馆在北京联合举办“穆穆之仪：来自莫斯科克里姆林宫的俄罗斯宫廷典礼展”。

博物馆

——罗马市（意大利），Rome（Italy）

一、罗马市博物馆业发展概况及特点

罗马是意大利的首都及政治、经济、文化和交通中心，是世界著名的历史文化名城，也是古罗马文明的发祥地，因建城历史悠久并保存大量古迹而被称为“永恒之城”。罗马与佛罗伦萨同作为意大利文艺复兴中心，现今仍保存了丰富的文艺复兴与巴洛克风貌。

罗马城中拥有伊特鲁里亚时代至今数不胜数的历史遗迹，罗马帝国也同样为这座城市留下了无数珍贵的历史财富。罗马是天主教中心，天主教建筑遍布整个城市，有众多宏伟的教堂、修道院，其内不乏历代保存下来的重要宗教圣物与价值不菲的艺术品。罗马拥有世界上最多的博物馆，其中多数位于历史建筑原址内。

二、罗马国家博物馆

1. 博物馆简介

罗马国家博物馆（Museo Nazionale Romano）创立于 1889 年，现由戴克里先浴场、阿特姆彼斯宫、马西莫宫和巴尔比宫四座主馆和 30 余个附属场馆组成，主要收藏 1870 年以来发掘出土的各类文物。

（1）发展历史

罗马国家博物馆创建于 1889 年，成立于 1890 年，收集的古文物主要是公元前 5—公元 3 世纪。罗马国家博物馆最早只收藏德国耶稣会成员阿塔纳斯·珂雪的收藏品，后来在罗马进行城市规划期间，发现许多罗马古文物，也加入了博物馆藏品。罗马国家博物馆以 16 世纪米开朗琪罗在戴克里先浴场外部设计的回廊为主体，后来逐步扩增，许多收藏品放置在罗马市内其他建筑。这些建筑物从 1911 年博览会开始改建成博物馆，在 20 世纪 30 年代完成。

（2）场馆特色

在罗马国家博物馆不仅可以看到古罗马人生活的真实场景，更有许多脍炙人口的杰作展出，其中包括米开朗琪罗的长廊、奥古斯都大帝像、朗切罗蒂的掷铁饼者等，都是古代艺术的世界级珍品。博物馆的展品大多是个人收藏的艺术品，由意大利政府购买后置于此地，供人参观、研究。

2. 馆藏经典

（1）经典馆藏一:《掷铁饼者》

大理石雕复制品，高约 152cm，原作为青铜，希腊雕刻家米隆 Myron 作于约公元前 450 年。雕塑刻画的是一名强健的男子在掷铁饼过程中最具有表现力的瞬间，赞美了人体的美和运动所饱含的生命力，体现了古希腊的艺术家不仅在艺术技巧上，同时也在艺术思想和表现力上有了一个质的飞跃。这尊雕像被认为是“空间中凝固的永恒”，直到今天仍然是代表体育运动的最佳标志。

（2）经典馆藏二:《温泉浴场的拳击手》

出土于康斯坦丁温泉浴场（Thermae of Constantine），公元前 3—前 2 世纪的希腊化时代（Hellenistic era）的作品。高度约 1.2m，在世界雕塑史上享有盛名。展现了一个拳击手在休息时期的一刹那状态，其身形略显沧桑消瘦，肌肉松弛，回首而望，虽然两眼原有的宝石镶嵌在出土时已经不知所踪，只留黑洞，但仍旧令人动容。它的发掘者 Rodolfo Lanciani 在日记中写道，这尊雕像从头部开始的逐渐破土而出的过程本身“就是此生最为难忘和感人的考古经历”。

（3）经典馆藏三:《女孩与鸽子》

雕像表现了一个女孩正在保护一只被蛇攻击的鸽子，这是一个希腊化时期流行的同类题材的典型范例——日常生活中游戏的儿童是一个特别受青睐的主题。这件雕像仿照一尊希腊铜像制作，虽然女孩手托鸽子的形象可以追溯到公元前 5—公元前 4 世纪的希腊葬礼石柱浮雕，但该铜像在公元前 3 世纪下半叶创作于亚细亚，现已遗失。雕像的很多部分被修复过——鼻尖、右臂的一部分、衣饰及鸽子的头部——而蛇完全是现代的，于 19 世纪加在雕像上，代替遗失的原来的家养动物，可能为一只猫或一只狗。

3. 展览

（1）展厅

罗马国家博物馆现在共有四处主馆，以及超过 30 个附属的小型场馆和考古遗址。

①戴克里先浴场（Terme di Diocleziano）：始建于公元 298 年，占地约 13 公顷，是古罗马最大、最奢华的浴场。16 世纪中期，米开朗琪罗（Michelangelo）对浴场进行了改造，增加了回廊和修道院。1930 年改建为罗马国家博物馆的总部，内部建筑逐步向公众开放，现在主要收藏史前文物和碑铭等。

②阿特姆彼斯宫（Palazzo Altemps）：始建于 15 世纪，设计师为 Melozzo da Forlì，原本属于罗马 Riario 家族。1568 年，红衣主教 Altemps 买下了它，并委托建筑师 Martino Longhi 进行扩建。19 世纪，阿特姆彼斯宫成为罗马教廷的财产，1982 年被收归国有，1997 年改建为罗马国家博物馆的一部分。阿特姆彼斯宫收藏了大量的古代雕塑和埃及文物，此外还保留了一些 15、16 世纪的壁画。

③马西莫宫（Palazzo Massimo alle Terme）：1883—1887 年由设计师 Camillo Pistrucci 建造，是一幢新文艺复兴风格的建筑，最初是一所学校。1981 年被收归国有，并在 1998 年改建为罗马国家博物馆的一部分。马西莫宫分三层，藏品主要为罗马共和国时期到古典时代晚期的雕塑、绘画、马赛克等艺术品，地下室则保存有意大利规模最大的古钱币收藏。

④巴尔比宫（Crypta Balbi）：原本是古罗马官员 Lucius Cornelius Balbus 为奥古斯都修建的剧院，在 1981 年的一次考古行动中被发现，2001 年改建为罗马国家博物馆的一部分，主要收藏当时考古发掘的成果。

（2）展览

近年重要的展览有“君士坦丁大帝公元 313 年”“败者的荣耀：帕加马、雅典和罗马”“奥古斯都：改变时间和城市的皇帝”。

三、圣天使城堡（Castel Sant'Angelo）

1. 博物馆简介

圣天使城堡是意大利罗马的一座城堡，该建筑位于台伯河畔，邻近梵蒂冈教廷。圣天使城堡首先作为阻止西哥德人和东哥德人入侵的要塞，然后被当作监狱使用，最后改建成一座华丽的罗马教皇宫殿。现在圣天使城堡已成为一座博物馆，是当地的旅游景点之一。6 世纪，教宗格列哥里一世巡游经过此地，见到大天使米迦勒（Michael）显像，城堡因而得名。

（1）发展历史

圣天使城堡是公元 139 年罗马皇帝哈德良（Hadrian，76—138，在位期间 117—138）为自己和其后代皇帝所建的家族陵墓，由哈德良皇帝亲自设计并指挥建造。139 年，安敦宁·毕尤皇帝将其建造完成，整个陵墓由一个由大理石镶嵌的正方形基座和一个装饰中楣以及角壁柱组成。

经过几个世纪历史变迁，城堡也发生了变化。首先因其坚固的建筑特征而成了阻止西哥特人和东哥德人入侵的军事要塞，然后又成了监狱和兵营。在公元 6 世纪时改建成一座华丽的罗马教皇宫殿，曾作为教皇的碉堡和避难所。现在圣天使堡的所有权还是属于梵蒂冈。从圣彼得大教堂到圣天使堡有一条地下通道，教皇可以不经过属于意大利的协和大道到达城堡。

在建造陵墓的同时，台伯河上又建造了一座通向陵墓的大桥，此桥曾用哈德良皇帝家族的名字 Elio（艾里奥）命名。该桥曾于 1450 年倒塌，随后在原桥基础上得以重建。

（2）建筑布局

城堡上圆下方，外围城墙则是五角星形，造型伟岸坚固。

城堡建筑本身也因为所经历的历史阶段而拥有三种不同的建筑特色。

在城堡的第一部分，圣天使堡是一座经过重新修整的帝王的纪念堂；第二部分的防御建筑包含了先前从 4 世纪到 15 世纪之间的主体建筑和 1900 年的整修部分，这部分突出了圣天使堡作为罗马城市防御碉堡的功能。

第四层是城堡的花园和列奥十世礼拜堂，亚利桑德勒六世的房间，以及克莱蒙特七世用于加热房间的火炉。第五层是文艺复兴时代的套房；第六层是图书馆、珍宝收藏间，亚德里亚诺的房间和卡里奥斯特拉的房间。第七层则被用作了档案馆，从这里能够直接到达顶层的露台。

（3）场馆特色

圣天使城堡在很多艺术作品中都有出现，如电影《罗马假日》、歌剧《托斯卡》、惊悚小说《天使与魔鬼》等，让这里成为很多人熟知的地方。

从露台上，即可欣赏到壮观的罗马城市全景风光。这里也被认为是罗马的最佳鸟瞰取景点，尤其在夕阳西下的时刻。

2. 馆藏及展厅

参观者可以看到 20 世纪初的武器、硬币和陶器，从早期基督教时代到文艺复兴的精细陶瓷、纪念性雕塑装饰、罗马帝国的坟墓、古代武器的收集、14—18 世纪的绘画。

四、卡比托利欧博物馆

1. 博物馆简介

卡比托利欧博物馆（Musei Capitolini）位于罗马卡比托利欧山山顶卡比托利欧广场，堪称世界上最古老的博物馆，包含了两座宫殿，分别是新宫和保守宫。

（1）发展历史

该博物馆的历史可以追溯到 1471 年，当时教宗西斯都四世将一批古代青铜雕塑捐赠给罗马人民，将其安置在卡比托利欧山。

当神圣罗马帝国皇帝查理五世 1536 年宣布他将访问罗马时，教皇保罗三世让米开朗琪罗装修卡比托利尼宫的宫墙。

于是，米开朗琪罗重新设计了这个宫殿，也就是今天的卡比托利欧广场。他翻新了各个宫殿的正面，并建造了新的阶梯。这次的修葺使得现在卡比托利欧广场因双子座双神卡斯托和波拉克斯的巨型雕像而闻名于世。

米开朗琪罗完全重新设计了这个广场，使其不再面向古罗马广场（Foro Romano），而是面向圣彼得大教堂（Basilica di San Pietro in Vaticano），它代表了罗马城新的政治中心。他设计了一个新的宫殿“新宫”（Palazzo Nuovo），毗邻天坛圣母堂（Chiesa di Santa Maria in Aracoeli）；重新设计了“保守宫”（Palazzo dei Conservatori），消除了所有的中世纪结构，与元老宫（Palazzo Senatorio）一致。他在那里增加了一个双楼梯，用来进出面向广场的新入口。米开朗琪罗还设计了台阶（Cordonata）和栏杆，通往山下的天坛广场（Piazza d'Aracoeli）。工程进展缓慢，以至于米开朗琪罗只能看到完成进出元老宫的双楼梯。但是工程仍按照原计划继续进行，在 17 世纪完成，直到 1940 年才按照艺术家的原始图纸铺设了路面。

（2）建筑布局

它的布局略呈梯形，米开朗琪罗在周围新建建筑物，使视觉焦点对准元老宫。

（3）场馆特色

博物馆拥有《母狼乳婴》这一罗马市的标志。

2. 馆藏经典

（1）经典馆藏一:《母狼乳婴》

母狼乳婴是罗马神话故事。传说中罗马城由罗慕路斯与雷穆斯两个婴儿建立，并以哥哥罗慕路斯的名字命名。一些古代艺术作品以此为题材。

（2）经典馆藏二:《垂死的高卢人》

雕像《垂死的高卢人》表现的是一位垂死的加拉太人战士，作品逼真写实，尤其是脸部表情，它很可能有上色过。另外，他有着典型的高卢人发型和胡子，且全身裸体，脖子上仅戴着高卢式金属颈环。战士坐在他的盾牌上，他的剑和其他物件散落在身旁。他手撑着地，似乎想要站起来再战，表现出一位不甘屈服的战士形象。希腊艺术家以反向的心理雕塑出敌人这种形象，宣扬出统治者击败高卢人的英勇和伟大。

3. 展览

新宫的收藏品有文艺复兴时期以来不少杰出的艺术品，尤其是雕塑令人印象深刻。主要收藏雕像、铭文、石棺、胸像、马赛克和其他古罗马文物，占据了新宫的两个楼层。在加拉大厅也可欣赏到大理石雕像《垂死的高卢人》，以及《丘比特和赛琪》雕像。此外，在这楼内还有修复的俄刻阿诺斯巨大雕像，以及《卡比托利欧的维纳斯》雕塑。

保守宫收藏古代雕塑，大部分是古罗马的，也有古希腊或古埃及雕塑，以《拔刺的男孩》《掷铁饼者》《垂死的高卢人》最为著名。主楼梯藏有马尔库斯·奥列里乌斯骑马雕像。在建筑的二楼是保民官住宅，现对公众开放，收藏的著名作品有青铜《母狼乳婴》雕塑。保民宫住宅拥有精美的内部装饰，包括壁画、拉毛粉刷、挂毯，以及雕刻精美的天花板和门。保守宫设有卡比托利欧美术馆，有绘画和应用艺术画廊。

五、济慈－雪莱故居（Keats-Shelley Memorial House）

1. 博物馆简介

济慈－雪莱故居是为纪念英国浪漫派诗人约翰·济慈和珀西·比希·雪莱而建立的。该博物馆广泛收藏有关济慈和雪莱，以及拜伦勋爵、威廉·华兹华斯、罗伯特·勃朗宁、伊丽莎白·巴雷特·勃朗宁、奥斯卡·王尔德等的纪念品、书信、手稿和绘画。

（1）发展历史

1820 年，患有严重肺病的济慈在医生的建议下来到罗马养病，住在朋友赛维思的家中。遗憾的是，他的作品受到极大的批评，在情场上又失意，使得他的病情更为严重，隔年就以 25 岁的年龄英年早逝了。他的朋友雪莱为他写了一首悼念诗。1822 年雪莱死于船难。后来两人同葬在罗马的新教公墓。1906 年英美协会买下了这间屋子，作为图书馆和博物馆纪念济慈和雪莱，存放着济慈的一缕头发及装着雪莱骨灰的小盒子。

（2）场馆特色

这里曾是济慈居住的地方，传说济慈、雪莱、拜伦曾在这个故居里喝咖啡。这里有很多手稿，都是对英国文学历史产生巨大影响的杰作，可以感受到极致的浪漫主义色彩。

2. 馆藏及展厅

（1）艺术作品

济慈－雪莱故居的收藏品包括少量但不断增加的绘画、缩影、雕塑、古董家具和装饰艺术。其中的亮点是约瑟夫·塞文（Joseph Severn）的许多肖像画。

（2）手稿

济慈－雪莱故居的收藏包括大约 400 个亲笔签名（偶有印刷）手稿，主要包括信件，还包括日记、回忆录和文学手稿。该系列中的主要人物包括约翰·济慈、珀西·比谢·雪莱、玛丽·雪莱、拜伦勋爵、约瑟夫·塞弗恩、利·亨特、罗伯特、伊丽莎白·巴雷特·布朗宁、奥斯卡·王尔德和豪尔赫·路易斯·博尔赫斯。

（3）文物

济慈－雪莱故居拥有许多与第二代浪漫主义诗人的生活有关的独特而重要的文物。其中包括属于济慈、雪莱和拜伦的书籍、题字和亲笔签名的卷，传家宝和个人物品，以及在过去两个世纪中保存下来的少量遗物。

六、国立威尼斯宫博物馆

1. 博物馆简介

国立威尼斯宫博物馆建成于 1921 年，位于意大利罗马市中心的威尼斯宫（Palazzo

Venezia）内。博物馆汇集了意大利文艺复兴时期的艺术品，主要藏有从公元初到文艺复兴早期的陶器、织锦、雕塑、青铜器、军械器、油画等。

威尼斯宫是意大利罗马市中心的一座宫殿，位于卡比托利欧山北侧。采用这一名称是因为它曾经充当威尼斯共和国使馆。

这座建筑始建于1455年，是哥特式建筑，是罗马最早的文艺复兴建筑之一；立面右侧是中世纪塔楼。大部分石料取自附近的罗马斗兽场。威尼斯枢机主教皮埃特罗·巴博和后来的教宗保禄二世曾居住于此，在此可以观看毗邻的科尔索路（Via del Corso）上的赛马场。

这座建筑成为教宗住所，庇护四世将这座建筑的大部分给予威尼斯共和国用作使馆。19世纪，这座建筑是奥匈帝国驻梵蒂冈使馆。

1917年，意大利获得这座建筑的所有权。墨索里尼的办公室和官邸也设在宫内，他使用这座宫殿的阳台向聚集在威尼斯广场的人群演说。

这座博物馆于1921年正式向公众开放，1929—1943年间被迫关闭，至第二次世界大战结束才重新开放。

2. 馆藏及展览

威尼斯宫博物馆共有26个展厅，根据不同展览主题进行展示，包括油画、18世纪藏品、德国木雕、青铜器、陶器、军械器等，主要藏品年代跨越公元初至文艺复兴早期。

博物馆

——雅典市（希腊），Athens（Greece）

一、雅典市博物馆业发展概况及特点

雅典是希腊的首都和经济、政治、文化中心，是一座有着3000多年历史的历史名城，也是西方文明的发源地之一。亚里士多德、苏格拉底等著名哲学家等在雅典诞生或居住过。雅典至今仍保留了很多历史遗迹和大量的艺术作品，其中最著名的是雅典卫城的帕提农神庙，是西方文化的象征。

雅典历史悠久，有着众多文化古迹，有着包括贝纳基博物馆、雅典卫城等享誉世界的博物馆，每年吸引大量游客前来参观。也正是由于其历史悠久，不少博物馆的藏品因此而损坏，雅典的博物馆许多展品不断处于修缮的过程中。而希腊近年来受到经济危机的影响，游客减少，国家动乱，博物馆整体发展情况不容乐观。

除此之外，相比于其他国家，希腊的博物馆更加注重于保存国家的出土文物，它们必须“为现在和将来的一代代人保存历史记忆”。[①] 希腊的博物馆大多从属于文化体育部，主要预算来自国家财政或者公共资金。不幸的是，2009年起，由于严重的经济危机，文化领域的开支日益削减，预算进一步减少，许多博物馆只能通过关闭展厅、减少开放时长甚至是停业的方式控制开支。

过时、冗杂、僵化的管理机制也限制了博物馆的创新发展。除了卫城博物馆之外，所有的希腊博物馆的门票定价政策由部门集中决定。希腊具有自治权和半自治权的博物馆只有七座，私人博物馆更是少之又少，这在很大程度上影响了博物馆收到的赞助。博物馆的自营运收入极少，所以雅典的博物馆大多陷入了人力资源和财政资源严重不足的情况中，博物馆只能将更多的资源用于文物保护，而在其他文化相关、面向观众的活动中所投入的资源严重不足。数据显示，雅典的博物馆访客人均带来的收益不到6

---

① 俄希·菲利坡普鲁，陈思安.希腊的考古博物馆和公共政策：戈尔迪乌姆之结［J］.国际博物馆（中文版），2019（Z1）：32–46.

欧元，远低于欧洲的平均水平 9.7 欧元。

二、雅典卫城

雅典卫城位于雅典市中心的卫城山丘上，展现了古希腊建筑群、庙宇、柱式和雕刻的最高水平。卫城山丘早在公元前 3000 年左右便有人居住，公元前 6—8 世纪在此修建了城墙和寺庙。希波战争中，这些建筑被摧毁。而其保存至今的主体建筑，包括帕特农神庙、雅典娜胜利女神庙和埃雷赫修神庙等，普遍认为是公元前 5 世纪前后重建。此后数千年间，受到战争和灾害的影响，雅典卫城建筑时常受到损害，也多次修复。在不同的时期，其中建筑也曾扩增或拆除。罗马帝国时期，卫城中建立了奥古斯都和罗马的神像。拜占庭帝国占领时期，帕特农神庙被作为教堂。奥斯曼帝国征服希腊后，帕特农神庙被用作土耳其军队的驻军总部。1687 年，帕特农神庙被威尼斯战舰一炮击中，造成了严重的损坏。希腊独立战争之后，卫城进行了长达数十年的修复工作。

雅典卫城的入口是卫城前门，建造于公元 5 世纪。入门的南侧是雅典娜胜利女神庙，卫城中心则是著名的帕特农神庙。帕特农神庙的北边是埃雷赫修神庙。卫城南侧是酒神剧场和阿迪库斯剧场。

三、卫城博物馆

卫城博物馆坐落在雅典卫城山下，建于 2007 年，落成于 2009 年，主要展出雅典卫城及周边文物 4 000 多件。最初的卫城博物馆建成于 1874 年，建立在帕特农神庙南边的一块空地上。由于原先的博物馆较小，不足以容纳不断增加的文物，于 1888 年建造了第二座博物馆。1946—1947 年间，第二座博物馆被拆除，而原先的博物馆得到扩建。20 世纪 70 年代，原先的博物馆已经难以容纳大量的游客同时参观，高度不足也导致展品的效果变差，于是分别于 1976 年、1979 年、2000 年分别招标建造新的博物馆，最终于 2007 年建成，2009 年正式对外开放。

卫城博物馆地上部分共分为三层展区，以及地下层的考古发掘区。一层是“卫城山坡展区”，收藏了卫城山坡上诸多神庙里的出土文物和雅典人在所有历史时期用于日常生活的物品，包括诸如炊具、香料架、化妆品和各种珠宝等。二层的东区和南区是“古风时期艺术品展区”，分为贡品、古代庙宇等几部分，收藏有大量精美的雕刻作品及古代信徒的贡品。三层是最重要的“帕特农展区”，展区按比例缩放了帕特农神庙的外墙与立柱结构，展出了帕特农神庙内侧中楣上的石刻浮雕。

四、贝纳基博物馆

贝纳基博物馆由安东尼·贝纳基于 1929 年成立于家族的公馆中，1931 年贝纳基家族将博物馆连同其中 37 000 余件文物捐赠，并正式向公众开放。在贝纳基家族的努力下，到 20 世纪 70 年代，馆藏文物增加了 9 000 多件。而迄今为止，通过购买和捐赠等渠道，馆藏文物一共增加了 60 000 多件。2000 年，在经过耗资 2 000 万美元的整修和翻新后，贝纳基博物馆重新开馆。2004 年，贝纳基博物馆的伊斯兰展品全部迁入贝纳基伊斯兰艺术博物馆，贝纳基博物馆主要存储希腊文化的藏品。

贝纳基博物馆共有 12 万件史前时期迄今的文物和 18.1 万册书籍，分布在五个分馆中。贝纳基博物馆主馆专门展示希腊相关的文物，主要分为“史前时期和古代希腊罗马”“拜占庭艺术”“历史家族遗物”“后拜占庭与新希腊化艺术”“绘画与版画收藏”五部分。“史前时期和古代希腊罗马”展出了史前时期至罗马时期各个阶段的文物，各种雕刻艺术品等；“拜占庭艺术”展现了拜占庭帝国的生活、宗教、艺术等多个方面的文物；“历史家族遗物”部分的藏品与希腊独立运动、现代国家建立等事件息息相关，反映了希腊民族解放和独立的过程；“后拜占庭与新希腊艺术”展出了宗教用品和各种生活用品；“绘画与版画收藏”部分的藏品涵盖了 6 000 多幅 17—20 世纪的欧洲艺术家的作品。

贝纳基博物馆新馆主要展出摄影作品和新希腊化建筑的图片、模型等资料；伊斯兰艺术博物馆内有约 8 000 件来自美索不达米亚、小亚细亚、中东、阿拉伯等地的文物，包括瓷器、金属器、纺织品、玻璃器、武器等。

五、雅典国家考古博物馆

雅典国家考古博物馆是全世界藏品最丰富的博物馆之一，由希腊州长于 1829 年建立。随后，考古收藏被转移到了多个展览地点，直到 1858 年，才开始正式招标建设新的博物馆。当前的博物馆始建于 1866 年，于 1889 年建成。考古博物馆最初的名称是中央博物馆，1881 年时任希腊总理将其改为现名。1932—1939 年之间，博物馆不断扩建。第二次世界大战期间，博物馆不再对外开放，同时文物被封闭在特殊的地方以进行保护，避免其遭受破坏和抢劫，直至 1947 年再度开放。博物馆在 1999 年的地震中受到了损坏，并于 2002—2004 年得到了翻新。2004—2009 年间，博物馆向公众陆续开放了十多个新展馆。

雅典考古博物馆共有两层，50 间展示室，共有藏品两万余件。常展包括埃及古物、迈锡尼文物、塞浦路斯古物、花瓶、雕塑常展等。其中最主要的埃及古物展览，涵盖了埃及文明的所有时期的物品，包括雕塑、石碑、陪葬品、珠宝等，展览分为两个房间，按时间顺序展示，分别向游客介绍古埃及的风俗文化和墓葬习俗等。截至 2020 年 2 月，雅典考古博物馆展出了“希腊独立战争”“哈德良与雅典”“美学的无数方面”“奥德赛”等多个特展，主要聚焦于希腊的古代史，展出了大量古代希腊的文物，展现了古希腊时期的思想、习俗生活、信仰等。国家考古博物馆还设有图书馆，拥有 2.5 万册藏书，涵盖考古、艺术史、古代宗教、古代哲学、希腊与拉丁语文学等领域，重要藏品包括 19—20 世纪出土文物的图画资料等。

雅典考古博物馆主要文物保护和对文物的物理化学研究由保护、物理 – 化学研究和考古部处理。该部的职责包括研究文物保护的方法和材料及其有效性、考古研究、保护研究的准备、维护本身（预防和主动）、资助基地的设计和建造、定期展览的安装和拆除、希腊和国外展览中文物及对争议文物真实性的评定。下设五个实验室，分门别类对文物进行保护和研究。

六、雅典古市集纪念馆

雅典古市集纪念馆位于雅典阿塔罗斯柱廊。阿塔罗斯柱廊最早建立于公元前 2 世纪中叶。公元 267 年，阿塔罗斯柱廊被日耳曼人所毁。1859—1902 年之间，希腊考古学会进行的挖掘过程中发现了阿塔罗斯柱廊的遗迹。1952—1956 年，洛克菲勒家族捐资重建了阿塔罗斯柱廊，并将其底层改造为雅典古市集纪念馆，1957 年正式由希腊政府管理。

纪念馆中的展览按时间顺序分六部分，依次展现了公元前 3 世纪至公元 3 世纪来自罗马和雅典的雕塑等手工艺品。

附录：与北京博物馆交流大事记

（1）2017 年，5000 年文明的对话“中国写意——来自中国美术馆的艺术”绽放希腊雅典。2017 年 9 月 22 日—11 月 14 日，来自中国美术馆的美术作品在希腊雅典国家当代美术馆展出。

（2）2018 年，“爱琴遗珍——希腊安提凯希拉岛水下考古文物展”在故宫博物院开幕。2018 年 9 月 14 日—12 月 16 日，“爱琴遗珍——希腊安提凯希拉岛水下考古文物展”在故宫博物院神武门展厅展出。本次展品来自希腊国家考古博物馆，由一艘公元前 1 世纪的沉船上打捞得来。展品包括船板、陶瓶、武器等，其中“安提凯希拉哲学家”青铜雕像尤为珍贵。

（3）2019 年，希腊文化部部长一行人到访中国美术馆。2019 年 11 月 27 日，希腊文化部部长及驻华大使等一行人访问中国美术馆。

博物馆

——布达佩斯市（匈牙利），Budapest（Hungary）

一、布达佩斯市博物馆业发展概况及特点

布达佩斯是匈牙利的首都和文化经济中心，是一座历史名城，也是欧盟第八大城市，被誉为“东欧巴黎”和“多瑙河明珠”。布达佩斯原本为布达和佩斯两个城市，1873 年两座城市合并成为布达佩斯。由于其悠久的历史和艺术代表性，布达佩斯多瑙河沿岸区、布达城堡区和安德拉什大街于 1965 年被联合国教科文组织列入世界文化遗产名录。

布达佩斯拥有 223 座各类博物馆、大小美术馆及画廊，有着布达佩斯美术馆、匈牙利国家博物馆等举世闻名的博物馆。这些博物馆收藏了大量 19 世纪之前欧洲各国的艺术品，其种类繁多，涵盖了各个时期不同主题的艺术品。

二、匈牙利国家博物馆

匈牙利国家博物馆（Magyar Nemzeti Múzeum）始建于 1837 年，于 1847 年落成。1832—1834 年匈牙利国会投票决定给予 50 万福林，建造博物馆大楼。在此期间，匈牙利国家博物馆下属的匈牙利国家历史博物馆正式成立。在 1848 年匈牙利革命中，匈牙利国家博物馆发挥了重要作用。匈牙利著名诗人裴多菲在此为进步青年朗读《站起来，匈牙利人》，激励了无数进步青年勇敢献身于革命。如今，纪念 1848 年革命的活动每年都仍在博物馆前举行。1949 年，匈牙利国家博物馆的民族志和自然历史部分从主博物馆中分离出来，成立了匈牙利自然历史博物馆和民族志博物馆。1985 年，埃斯泰尔戈姆的城堡博物馆并入匈牙利国家博物馆。

匈牙利国家博物馆有七个永久展览，展览匈牙利各历史时期的文物。在博物馆内，两个庭院在方形区域内呈对称分布，该布局极具代表性。博物馆一层大厅后有三层楼梯，通过楼梯可到达展厅。

当前，匈牙利国家博物馆只开放了五个永久展览，分别是“加冕袍服”“东方与西方之间”“匈牙利历史第一部分”“匈牙利历史第二部分”“罗马教皇”。“东方与西方之间”展览了从石器时代直到公元 804 年的历史文物，分为 10 个展厅，介绍了历史上曾经生活在这片土地上的人的历史。“匈牙利历史第一部分”分为八个展厅，展出了中世纪一直到 18 世纪的匈牙利历史。“匈牙利历史第二部分”分为 10 个展厅，展出了近代以来匈牙利历史上主要人物和重要事件。“罗马教皇”收藏了罗马的各种石雕，包括墓碑、石棺等，介绍了罗马社会的经济生活、战争和政治事件、丧葬文化等。

匈牙利国家博物馆建立了数字博物馆库，将其藏品数字化，使得观众足不出户就可以观看；还建立了阿里亚德涅考古数据库和图书馆等多个线上资源库，将研究信息共享。

三、布达城堡

布达城堡（Budavári Palota）始建于 1247 年，当时，匈牙利国王贝拉四世为了抵御鞑靼人的入侵而兴建了这座宏伟的城堡。其后，卢森堡国王西吉斯蒙德将原来的建筑物改建为哥特式王宫。1541—1686 年期间，奥斯曼土耳其军队占领了布达佩斯，布达城堡被用作军营及清真寺。17 世纪，哈布斯堡王朝推翻了奥斯曼土耳其帝国的统治，布达城堡被重建成巴洛克式。但是在 17 世纪的战争中，布达许多建筑物被烧毁并倒塌。在第二次世界大战苏联与德国军队的战争中，布达城堡被用作一个重要的战争据点，并遭到了严重破坏和烧毁。如今的布达城堡已经成为匈牙利的美术馆及博物馆供游人欣赏，它精美绝伦的造型和内部各种珍贵的馆藏赢得了世界各地游客的好评。1987 年，联合国教科文组织将其列入世界文化遗产名录。

13 世纪后期，贝拉四世对布达城堡进行了扩建。在马加什国王在位时，又扩建为新巴洛克式建筑群，有哥特式大殿、伊斯特万塔、皇宫小教堂等，被称为 15 世纪欧洲最富丽堂皇的皇宫之一。著名的圣母玛利亚教堂也是 13 世纪后期贝拉四世建造的哥特式建筑，14 世纪扩建时部分采用了罗马风格。1470 年马加什国王增建了一部分巴洛克式建筑，即著名的马加什教堂。又由于匈牙利历代国王在此加冕，故有加冕典礼教堂之称。教堂在穹形尖顶西大门两侧有一高一低不对称的锥形尖塔，一为高达 80m 的哥特式塔，另一为较低且有四个角楼的贝拉塔。教堂内有精美壁画，并收藏有贝拉三世和王后的石棺、王冠、权杖、十字架、指环等遗物。附近有为纪念渔民抗击土耳其侵略军的英雄事迹的新罗马式和新哥特式混合建筑物——渔人堡，于 1901—1903 年建造。

布达城堡中存在着许多历史古老的建筑，包括中世纪时期的城堡教堂、哥特式大厅、阿二布雷希特酒窖和国王酒窖等。城堡教堂建于 14 世纪，由旧的安茹城堡重建而来，在奥斯曼土耳其占领期间被破坏，后又重建。巴洛克时期幸存的结构有白色前厅、大王座厅等，这些大厅都以众多壁画装饰，其装修充满浓郁的巴洛克式风格。这一时期的建筑大多经过著名匈牙利建筑师阿拉霍斯·豪斯曼的重新整修设计，极为富丽堂皇。

四、布达佩斯历史博物馆

布达佩斯历史博物馆最初成立于1887年，名为市政博物馆。由阿昆库姆博物馆、城堡博物馆、布达佩斯美术馆、吉斯凯里博物馆四部分组成，分别成立于1894年、1932年、1983年、1935年。

1936年，市政博物馆更名为首都历史博物馆。1951年改名为布达佩斯历史博物馆，1967年迁入皇宫的E楼。1983年布达佩斯美术馆诞生。

五、布达佩斯艺术品博物馆（Szépművészeti Múzeum）

布达佩斯艺术品博物馆位于布达佩斯英雄广场左侧，与布达佩斯艺术宫相对。该博物馆于1900—1906年间建成，是一座新古典主义建筑。布达佩斯艺术品博物馆藏有众多世界著名画家的作品，数量超过10万件。该博物馆也是中欧地区第二大古埃及艺术作品收藏地。

布达佩斯艺术品博物馆共有古埃及展、匈牙利艺术、古典艺术、欧洲艺术、欧洲雕塑和罗马式大厅六个永久性展览，除此之外每年不定期举办1~2次特展，如2020年举办了伦勃朗和他的学生的绘画和版画特展，鲁本斯、佛兰芒和范戴克绘画特展。

布达佩斯艺术品博物馆针对不同的展览主题和不同的受众人群，提供了八种不同的课程学习和探索活动，并提供生日、求婚和团建等服务。

附录：与北京博物馆交流大事记

（1）2017年，“茜茜公主与匈牙利——17—19世纪的匈牙利贵族生活”在故宫博物院开幕。展览从2017年9月27日至2018年1月3日结束，是一次联合巡展，共展览了149件来自匈牙利国家博物馆的文物。开幕当日，匈牙利国家博物馆总馆长沃尔高·拜奈代克·伊姆雷、匈牙利国家博物馆历史部主任亚泽尔·埃斯特，匈牙利国家博物馆总馆长秘书瓦拉迪·安娜、匈牙利驻华大使馆文化参赞宋妮雅，及故宫博物院常务副院长王亚民、副院长任万平出席展览活动。

（2）2018年，“匈牙利当代艺术展”亮相中国美术馆。2018年6月17日，“匈牙利当代艺术展”在中国美术馆开幕，并持续至2018年7月20日。展览由匈牙利驻华大使馆、北京匈牙利文化中心、中国美术馆共同主办，展出来自匈牙利艺术家的99件绘画作品及24件雕塑作品，其中不乏20世纪末至21世纪初匈牙利当代艺术精品，涵盖波普艺术、表现主义、抽象主义及现实主义等多种流派与风格，综合展现了匈牙利的当代艺术景观。

博物馆

——布加勒斯特市（罗马尼亚），Bucharest（Romania）

一、布加勒斯特市博物馆业发展概况及特点

布加勒斯特是罗马尼亚的首都，也是其最大的城市和政治、经济、文化中心，有“小巴黎”之称。城区里各式古老建筑、东正教遗迹与花园绿地并存，也不乏各种主题的博物馆，丰富了人民的精神生活。

在布加勒斯特的城市发展进程中，对城中的历史建筑与文化遗产被拆除、遗弃的担忧也随之而来。2016 年世界历史遗迹基金会（World Monuments Fund）发布的一份历时 20 年的观察报告提出，布加勒斯特是一座被赋予重要历史、社会与象征性意义的城市，文化表达十分多元，例如，城市的建筑风格许多来自国外（主要是法国），又结合了 19 世纪末与 20 世纪初的新罗马尼亚风格，而这样得天独厚的文化财产正面临着社会、政治、经济波动等多重因素的威胁。人们督促罗马尼亚政府终止这样的拆除与破坏，采用恰当的复原措施与更细致的规划与技术，保护物质文化遗产、促进城市的可持续发展。

二、罗马尼亚国家历史博物馆

罗马尼亚国家历史博物馆位于布加勒斯特，收藏了史前时代直至近代罗马尼亚的历史文物。该博物馆位于前邮政服务宫内，后者还设有一个集邮博物馆。博物馆占地 8 000m^2，约有 2 000m^2 的展出面积。

该建筑于 1892 年获得批准建造，建筑师和邮政局督查一同被派往欧洲各地的邮政设施进行设计，其设计主要受到日内瓦邮政机构的影响。它以折中主义风格建造，呈矩形，在高地下室和三层较高楼层上设有大门廊。石材立面的特点是门廊由 10 根多立克式的圆柱支撑，平台由 12 个台阶组成，横跨整个建筑物，平台上有许多关于寓言的雕塑装饰。1894 年，邮政服务宫正式竣工。1968 年，罗马尼亚部长理事会决定在布加

勒斯特建立罗马尼亚国家历史博物馆。历经几年至1972年，罗马尼亚国家历史博物馆向公众正式开放。该建筑物下方发现了中世纪晚期的考古遗址。

罗马尼亚国家历史博物馆共有49个展厅，按照时间顺序排布，从旧石器时代、青铜器时代，到中世纪，再到近代和现代的罗马尼亚大革命。常设展览包括“历史宝藏”，这部分共有3000多件展品，讲述了古代罗马尼亚人的日常生活和宗教物品，包括皇冠珠宝等；“图拉真”展出了罗马时期石雕的复制品，展现了罗马时期的战争、纪念碑和其他历史事件；“石物雕塑”展出了罗马尼亚各个历史阶段中的各种建筑残骸、雕塑、石碑和葬礼物品等。

三、罗马尼亚国家艺术博物馆

罗马尼亚国家艺术博物馆坐落于布加勒斯特革命广场的共和国宫，成立于1946年，于1950年正式向公众开放。它有着大量中世纪和现代罗马尼亚艺术品的收藏，以及罗马尼亚王室的收藏。共和国宫自1837年以来一直是罗马尼亚国王的住所，自建成以来历经了多次扩建，第二次世界大战结束之后共和国宫正式国有化。1989年罗马尼亚革命中，艺术博物馆遭到了损毁，许多藏品也遭到了破坏。

罗马尼亚国家艺术博物馆当前共设有三个常展和五个特展，常展包括“欧洲美术”，展出了罗马尼亚最重要的欧洲艺术品；“罗马尼亚中世纪美术”，展出了拜占庭风格和当地艺术形式的美术品；“罗马尼亚现代美术馆”，展出了近现代罗马尼亚艺术家的作品，体现了罗马尼亚对当代欧洲前卫艺术的贡献。在第一、二层的16个陈列室内展出罗马尼亚艺术品，有10世纪的装饰艺术品、雕塑品及以后的各种银器、织品、刺绣、木刻、壁画、挂毯、古印刷品和彩色壁画等，也有罗马尼亚19—20世纪许多著名艺术家的油画和雕塑。第三、四层展出13世纪至现代的主要代表法国、德国、意大利、西班牙、荷兰、俄国等各种不同艺术流派和风格的艺术品。在第四层，有一个专门展出中国的玉石雕刻、日本画和波斯地毯等的陈列室。

展览“阴影与光影”于2005年7月15日—10月2日举行。展出了四个世纪以来法国著名画家的作品，是自1945年以来中欧和东欧最大的法国绘画展览。一共展出了77件作品，包括诸如普桑、查丁、英格莱斯、大卫、德拉克鲁瓦、柯罗、塞尚、马蒂斯、毕加索和布拉克等画家的杰作。

罗马尼亚国家艺术博物馆在官网上线了虚拟游览功能，使用了街景技术，使得观众能够足不出户地参观罗马尼亚国家艺术博物馆、艺术品收藏博物馆等四个艺术博物馆。

四、乡村博物馆

乡村博物馆位于布加勒斯特的海勒斯特勒乌公园内，是一座介绍罗马尼亚农村建筑艺术、民间艺术和农民生活习俗的露天博物馆。这座博物馆是一个占地 10 公顷的大花园，展厅就是散布在其中 40 个院落中的 66 座乡村建筑。这些建筑包括房舍、教堂和作坊等，都是 20 世纪 30 年代从罗马尼亚各地农村搬迁过来的。建设乡村博物馆的目的是想通过展示三个多世纪以来农村建筑艺术、装饰艺术、农民的生活方式和习俗，从一个侧面反映罗马尼亚的传统文化。乡村博物馆始建时的规模较小。乡村博物馆内藏有丰富多彩的雕刻、刺绣及彩陶艺术品，向人们展示了罗马尼亚不同时期传统文化的艺术成就。

乡村博物馆由布加勒斯特社会学学院创始人建于 1936 年，而这里最早的村民建筑建于 17 世纪 50 年代。1940 年，这座博物馆被暂时用作难民的安置，直到 1948 年才再度向公众开放。1978 年，乡村博物馆与其他博物馆合并，改名为乡村和民间艺术博物馆。1989 年后，乡村博物馆再次分离，成为独立的博物馆。

经过几十年的不断完善，如今的乡村博物馆占地面积为 10 公顷，共有罗马尼亚 18 世纪、19 世纪的农舍、教堂、手工业作坊、风车、水磨房等建筑 71 座，其中有 40 多个完整的农家院落，包括了罗马尼亚农村中贫农、富农、乡村教师、作坊老板、神父等各个阶层的家庭。

附录：与北京博物馆交流大事记

2016 年，“罗马尼亚珍宝”展在中国国家博物馆展出。2016 年 1 月 28 日，由罗马尼亚文化部、中国国家文物局、中国国家博物馆共同主办的“罗马尼亚珍宝”展在中国国家博物馆开幕。展览展出了 445 件珍贵的罗马尼亚文物，来自罗马尼亚 31 家博物馆，涵盖石器、瓷器、金银器等多个门类。

博物馆

——伦敦市（英国），London（UK）

一、伦敦市博物馆业发展概况及特点

伦敦是英国的首都，是英国最大的城市，也是英国乃至世界的政治、经济、文化中心。伦敦有着各式各样的博物馆共250座，是全球博物馆最多的城市，自1753年大英博物馆建设以来，包括自然历史博物馆、国家美术馆等享誉世界的博物馆如雨后春笋般涌现。2017年美国《时代》周刊评选的“世界十佳博物馆”中，伦敦有四座博物馆入选。其中大英博物馆是世界上第一个公共的国家博物馆，也是世界上规模最大的博物馆之一。

当前伦敦的博物馆尤其注重文化教育和培养创新创意的作用，自2001年12月起，大英博物馆和美术馆取消门票，永久陈列品对公众免费开放；参观博物馆成为英国中小学生教育的必需项目。

自20世纪80年代的“新博物馆学运动”以来，伦敦博物馆的文创衍生品产业逐渐发展，形成了从上游到下游一整套完整的产业链，而其中又以大英博物馆的文创产品最具代表性。各博物馆以主题展览、神话故事、文学历史、世界文化符号等为主题，产出了各式各样的藏品，种类从珠宝首饰、雕塑艺术品到办公用品、服装配饰一应俱全，吸引了许多观众。

自21世纪以来，英国博物馆逐渐向着数码化、人性化、注重体验的现代化方向发展。在保护展品的前提下，博物馆尽量不给观众设置禁区，还通过数字化的方式，如使用电子屏幕、模型等方式，使观众可以触摸、放大缩小展品，增加与展品的互动；在官网上上传详细的照片和视频材料，构建了在线照片数据库；不少博物馆利用VR等高科技，在官网上设置“虚拟博物馆”，令观众足不出户也能够体验博物馆。

令人津津乐道的是，英国善于将历史文化融入日常生活中，以历史名人故居、小说虚拟故事、文学作品等主题，改建、创造博物馆。作为老牌工业强国，在产业升级

的大背景下，英国政府将过去的工业产业改造成博物馆。例如，矗立于泰晤士河南岸的泰特美术馆，原本是一个旧发电站，现在是世界上最负盛名的现代艺术博物馆之一。

二、大英博物馆

大英博物馆成立于1753年，1759年1月15日起正式对公众开放。起初大英博物馆的藏品主要来自汉斯·斯隆爵士，政府将藏品放置于蒙塔古大楼供大众参观。在后来的260年时间里，得益于英国的海外殖民统治和世界霸权地位，大英博物馆的展品不断扩充。随着展品的增多，大英博物馆也在不断分离、兴建新的场馆。新馆于1840年建成，1857年之后又建成了圆形阅览室。1880年，自然历史博物馆从大英博物馆中分离出去，1973年大英图书馆从大英博物馆分离出去。21世纪初期，博物馆继续扩建公共建筑，在2008年和2009年开放了四个新的永久展馆，其中包括中国陶器馆和珀西瓦尔·大卫德收藏馆。

大英博物馆共六层高，存储藏品800多万件，由于空间限制有99%的展品不能展出。馆内有94个展厅，分别有非洲、亚洲、美洲、古埃及、古希腊、古罗马、欧洲、中东、主题馆和特展几个主题部分，建筑构造上分为东翼、西翼、南翼、北翼及中庭的圆形阅览室。中庭的圆形阅览室是全欧洲最大的有顶广场。底层部分（0、1、2层）主要有古埃及、古希腊、古罗马、美洲、亚洲、中东的展品，上层部分（3、4、5层）是古埃及、古希腊、古罗马、亚洲、欧洲、中东和主题展，下层部分（–1、–2层）只有非洲展区。

馆内还有各种特展。例如，2020年2月开始展出的“法国印象”“乔弗里·克拉克雕塑展”“艾德蒙·德瓦尔：放逐图书馆”等，分别展出了莫奈和塞尚的部分版画作品、著名雕塑家乔弗里·克拉克的遗物和作品和艾德蒙·德瓦尔创作的图书馆主题的艺术品。

除此之外，大英博物馆时常会有大型的国内国际巡展。例如，“埃及木乃伊：探索古代生活”和“奢华时代”，分别利用当代高科技展现了木乃伊的内部图片和公元前900年亚历山大大帝时期的奢华工艺品。

大英博物馆还有着规模庞大的研究部门。当前共有61个研究项目，涵盖了考古学、人类学、文物保护、遗产科学、美术等多个方面，涉及世界范围内多个地区。

大英博物馆致力于使用最新的科技来进行更好的科学研究和展览。例如，激光和X射线照相用来进行保护性处理等。大英博物馆还与谷歌的文化艺术机构合作，将藏品以数字手段在谷歌上展出。

大英博物馆非常重视公共教育，针对不同的年龄段推出了不同方案的会员方案，对于年纪较小的会员有着特殊的优惠和教育活动，他们能够参加不同的会员专属活动、使用会员休息室等。大英博物馆还会不定期与学校、社区等合作，提供优惠活动，举办文化和传统学习、馆藏研究和展览策划等项目。例如，“对象之旅”（*Object Journey*）计划，与曼彻斯特博物馆、莱斯特博物馆和美术馆及布莱顿博物馆和美术馆合作，帮助更多人能够欣赏大英博物馆的藏品中。

三、威斯敏斯特修道院

威斯敏斯特修道院始建于公元960年，1045年进行了扩建，1065年建成。自1066年以来，威斯敏斯特修道院一直是加冕典礼的场所，也是许多其他皇室活动的场所，如皇室婚礼等。13世纪中叶，时任国王亨利三世以新的哥特式建筑风格重建大教堂。亨利七世则在修道院内建造了光荣的女士礼拜堂。威斯敏斯特修道院在1540年英王创建圣公会之前，它一直是天主教本笃会教堂。1540年之后，成为圣公会教堂。此后的几百年来，威斯敏斯特修道院持续不断地进行扩建和修缮。

教堂内部有许多过世君主的祠墓，包括著名的爱德华祠墓等。祠墓周围的其他祠墓，形成了各个时代的雕刻博物馆。教堂的祭坛前则是加冕宝座。教堂内还有一座纪念勇赴国难者的小教堂，其彩色玻璃上绘有参加第二次世界大战的68个空军中队的队徽。教堂南侧是天主教本笃会的修道院，建于13世纪，东侧是著名的亨利七世礼拜堂。

威斯敏斯特修道院每年举办两次向公众开放的道德相关问题的讲座，优先考虑公务员；与政府部门、国会议员等其他公共服务机构的高级职员举办专门的研讨会来讨论反思道德挑战和关系的问题。除此之外，修道院还为各个阶段的学生提供免费的教学资源和图书馆服务。

四、伦敦自然历史博物馆

伦敦自然历史博物馆最开始成立于1756年，是大英博物馆的一部分，起初的展品是汉斯·斯隆爵士生前捐献给政府的收藏。由于藏品逐渐增多，大英博物馆的自然历史部门于1873年兴建新馆，于1880年完成。1881年大英博物馆分离出自然历史博物馆，但仍然称大英博物馆（自然历史博物馆），搬迁工作直到1883年才完全完成。1963年，随着《大英博物馆法》的通过，自然历史博物馆成为独立的博物馆。1976年，地质博物馆并入自然历史博物馆。1989年，博物馆更名为自然历史博物馆，而直到1992年《博物馆和美术馆法》的通过，博物馆的正式名称才最终更改为自然历史博物馆。

博物馆的展览区域分为红区、绿区、蓝区和橙区。全馆有20间大陈列厅，内容包括古生物、矿物、植物、动物、生态和人类等六个方面。中央大厅为现代生命科学陈列厅，用立体景观、展柜介绍进化论和人类学知识。一层右翼各陈列厅展示古生物化石标本；左翼各陈列厅展出现代动物。二层左侧展出哺乳动物；右侧陈列矿物、岩石、宝石、大理石并有专室陈列陨石。三层是现代植物和化石植物的陈列室。

伦敦自然历史博物馆经常会举行各种主题的特展，如“年度野生动物摄影”“神奇的野兽”等。除此之外，自然历史博物馆举办过各种妙趣横生的公众活动，如给鲸鱼 Hope 上色，在鲸鱼 Hope 的展厅里做瑜伽、跳舞，穿上野生动物的服装竞速跑等，吸引了许多人参加。同时，在官网上发布了许多自然历史的科普实验和手工制作流程，并定期举办“自然在线”互动式演讲，鼓励观众参加自然历史的科普和认识活动。

作为国际领先的自然历史研究中心，伦敦自然历史博物馆下设物种鉴定和记录课程，科学、策展和公共参与的研究生课程等专业训练课程；参与 Learn CitSci 项目，建立了创新公民科学计划；在网络上开展面对面的在线活动，与相关的科学家合作，培养公众对当代科学和发现问题的兴趣。自然历史博物馆还参与了鲸类搁浅项目的研究、城市微生物世界的项目研究等。

伦敦自然历史博物馆正在建立自己的数字馆藏，对 8 000 万个标本进行数字化处理。并联合世界上其他博物馆，加入分布式科学馆藏系统（DiSSCo）和综合体 +（SYNTHESYS+）项目，旨在创建能够访问欧洲 115 个自然历史馆藏的基础设备。

五、华莱士历史博物馆

华莱士历史博物馆创立于 1897 年，由华莱士爵士的遗孀将其生前遗物和房产捐献给国家，1900 年作为博物馆对外开放。博物馆所在的联排别墅是赫特福德侯爵曾经居住的地方，位于曼彻斯特广场，建于 18 世纪。

博物馆共有三层，25 个展厅，拥有约 5 500 件藏品，其中以 14—19 世纪欧洲油画最为出名，还有着全球最高质量的法国塞夫尔陶瓷收藏。博物馆主要展出的是赫特福德第四侯爵的私人收藏，包括 15—19 世纪的各种精美的装饰艺术作品，大量 18 世纪法国的绘画、家具、武器和盔甲等，是除了罗浮宫外展出 18 世纪艺术作品最丰富的博物馆之一，收藏了伦勃朗、鲁本斯和卡纳莱托等欧洲艺术家的珍贵画作。

华莱士历史博物馆致力于各种公众活动，例如，为各个阶段的学生提供一系列免费的课程和研讨会；与社区和慈善机构合作，与老年人、无家可归者、精神健康问题者共同工作，为各个年龄段的人提供广泛的讲习班；为青年策展人提供平台和场地，组织华莱士青年团等。

六、格林尼治遗产中心

格林尼治遗产中心创立于 2003 年，收藏了格林尼治市博物馆和当地历史图书馆的藏品，由皇家格林尼治遗产信托基金运营，于 2018 年暂时关闭，并搬迁至查尔顿的新场馆，但不再对一般公众开放。

博物馆位于一座名为新实验广场的建筑。这栋建筑建于 1783 年，曾经是军械局的海上仓库，后经不断扩建，改造为工厂。1999—2002 年，新实验广场得到修复，博物馆最初仅适用建筑的西面范围，与皇家炮兵博物馆共用建筑的南翼。

博物馆中设有“阿森纳内部”永久展览，讲述了皇家阿森纳及伍里奇造船厂的历史。2016 年，又增设了“伍里奇皇家炮兵团”永久展览。

七、伦敦博物馆

伦敦博物馆（Museum of London）由成立于 1826 年的市政厅博物馆和成立于 1912 年的伦敦博物馆合并而成，1976 年正式开馆。2003 年，伦敦港区博物馆开馆。2009 年，博物馆移交至大伦敦管理局管辖。2015 年，博物馆开始了迁往新博物馆的工作，计划于 2021 年重新开放。

伦敦博物馆大楼由建筑师鲍威尔和莫亚设计，藏品约 100 万件，包括 2.5 万件时装和纺织品、15 万件伦敦主题的绘画和摄影作品、5 万件史前至罗马时期的文物、1.5 万件撒克逊至中世纪时期的文物、5.5 万件都铎王朝至斯图亚特王朝时期的文物、11 万件现代伦敦的艺术品（18 世纪至今）及 50 万件历史档案等。

伦敦博物馆展现了伦敦从史前时代至今数千年的社会历史，常设展分布在四个不同楼层中，它们分别是“史前伦敦”“罗马时期的伦敦”“中世纪的伦敦”“战争、瘟疫和火灾”（1550—1660 年）、“扩张的伦敦”（1666—1850 年）、“人民的伦敦”（1850—1940 年）、“世界的伦敦”（1950 年至今）、“城市画廊和伦敦 2012 展厅”。

八、英国国家海事博物馆

英国国家海事博物馆位于格林尼治，1934 年按照议会法案正式成立，于 1937 年 4 月 27 日正式开馆。它最初的藏品基于詹姆斯·凯德爵士的捐赠。2011 年，博物馆新开放了 Sammy Ofer 楼。

英国国家海事博物馆由三座相连的馆址组成：海事陈列馆、皇家天文台和建于 17 世纪的皇后之屋。

博物馆拥有英国海事历史中最重要的 200 万件藏品。包括海事艺术品、航海图、政府和个人航海图手稿、船舶模型、导航仪器和天文仪器等。

该博物馆旨在加深对英国经济、文化、社会、政治和海事历史及其对当今世界影响的了解。博物馆举办各种展览，包括 2014 年的“船舶钟表和星星”，2015 年的“塞缪尔·佩皮斯：鼠疫，火，革命”和 2016 年的“艾玛·汉密尔顿：诱惑和名人”。

附录：与北京博物馆交流大事记

2018 年，中国美术馆国际交流展系列：“心灵的风景：泰特不列颠美术馆珍品展（1700—1980）”。作为中英两国文化交流的重要项目，由伦敦泰特美术馆、中国美术馆联合主办的“心灵的风景：泰特不列颠美术馆珍品展（1700—1980）”于2018年9月12日在中国美术馆开幕，为中国观众展示跨越近300年的英国风景画发展历程，并持续展出至11月6日。此次展览精选泰特不列颠美术馆珍藏的70余件18世纪以来的英国风景画作品，涵盖油画、水彩等画种，囊括了从传统到现代的多种绘画流派，包括了耳熟能详的著名画家，如庚斯博罗、透纳、康斯太勃尔、吉尔丁、科曾斯父子，还有拉斐尔前派的米莱斯，以及印象主义、超现实主义与现代派先锋画家的作品。

博物馆

——赫尔辛基市（芬兰），Helsinki（Finland）

一、赫尔辛基市博物馆业发展概况及特点

赫尔辛基作为芬兰首都，是芬兰的文化和经济中心，坐落在该国最南端的一个半岛上，被波罗的海环绕。赫尔辛基拥有众多古建筑、美术博物馆和大量博物馆，在这里可以观赏到许多芬兰和欧洲的经典收藏，也可以了解到芬兰的设计传统。赫尔辛基的建筑和文化习俗受到西欧和东欧传统的影响，使其具有鲜明的个性和独特的魅力。

作为文化之城，赫尔辛基有芬兰全国最大的图书馆和几大博物馆，它们保存良好且具有突出价值。赫尔辛基有芬兰国家博物馆、阿黛浓美术馆、芬兰堡要塞、设计博物馆等，还有一些专门的博物馆，如铁路博物馆、风俗博物馆、战争博物馆、邮电博物馆、教会博物馆、动物学博物馆等。

近年来，芬兰首都赫尔辛基市为振兴旅游业的发展加大文化投入。

2015 年，赫尔辛基艺术博物馆对外开放，由奥运会网球比赛赛场改建而成，改造花了 360 万欧元。其他主要由赫尔辛基市政府赞助的文化机构还包括新图书馆的建设，造价 9800 万欧元；2016 年 5 月 12 日，赫尔辛基市博物馆在长达八年的改造后重新开放，耗资 1300 万欧元。

二、芬兰国家博物馆

1. 博物馆简介

芬兰国家博物馆（Kansallis Museo）诞生于 1893 年，当时国家历史博物馆只有少量藏品。后于 1910 年在赫尔辛基竣工，并于 1916 年向公众开放。当时，该博物馆已经合并了 1909 年开放的 Seurasaari 露天博物馆。

芬兰国家博物馆收藏着芬兰最古老、最全面的文化历史藏品，其中约有 100 万件物品。这些物品展示了芬兰的历史、民俗和芬兰人民及世界各地的文化。

芬兰国家博物馆的展览包括临时展览、主题参观和专题讨论会等活动。许多活动是与合作伙伴和公众合作实施的，目的是以全面的方式向观众介绍文化和历史中的有趣主题。

芬兰国家博物馆目前负责芬兰全国 10 个博物馆和城堡的游客计划和服务。博物馆遗址本身就是具有历史意义的建筑物。

芬兰国家博物馆位于曼纳海因米蒂（Mannerheimintie），其主体建筑为浪漫风格建筑，代表了当时最先进的欧洲博物馆建筑水平。现在设计师正在设计芬兰国家博物馆的辅助建筑，以应对博物馆逐渐拓展的业务。

芬兰国家博物馆内设有高品质的博物馆商店和一系列风格相符的博物馆餐厅，以更好地为游客提供服务。

芬兰国家博物馆设置的展览种类和主题非常丰富，吸引了许多不同的目标群体。博物馆希望其内容不仅能让芬兰人看到，更能进入全球视野。

芬兰国家博物馆把博物馆的藏品通过最新的艺术观念和展览方式（包括现代技术）进行展出，跨越了国界。并且，博物馆很重视和国际合作伙伴、运营商的合作，有时也与观众合作来推出展览。

2. 馆藏介绍

（1）历史收藏

历史收藏品约有 13.8 万件，描述了从中世纪到现在的芬兰人的物质文化和历史。国家历史博物馆收藏的焦点集中在绅士文化和教堂文物上。收藏品包括大量的家具、服装、纺织品、玻璃、瓷器、银制品、珠宝、肖像、武器和与教堂有关的材料。这些人工制品不仅描述了制造史的发展，而且描述了芬兰社会、工业、家庭和福利所发生的变化。此外，与芬兰的历史、政治和教育水平相关的物品构成了历史收藏品的核心。

（2）独立时代收藏

独立时代系列成立于 2017 年，旨在记录 20 和 21 世纪的社会现象。在此之前，来自芬兰近代史的物品被分为历史收藏品和人种收藏品。独立时代的收藏品还包括了与其他领域有关的物品，如多元文化主义。

（3）人种学收藏

人种学收藏描述从 16 世纪到现代的芬兰流行文化。这些收藏品约有 9 万件物品，全面展示了芬兰人的生活、贸易和传统。该系列藏品包括独特的传统服装、地毯等乡村家具和日常和节日使用的物品，以及不同的工具。负责这些文物的研究人员是文化遗产方面的专家，提供这一领域的科学信息，就有关收藏和物质文化史的问题提供指导，并就文化文物出口问题提供答案。他们还负责研究芬兰国家博物馆的萨米人藏品、芬兰森林文物和苏拉萨里露天博物馆的民俗物品。除了国家博物馆之外，这些藏品还在芬兰文化遗产机构的其他博物馆和民间建筑中展出。

（4）硬币室

硬币室是芬兰钱币收藏中藏品最广泛的收藏地。在保存芬兰的货币历史、设计和有关的奖牌方面，硬币室的贡献可与专业博物馆相媲美。在 23 万件收藏品中，包括硬币、纸币、令牌、奖章和装饰品，以及铸币模具、钱箱和其他与铸造和使用货币有关的物品。收藏品大部分是在芬兰硬币的研究中发现的，这些物品最早可以追溯到古典时期。硬币室还拥有芬兰最大的钱币参考图书馆，涵盖了几乎所有在芬兰和瑞典出版的钱币书籍，以及外国出版物。

3. 重点展览介绍

（1）印加人——被遗忘的芬兰人展

自 17 世纪以来，芬兰人就定居在圣彼得堡附近的英格利亚地区。在苏联，他们面临着种族歧视，近 14 万英格里安芬兰人的村庄变荒芜，他们的文化也被摧毁。在第二次世界大战的最后几年，6.3 万多名英格里安芬兰人从英格里亚转移到芬兰。1944 年莫斯科停战后，大多数人回到了苏联，只是再次在国内流离失所。20 世纪 90 年代初，芬兰总统毛诺·柯维斯托（Mauno Koivisto）向英格里安芬兰人提供了一个作为回返者重新移民芬兰的机会。3 万多人接受了邀请。目前新一代的英格里安芬兰人已经与他们社区的历史失去了联系，因为它已经被芬兰和俄罗斯的民族历史所掩盖。

在“被遗忘的芬兰人”展览中，来自不同时代的英格里安芬兰人分享了他们对过去、现在和未来的想法。向年轻一代英格里安芬兰人介绍过去的历史，探讨身份认知与集体回忆的重要性。

（2）史前展览

芬兰国家博物馆的史前展览展示了芬兰史前最令人着迷的发现和奥秘。温德尔时代的莱万卢赫塔水葬遗址、带有动物图案的物品、银器和其他人工制品都讲述了从冰河时代末期到铁器时代末期的故事。

（3）芬兰故事展

芬兰近代史是光明与黑暗的交织，展览以一种大胆的新视角审视了战争和争取独立斗争留下的创伤，也蕴含了对芬兰 100 年历史的自豪和喜悦。

（4）民族志收藏

民族志收藏汇集了来自各个大陆、各民族的 40 000 件人工制品。芬兰国家博物馆的一些最古老的收藏品也是民族志收藏品的一部分，其中从 19 世纪初开始收集的北极人民的手工制品就具有重要意义。为俄国殖民政府工作的阿拉斯加·艾索伦的阿拉斯加收藏，以及语言学和文化研究者从西伯利亚收集的文物，都是民族志收藏的基石。该系列还介绍了丰富多彩的历史和一些精彩的故事。藏品收集还通过在世界各地的传教工作得到了扩展，其中包括 19 世纪末由马尔蒂·劳塔宁（Martti Rautanen）收集的奥万博兰（Ovamboland）资料。自 20 世纪 70 年代以来，居住在不同国家的外交官和国际发展合作工作者也帮助扩大了收藏。不少收藏家还将个人藏品遗赠给了博物馆。

（5）乌格里克藏品

芬兰国家博物馆的芬兰－乌格里克藏品包括超过1.4万件物品，大部分收藏品是在1893—1927年芬兰民族浪漫主义的全盛时期的探险中收集的。为了弘扬民族精神，芬兰民族收集了大量的文物。当芬兰获得独立，东部边境被关闭时，减少了在苏联的收集工作。这项工作直到20世纪80年代才重新开始。

三、阿黛浓美术馆

1. 博物馆简介

（1）发展历史

阿黛浓美术馆（Ateneum Art Museum）是芬兰最古老的美术博物馆，藏品包括18世纪中期至20世纪中期的艺术作品。阿黛浓美术馆收藏了大量芬兰黄金时期的重要作品，也收藏得有凡·高、塞尚、高更等人的杰作。

1846年，芬兰成立芬兰艺术协会。1863年，芬兰艺术协会首次在公众面前永久展出其管理的收藏品。出于修建国家美术学校和艺术活动交流地点的需要，1864年，政府开始向社会征集美术博物馆的设计方案。直到1887年，阿黛浓Ateneum大楼完工，因其耗费了大量资金而被同时代人称为“百万马克宫”。芬兰艺术协会的收藏品于1888年10月13日在阿黛浓大楼内展出。阿黛浓（Ateneum）这个名字指希腊智慧女神雅典娜（Pallas Athene）。她是城市和政府的保护者。而阿黛浓大楼则象征着雅典娜的神殿或神社。

阿黛浓大楼最初具有多种功能。该建筑的一半由芬兰艺术学会的收藏品和绘画学校占用，另一半则由应用艺术学院及芬兰手工艺和设计学会的收藏和办公室占用。阿黛浓大楼中的女神像象征着双重角色，站在大门上方鼓室的中央，一只手握着艺术品，另一只手握着工艺品。

（2）建筑布局

阿黛浓大楼于1887年11月18日举行了落成典礼。坐落在赫尔辛基中央火车站对面。阿黛浓大楼是一座古色古香的建筑，其正门上方刻有一句话：Concordia res parvae crescunt（团结一致才能成长）。这句话源自阿黛浓大楼修建时期的一次意见分歧，当时修建阿黛浓美术馆的项目负责人卡尔·古斯塔夫·埃斯兰德教授（Carl Gustaf Estlander）设想在这所美术博物馆内，艺术品和手工艺品将共同蓬勃发展，然而部分芬兰艺术家不愿意将“普通”应用艺术赋予与“真实艺术”相同的地位。但最终，艺术家放下偏见达成共识。这次分歧就被刻在建筑物正门上方，作为座右铭，以提醒人们有关阿黛浓有争议的早期历史得出的教训。

拟订建筑物的建筑计划的任务交给了著名建筑师西奥多·霍伊尔（Theodor

Höijer），他在赫尔辛基市中心设计了许多重要建筑物。对于外墙装饰品，霍伊尔的方案是雕刻上寓言性的艺术女神及勃拉曼特、拉斐尔和菲迪亚斯等艺术大师的肖像，再雕刻一组世界著名画家的纪念章肖像，这些装饰是由当时芬兰主要雕塑家 Ville Vallgren 雕刻的，当时他已经在巴黎工作。其他所有装饰元素的执行权均委派给了装饰雕塑家 Magnus von Wright。

（3）场馆特色

阿黛浓美术馆收藏了大量芬兰黄金时期的重要作品，也有欧洲当代艺术作品，如凡·高、塞尚、高更等人的杰作。

阿黛浓美术馆每月会举办各种活动。每个月都会组织工作坊、讲座、旅游项目等。馆内开展的探索主题的会议还将以芬兰和国际顶级专家的演讲为特色。

2. 馆藏介绍

（1）绘画和雕塑

阿黛浓美术馆拥有芬兰最大的绘画和雕塑收藏，共有 4 300 多幅油画和 750 多尊雕塑。阿黛浓美术馆的收藏展示了芬兰艺术的发展，从 18 世纪的洛可可式肖像画、20 世纪的实验艺术运动、浪漫主义时期的肖像画，到现实主义的绘画等，极具意义的收藏引导人们进入艺术的黄金时代。20 世纪初的绘画收藏见证了一个在艺术表现范围的扩张。艺术总是与它的社会环境保持不断的对话。芬兰的表现主义、印象主义、立体主义和超现实主义都受到国际影响。阿黛浓美术馆的收藏延伸到一些从 20 世纪 50 年代开始艺术生涯的艺术家的作品，而最新的收藏是 21 世纪初的作品。

（2）照片和图纸

阿黛浓美术馆收藏了芬兰从 19 世纪末至今最大、最广泛的版画作品。阿黛浓美术馆除了北欧和欧洲版画的精美收藏之外，还有日本木刻画。阿黛浓美术馆广泛收集的素描、水彩画和素描本为人们提供了一个详尽的芬兰艺术史概述，这些收藏对芬兰艺术研究人员来说意义重大。

（3）国际收藏

阿黛浓美术馆的国际收藏包括 650 多件艺术品：绘画、雕塑、素描和版画，还有不少闻名于世的艺术家的作品，如保罗·塞尚、马克·夏卡尔、尤金·德拉克洛瓦、保罗·高更、文森特·凡·高、弗朗西斯科·德·戈雅阿米地奥·莫迪里阿尼、爱德华·蒙克、伊利亚列宾、奥古斯特·罗丹和安德斯左恩。国际收藏馆的藏品中有一件珍品是凡·高的名画《奥维尔河畔的街道》（*Street in auversi-sur-oise*，1890）。这幅画是凡·高最后的作品之一，在凡·高死后，这幅画由凡·高的弟弟和他的遗孀所有，后被法国艺术评论家、诗人朱利安·勒克莱尔（Julien Leclercq）买下。勒克莱尔去世后，他的妻子芬尼·弗洛丁于 1903 年把这幅画卖给了阿黛浓委员会，存放在阿黛浓美术馆。

3. 重点展览介绍

（1）Ismo Hölttö 展

摄影师 Ismo Hölttö 记录了 20 世纪 60 年代和 70 年代芬兰人的生活环境。霍尔托作为一个金匠，一有机会就在他的家乡赫尔辛基拍照。在赫尔辛基摄影俱乐部，他成长为一名技术娴熟、富有远见的艺术家。霍尔托还在芬兰广泛旅行，用照相机记录了生活在偏远地区的人们和芬兰罗姆少数民族的生活。20 世纪 70 年代初，他开了自己的工作室，在那里工作了 30 年。

Ismo Hölttö 是光和直觉构图的大师，这为他在许多比赛中赢得了荣誉，例如 1967 年西柏林的欧洲摄影奖。他还赢得了纪念芬兰独立 50 周年的摄影比赛。

（2）百年友谊展（One Hundred Years of Friendship）

1919—2019 年，阿黛浓美术馆之友已经向美术馆捐赠了 130 多件作品，包括 24 幅油画和两件雕塑，以及五本素描本和 100 幅海伦·谢夫贝克的素描。展览从不同角度探讨了艺术的获取方法和来源，并对作品的背景和来源进行了描述。

展览中的作品分为了不同主题。例如，宗教藏品，如《看这个人》中的“Jusepe de Ribera’s Ecce Homo”和《阿尼特拉·卢肯德》中的“东方三博士的崇拜”，还有对光线的描绘，藏品如亚历山大·劳伦斯和苏拉·西皮拉的作品，或女性的肖像，如雨果·辛贝格和马库斯·科林的全部作品。

百年友谊展展出海伦·谢夫贝克（1862—1946）的速写和素描：谢夫贝克在 1877—1878 年的绘画图纸和插图的书 Finska Folksagor（1880 年芬兰民间故事）。还有谢夫贝克在学生时代创作的早期绘画作品。

收藏还包括海伦·谢夫贝克（Helene Schjerfbeck）的两件重要作品：早期自画像（1884 —1885）和埃纳尔·罗伊特三世画像（1919—1920）。百年友谊展览还将展出马库斯·科林的作品《黑衣女人》(1918 年）。

四、芬兰堡要塞

1. 博物馆简介

（1）发展历史

芬兰堡要塞（Fortress of Suomenlinna）位于赫尔辛基附近的一群岛屿上，是海上堡垒和群岛舰队的基地。这座堡垒的工程始于 1748 年。在 18 世纪初与俄罗斯的战争中，瑞典失去了超级大国的地位和最重要的东部要塞，所以瑞典认为必须加强芬兰的防御。1747 年，瑞典议会决定在洛维萨（Loviisa）附近建造一个包括赫尔辛基的海军基地和德格比（Degerby）的边境要塞的中央要塞。

瑞典在维亚波里（Viapori）的设防工作于 1748 年开始，1750 年这座堡垒被命名为 Sveaborg，并在堡垒中制造了一个干船坞，用于建造群岛舰队的军舰。

1808 年，维亚波里（Viapori）在俄瑞战争中被沙俄军队围困，后来海上堡垒被俄国人接管。次年，芬兰成为沙俄的自治大公国，维亚波里成为沙俄管理下的军事基地。沙皇在堡垒中建造了用来安置士兵的军营，也建成了由康斯坦丁设计的东正教驻军教堂。

19 世纪初，堡垒的军事重要性下降。由于缺乏资金，防御工事的维护和翻新工作被忽略了。直到克里米亚战争（1853—1856）爆发之前，堡垒才开始被人们注意。1855 年 8 月，一支英法联合舰队轰炸了维亚波里堡垒两天，堡垒在轰炸中遭受了严重破坏。在 19 世纪末和 20 世纪初，对堡垒的防御工事进行了修复。

芬兰独立后，隶属于芬兰教育和文化部的芬兰城堡管理机构负责这座海上堡垒的恢复、维护和开发工作，同时负责旅游和游客服务的协调工作。

许多欧洲文化潮流通过要塞进入芬兰。现在，每年在芬兰城堡都会举办许多高层次的文化活动。在岛上的工匠和修理传统帆船的工人们仍然保留着传统手工艺的使用。

芬兰堡于 1991 年被列入联合国教科文组织的《世界遗产名录》。在芬兰时代，这座堡垒已发展成为芬兰最受欢迎的旅游景点之一。

（2）建筑布局

芬兰堡占地面积 80 公顷，其中保存有 8km 的城墙、105 门大炮、290 座机房和一系列知名的博物馆，包括介绍寨城历史及建筑工事的芬兰城堡博物馆（Suomenlinna Museum），展览瑞典统治时期文物的艾伦怀特博物馆（Ehrensvärd Museum），搜罗从 19 世纪以来旧玩具的玩具博物馆（Toy Museum），展览以前军备设施的马内基军事博物馆（Manege Military Museum）、维斯高潜艇博物馆（Vesikko Submarine），陈列城堡不同时代重炮的海岸大炮博物馆（Coast Artillery Museum），详述旧日海关工作与历史的海关博物馆（Customs Museum）。岛上的船坞用传统的技艺建造了一艘古老的帆船。除此之外，芬兰城堡还有教堂、军营、城门等名胜古迹。城堡有九家餐厅和咖啡室、一座访客信息中心。

（3）场馆特色

芬兰独立后，相关政府部门对堡垒进行了修复和开发，现在城堡要塞设施和驻军建筑物已经被改建为住宅、艺术家和手工艺人的工作室，以及会议室和宴会厅、餐厅和博物馆等。

芬兰堡的独特之处在于，尽管它是堡垒要塞，但由于是在地形变化多端的多岩石岛上建造的，因而形状是不规则的。

芬兰堡具有历史性。在芬兰堡，可以看到工事和造船厂历史发展的多个方面。

2. 馆藏经典

（1）经典馆藏一：大庭院

在 18 世纪 60 年代竣工后，由奥古斯丁·埃伦斯瓦德（Augustin Ehrensvärd）设计的大庭院成为堡垒的主要广场和行政中心。庭院周围的房屋包括要塞指挥官的房屋和主要的警卫室。庭院周围建筑的精心布局和凹形立面创造了一个虚假的视角，使庭院看起来更加宏伟。

（2）经典馆藏二：干船坞

芬兰堡的干船坞是芬兰最古老的码头，也是欧洲运营最古老的干船坞之一。干船坞的建造始于1750年，一直是瑞典沿海舰队的Sveaborg中队的基地，直到1808年。芬兰独立以来，国家飞机制造厂使用该码头制造了第一批芬兰飞机。在20世纪30年代，该码头的内部盆地被用作海军潜艇基地。第二次世界大战后，维美德·奥伊（Valmet Oy）接管了造船业务，最初是为向苏联提供战争赔偿而建造船只。

（3）经典馆藏三：国王大门

国王大门是“苏欧门娜”的象征。它建于1753年，是通往芬兰堡要塞的入口。1752年，载有瑞典国王阿道夫·弗雷德里克的船只在检查城堡的建造过程中抛锚停泊，而大门就是在这艘船停泊的地方建造的。两层楼高的“国王大门”的正面是凹形的，大门的框架是大理石，是用质朴的砖石建造的。

（4）经典馆藏四：芬兰堡教堂

芬兰堡教堂建于1854年，是俄罗斯东正教教堂。最初的建筑有五个带有洋葱形圆顶的尖塔。在芬兰独立后，教堂被改造成了一座福音－路德教堂。在改建工程中，主穹顶失去了洋葱状的形状，从外面看，塔楼变成了四边形。小圆屋顶的基座留在屋顶下。墙壁用灰泥涂成平整的表面。教堂的尖顶是空中和海上交通的灯塔。芬兰堡教堂是婚礼、音乐会和其他活动的热门场所。教堂的地下室也可以用于小型活动。

五、设计博物馆

1. 博物馆简介

（1）发展历史

设计博物馆（Design Museum）成立于1873年，位于赫尔辛基市中心的Kaarti区。它的前身是由古斯塔夫·内斯特罗姆（Gustaf Nyström）设计的一所学校。该建筑是一座新哥特式建筑。

在这个博物馆不断更新的展览中可以欣赏芬兰设计的经典之作。永久收藏品中包含75 000多件物品、45 000张图纸和125 000张照片。博物馆展出了许多代表芬兰丰富设计历史的迷人物品，包括玻璃、独特的家具和服装。博物馆也开展儿童活动、工作坊及全年活动。在博物馆的商店可以购买经典设计产品和新兴设计师的作品。

这个专注于现代芬兰设计的非凡博物馆，收藏了大量的数字图像、照片、模型和图纸。在博物馆的书店，可以查找各种建筑书籍、明信片和海报。在这里可以了解芬兰的工业、时装和图形设计历史，并在博物馆的大型永久收藏中看到许多有趣的物品。

博物馆负责设计领域的研究和文献记录，并举办有关设计历史和当代设计的展览。该博物馆还组织有关芬兰艺术和设计的国际巡回展览。

2017 年，为了纪念芬兰独立一百周年，设计博物馆开设了全新的藏品展览。

（2）建筑布局

设计博物馆展览空间共有三层：地下室（画廊）、一楼（大堂）及第二层展区。博物馆也是举办各种活动的绝佳场所。该博物馆有为企业或私人组织活动的多年经验，有可以外租的演讲室、会议室和展览空间，还有咖啡厅。咖啡厅可容纳 35 人，并在博物馆开放时间内向公众开放。咖啡厅可根据客户的需求提供高标准的餐饮服务，也可以在博物馆的展览厅和大厅进行各种活动，如鸡尾酒会和自助餐。

（3）场馆特色

设计博物馆里的常规展品基本上是芬兰近现代设计史的实物版本。这里不仅有北欧风格的家具设计展品，更有经典的玻璃制品、服装，甚至是电子产品。在这里游客可以欣赏到阿尔托设计的经典的 artek 椅子，20 世纪 70 年代的 marrimeko 裙子，iittala 的早期产品，甚至是当代服装设计品牌 samuji 和 minna parikka 的经典作品等。在地下一层，博物馆还专门准备了可以供亲子体验艺术设计的小工坊。

2. 馆藏介绍

设计博物馆最初的收藏品是在 1873 年由芬兰工艺和设计学会建立的，以满足赫尔辛基工艺学校的需要，它是今天阿尔托大学艺术、设计和建筑学院的前身。最初的 700 件物品是在 1873 年的维也纳世界博览会上获得的。除馆藏资料外，还有博物馆的档案和 1 000 名设计师的资料索引供研究人员预约使用。

（1）安特尔的藏品

安特尔的藏品包括 13 世纪的波斯瓷砖，来自日本、中国、意大利、法国、德国和瑞典不同时期的陶瓷，以及 17 世纪以来的银器。赫尔曼 · 安特尔（1847—1893）继承了他的父亲、名誉枢密院议员赫尔曼 · 罗森博格的巨额财产，把一生都奉献给了收藏事业。他在巴黎定居，在那里结识了巴黎的北欧艺术家及博物馆和文化界的成员。安特尔为芬兰的三个主要博物馆——阿特纳姆艺术博物馆、芬兰国家博物馆和设计博物馆带来了大量的藏品。20 世纪初，在安特尔的资助下，大量高质量的国际和芬兰装饰艺术品进入设计博物馆。安特尔的捐赠中有一个令人惊叹的收藏：一幅日本传统织物印刷蜡纸，是一种日本工艺，用于制作用于染色纺织品的纸模板，被指定为日本重要的非物质文化遗产之一。

（2）纺织精品的创造者尼罗 · 埃尔克伦兹的设计草图收藏

尼罗在阿特图 · 布鲁默纺织工程系的阿泰尼姆大学学习。战后，他为多家公司设计了艺术纺织品模型。20 世纪 60 年代初，他被认为是芬兰纺织业未来的主要贡献者。

（3）埃斯特·托穆拉设计的贝吉塔装饰收藏

托穆拉为一些餐具和个人物品设计了大量的装饰。托穆拉还为圣路易斯埃马尔从20世纪60年代到70年代的产品设计了装饰品。

3. 重点展览介绍

（1）现代乌托邦－芬兰设计的故事

现代乌托邦－芬兰设计的故事展览展示了芬兰设计标志性的黄金时代（20世纪50年代），分为五个主题，展览借助数字应用程序展示了丰富的历史信息。

（2）儿童的世纪——北欧设计和儿童1900—2014展览

该展览由纽约现代艺术博物馆的 Juliet Kinch 和 Aidan O. Connor 策划，旨在说明为儿童设计的产品和北欧社会发展之间的联系。展品涵盖了家具、玩具、书籍、服装、学校建筑、操场、海报、广告、保健产品等，介绍了北欧设计的巧妙成就，如本·阿夫·舒尔腾为 Artek 和宜家家具设计的617高椅。此外，还展出了阿尔瓦·阿尔托（Alvar Aalto）、凯·博耶森（Kay Bojesen）、奥拉维尔·埃利亚松（Olafur Eliasson）和托夫·扬森（Tove Jansson）等国际知名人士的作品。

（3）Kirsti Rantanen 展览

Kirsti Rantanen 展览展出了芬兰纺织品设计师、纤维艺术先驱 Kirsti Rantanen 的大量作品。她在许多方面为年轻一代设计师树立了榜样。她教授了整整一代纺织设计师和艺术家，她的作品在芬兰设计史上具有重要的开创意义。

博物馆

——里斯本市（葡萄牙），Lisbon（Portugal）

一、里斯本市博物馆业发展概况及特点

1. 历史沿革

里斯本作为葡萄牙的首都，是高度工业化、国际化的都市，是葡萄牙的政治、经济、文化、教育中心，也是欧洲著名的旅游城市，里斯本的旅游业对推动首都向现代化城市发展起了重要作用，城中有许多文化与娱乐设施，每年吸引着世界各地 100 多万名旅客。

里斯本有众多主题各异、历史悠久的博物馆，其中包括古尔本基安博物馆、里斯本军事博物馆、瓷砖博物馆、贝拉多收藏博物馆、国家马车博物馆等。

2. 现状特点

里斯本见证了几个世纪以来在这座城市发生的文化碰撞与交流，从公元前 7 世纪驻扎在此的多种族人群，到葡萄牙人的全球化探索，里斯本成为 15、16 世纪航海探索的先驱，并逐渐变成欧洲大西洋上的最大港口，促进了世界范围内新城市的建设。

二、古尔本基安博物馆

1. 博物馆简介

（1）发展历史

古尔本基安博物馆（Museu Calouste Gulbenkian）的建立源于古尔本基安基金会的成立。古尔本基安基金会是由亚美尼亚血统的收藏家、慈善家卡卢斯特·古尔本基安（Calumte Sarkis Gulbenkian）在 1956 年的遗嘱中以自己名字建立的一个国际基金会，该基金会永久成立，其主要目的是通过艺术、慈善、科学和教育来改善人民生活质量。

基金会名下有一个博物馆，其中收藏着古尔本基安的私人收藏及许多现代和当代艺术收藏；还有乐团和合唱团、艺术图书馆和档案馆、科学研究所及里斯本市中心的

一个花园。这里也开展教育活动，结合文化活动，基金会通过创新计划来实现其使命，为其他机构和社会组织提供奖学金和助学金来开发与支持试点项目。

古尔本基安慷慨地将其收藏品借出并捐赠给世界各地的公共博物馆。1936年，他将他的埃及古物收藏委托给大英博物馆保管，把最精美的画作租借给国家美术馆。1948年和1950年，同样的作品被送到华盛顿的国家美术馆展出。

（2）建筑布局

古尔本基安基金会位于里斯本市中心，坐落在一座现代主义建筑群中，该建筑群包括一个拥有两个收藏品区的博物馆、一个艺术图书馆、一个先进的礼堂，被葡萄牙最具代表性的现代花园所环绕。

2. 馆藏经典

（1）经典馆藏一:《戴安娜》

霍顿（Houdon）的这幅法国18世纪雕塑巨著《戴安娜》（Diana）体现了原始的处理方式，展现了她的裸体奔跑状态。在这个版本中，黛安娜拥有她所有的特点：头上的弓、箭和月亮。然而，在此版本的雕塑中，由于材料的质量过大，霍顿被迫创建支撑点：底部的一簇水生植物，并用箭袋将左臂巩固。

（2）经典馆藏二:《努比亚人头像》

这个头像可能显示了一个来自努比亚（而不是埃及）族裔的人。在阿斯旺以南的广大地区，努比亚的居民具有黑人特征，包括比埃及人更黑的皮肤。因此，雕刻家使用了黑色花岗岩，以使肖像更加逼真。

3. 馆藏介绍

古尔本基安博物馆的藏品非常多，可以分为几大类，涉及绘画、雕塑、装饰艺术、珠宝和其他作品。这些藏品强调了古尔本基安的个人品位，以及他对艺术和文化的知识。

（1）创始人的收藏

从古代到20世纪早期，创始人的收藏包括6 000多件作品，这些作品贯穿了古尔本基安的一生，包括埃及艺术、希腊罗马艺术、伊斯兰艺术，以及来自远东的艺术、钱币、绘画、雕塑和欧洲装饰艺术。

（2）现代收藏

现代收藏包括10000多件作品，被认为是最完整的现代和当代葡萄牙艺术收藏。这些画廊介绍了葡萄牙从20世纪早期到现在的艺术和文化历史。

4. 重点展览介绍

古尔本基安博物馆的永久展览是按照时间和地理顺序组织的，而且创建了两条独立的展出路线。第一条展览路线突出了东方和古典艺术，展出了古埃及、古希腊、古罗马、美索不达米亚、东方伊斯兰、亚美尼亚和远东文化的作品。第二条展览路线则涵盖欧洲艺术，有专门收藏书籍、雕塑、绘画和装饰艺术的特别藏品。除了这些大多属于18世纪法国艺术的作品之外，还有大量法国最伟大的玻璃设计师之一勒内·拉利克的作品。

三、里斯本军事博物馆

1. 发展历史

里斯本军事博物馆（Museu Militar）位于16世纪造船厂的遗址上，它收藏了大量的火炮和与战争有关的物品，此外还大量展示了富有历史意义的战斗中的枪支、手枪和剑，包括14世纪的加农炮和Vasco da Gama的剑。博物馆内收藏了数量巨大的近代火炮，在室内和院外都有陈设。院外摆满了各个时期、来自各个国家的大炮，尤为壮观，因此也称“大炮之院”。

2. 建筑布局

博物馆的建筑是一座有趣的纪念碑。主入口处有一个由法国建筑师费迪南德·德·拉尔（Ferdinand de Larre）设计的纪念性门廊，该门廊在1755年的地震中幸存了下来。公寓于18世纪末进行了修复，并装饰有葡萄牙艺术家的画作和雕像。在东立面上，门廊上雄伟的正面有Teixeira Lopes的群像。其中一些房间拥有丰富的巴洛克风格的装饰，描绘战斗场景的大面积瓷砖及军事题材的绘画。主楼梯右侧的前两个房间专门用于描述拿破仑的入侵，Vasco da Gama房间的壁画描绘了通往印度的航海路线，一楼则陈列着第一次世界大战的展品。

四、瓷砖博物馆

1. 博物馆简介

瓷砖博物馆（Museu Nacional do Azulejo）的前身是由D. Leonor De Lencastre女王于1509年建立的马德雷·德·迪奥斯修道院，目的是接待圣克拉拉修道会的修女。后来修道院得到了改建和扩建，增添了重要的艺术作品和装饰。在王室的保护与整修后，修道院的教堂、圣器室、高音和低音唱诗班及圣安东尼教堂都具有非凡的建筑和装饰品质。

修道院里充满了伟大画家如克里斯托弗·洛佩斯、Bento Coelho da Silveira、Andre Goncalves的作品，源于其收藏价值，修道院成为国家财产。1872年修道院永久关闭。在1958年D. Leonor女王诞辰500周年之际，古尔本基安基金会组织了一场关于她生平的展览。而后该建筑得到了修复。之后国家古代艺术博物馆的瓷砖收藏被转移到这里，1965年，这所装饰华丽的建筑成为瓷砖博物馆。

瓷砖博物馆遭遇过几次地震并经过整修后，加入了一些多色瓷砖，以及在建筑物的门或入口处装饰小瓷砖，用来保护建筑物不受可能发生的灾害的影响。

2. 博物馆研究

瓷砖博物馆从1987年起，将研究作为博物馆的优先事项之一，建立了图书馆和文献中心，进行一系列不同时代及主题的研究项目。例如，研究16—20世纪葡萄牙瓷砖和彩陶的生产中心，以及当时人们的喜好风格。博物馆在陶瓷这一领域的专业知识方面已经取得重要进展，并将研究成果在展览中予以展示。

博物馆的研究和文献部负责收集和整合有关信息，特别是在葡萄牙制造和使用的瓷砖，以具备专业知识来更好地了解文化遗产。

3. 与北京博物馆交流情况

北京故宫博物院——展览交流：2019年6月12日—10月7日，北京故宫博物院展出“玻璃城市的土地——葡萄牙500年的瓷砖”展览，展示了60件艺术品。展览以16世纪初第一批装饰宫殿或宗教建筑的作品开始，以当代最著名作家的作品结束，还包括17—20世纪在葡萄牙制造的瓷砖。葡萄牙瓷砖的使用寿命是一个鲜明的特点，游客可以在这个展览中看到500年前使用的瓷砖和最新作品。

五、贝拉多收藏博物馆

1. 博物馆简介

葡萄牙富商贝拉多（José Manuel Rodrigues Berardo）的私人收藏博物馆贝拉多收藏博物馆（Museu Colecção Berardo）设于贝伦文化中心（Centro Cultural de Belém）内。这幢富有现代感的简约建筑，20多年来逐渐成为里斯本文化创意的代名词，将葡萄牙文化发扬光大。

贝拉多收藏博物馆成立于2007年，专门收集现代和当代艺术，是葡萄牙最受欢迎的艺术博物馆，也是全球50大艺术博物馆之一。馆藏作品囊括了现代艺术的所有重要流派，从超现实主义到波普艺术，从高度写实主义到极简艺术和概念艺术，一应俱全。这里可以看到培根、波尔坦斯基、杜布菲、戈尔丁、霍克尼、马格里特、毕加索等举世知名艺术家的900件精美的作品。

贝拉多是一位传奇式的人物。他拥有18亿美元身家，从1986年开始投身艺术品收藏事业，收藏了数目惊人的欧洲现代及当代艺术珍品，被认为是欧洲前五位最重要的私人收藏家之一。由于其藏品极其丰富，几乎囊括了西方战后所有重要艺术家的代表作品，巴黎、迈阿密等城市曾经打算将他的藏品全部买下，但葡萄牙政府同样希望将贝拉多的藏品保存在里斯本的文化中心。

经过十几年的协商、争论，葡萄牙政府终于和贝拉多达成协议，将他收藏的862件作品向公众展出，这其中包括达利、杰昂·米罗、弗朗西斯·培根、毕加索、安迪·沃霍及同时代艺术家的作品，此外还展示了20世纪主要现代艺术作品运动的历史。正如这些收藏的拥有者贝拉多自己所说，在这里参观的人能够“亲历整个20世纪的历史"，这些作品的收藏是对葡萄牙整个美术博物馆系统的有效补充。

贝拉多收藏博物馆共有地下一层和地上两层，设有两个常设展，并定期举办临展，馆藏作品数量超过 1 000 件，涵盖逾 70 个艺术流派，主要为 20—21 世纪欧美国家的现当代艺术作品。常设展按照时间顺序分为 20 世纪初至 60 年代及 20 世纪 60 年代至今两部分，前者位于二层展厅，主要陈列巴尔蒂斯、毕加索、蒙德里安、杜尚等艺术家作品，涵盖达达主义、超现实主义、波普艺术等流派。后者位于地下一层展厅，通过绘画与雕塑作品，回顾 20 世纪 60 年代至今现当代艺术的发展历程。

2. 收藏介绍

贝拉多收藏博物馆展示了 20 世纪至今最重要的艺术运动，确立了其作为葡萄牙现当代艺术展示的主要博物馆的地位。收藏有巴勃罗 · 毕加索、马塞尔 · 杜尚、皮埃特 · 蒙德里安、琼 · 米罗、弗朗西斯 · 培根、安迪 · 沃霍尔、唐纳德 · 贾德、布鲁斯 · 瑙曼或辛迪 · 谢尔曼等多人的艺术作品。在这个博物馆里，游客可以在贝拉多收藏品的永久展示和大量的临时展览中，找到来自不同文化背景的艺术家的作品，通过这些作品可以纵观 20 世纪的艺术史。

3. 重点展览介绍

（1）极简主义展

这些作品是第一次极简主义的实验，他们基于朴素、简单和中立的理念，用工业材料制作。这些作品预设了一种与观察者感知的互动和新形式，为后者提供了新的体验。

（2）《女人的艺术》中的女人展

永久展览中，有一个专门介绍女性艺术的板块，包含了几件不同年代的女性作品，她们以不同的形式观察和创作艺术，她们的作品本身就很有价值。他们的观点无疑有助于提高人们对艺术世界中实行的性别隔离进程的认识和反对。

（3）20 世纪初的绘画和雕塑展

在 20 世纪 70 年代非物质化复兴，回归绘画的乐趣，结束了那个年代盛行的绘画手段的局限。绘画有了新的前提：大版式、丰富的色彩运用、日常物品作为艺术作品的绘画手段、手势主义、具象主义和表现主义。当代艺术家在一个全球化、文化多元化、技术先进的世界里工作，因此，他们的艺术是多元的，是兼收并蓄的，以其不规则性、意识形态的分散和组织主义的不存在而引人注目。

六、国家马车博物馆

1. 博物馆简介

（1）发展历史

国家马车博物馆（Museu Nacional dos Coches）是目前世界上独一无二的皇家马车

博物馆，位于里斯本城西区阿奉索·阿尔布盖尔盖广场的东北角，邻近总统府贝伦宫。这是一座具有新古典主义风格的建筑，其前身是葡萄牙皇家驯马场。

博物馆里陈列着16—19世纪葡萄牙皇室或贵族专用马车共48辆。同时展出了配套收集、各种皇室和贵族专用的骑士制服、马具，还有皇家乐队的乐器和马夫、随从的服装等。这些展品不仅为游客勾画出一幅欧洲近代宫廷的生活图画，更为游客了解欧洲近代运输工具的技术发展提供了一个独特、直观的概念。

（2）建筑布局

博物馆由一个宽大敞亮的主厅和侧厅组成，其中主厅长50m、宽17m，是原驯马场的跑马厅，其两侧上层是有着大理石立柱的长廊看台，是昔日王亲贵族观赏赛马的地方。主厅右边是侧厅，面积小于主厅。48辆马车按历史先后顺序排列在主厅和侧厅内。这些高级豪华马车造型不一，装饰各有特色，令人赏心悦目。

（3）场馆特色

博物馆除了展出各式做工精美考究的马车之外，还陈列着各种马具、弓箭和鞍鞴等，墙壁上还挂着以往葡萄牙国王、王后、王室名人及马车主人的油画像。

博物馆的大多数展品是从王室和贵族后裔处收集或购买的；另外，王族后代和私人收藏家也向博物馆捐赠了一些展品。近年来，马车馆里还举行过一些重要国事活动，葡总统席尔瓦曾在这里设国宴招待欧盟成员国领导人。2009年葡语文学最高奖卡蒙斯奖的颁奖仪式也在馆内举行。

2. 藏品介绍

马车博物馆的展品中，最早的一辆皇室马车被称为费利佩二世马车，极为罕见。该马车为1619年西班牙国王费利佩二世访问葡萄牙时所乘用。它是一辆六匹马拉的木轮车，车厢宽敞，皮制的顶棚用金线缝制，车厢里用红色天鹅绒铺就，座位下有长途旅行时用来垫腿的软凳。

展品中的另一辆马车是18世纪初里斯本红衣大主教的专用马车。它是17世纪末期葡萄牙皇室在法国定制的，做工精致考究。

18世纪后出现了一种叫作“柏林式”的马车，逐渐风靡全欧。这在马车制造技术上是一次革新。这种车看上去更加轻便，车厢与车轮间采用弹簧片装置，减震性能较好，行驶起来更为灵活、舒适。博物馆中不少展品都采用了这种制造技术。

在这时期的马车中，豪华装饰成为一个突出特点。有的车采用洛可可风格装饰，精雕细凿，配以彩绘、琉璃，极尽奢华。还有一种车看上去是一件完整的木雕作品，车的前后配有人物雕像，木雕与车轴、车轮、车厢浑然一体。在这些雕刻、彩绘作品中，不难看出当年葡萄牙作为全球殖民霸主之一的心态和痕迹。展品中有一辆制作于罗马的马车，由葡萄牙艺术家设计。1716年若昂五世国王将包括此车在内的一个特制专车队送给教皇克雷芒十一世，以炫耀其拥有广袤帝国的皇权威仪。

博物馆

——地拉那市（阿尔巴尼亚），Tirana（Albania）

一、地拉那市博物馆业发展概况及特点

1. 历史沿革

地拉那是阿尔巴尼亚的首都和第一大城市，也是全国的政治、经济、文化中心。近年来，阿尔巴尼亚国内有越来越多的人口来到地拉那，以寻求更好的教育、就业机会，享受完善的基础设施。

2. 现状特点

地拉那的文化机构众多，包括阿尔巴尼亚国家历史博物馆、阿尔巴尼亚国立美术博物馆、阿尔巴尼亚自然历史博物馆、阿尔巴尼亚国家歌剧院等，都是了解阿尔巴尼亚国家文化的埋想去处。市内还有不少历史古迹，作为地标性建筑的是斯坎德培广场，以纪念阿尔巴尼亚的民族英雄；还有多所历史悠久的清真寺、东正教堂和天主教堂。

二、阿尔巴尼亚国家历史博物馆

阿尔巴尼亚国家历史博物馆（Albania National History Museum）位于地拉那斯坎德培广场北面，是阿尔巴尼亚最大的博物馆，珍藏着这个国家大部分的古代文物。博物馆的前身是意大利占领时期的警察总局。

阿尔巴尼亚国家历史博物馆展示了阿尔巴尼亚从古代到现在的历史。在这里可以看到来自考古发掘的物品，包括来自杜拉斯的描绘美丽的著名马赛克，以及与加尔各答特蕾莎修女有关的文件、实用物品、武器和纪念品。

该博物馆是一座具有现实主义的风格简单建筑，其立面上有一个巨大的马赛克。展览是按时间顺序安排的。游客可以广泛了解阿尔巴尼亚的古代历史，主要包括来自发掘的物品。博物馆还展示了中世纪和现代时期与阿尔巴尼亚有关的纪念碑。

国家历史博物馆于 1981 年 10 月 28 日开放，面积为 27 000m^2，可供展览的面积为 18 000m^2。该博物馆由阿尔巴尼亚建筑师 Enver Faja 设计。

博物馆分为八个展馆，包括上古、中世纪、文艺复兴、独立、肖像画、民族解放反法西斯战争等。

博物馆

——都柏林市（爱尔兰），Dublin（Ireland）

一、都柏林市博物馆业发展概况及特点

1. 历史沿革

都柏林是爱尔兰国的首都及最大的城市。都柏林发展的实质性阶段始于 17 世纪后期、英国人占领爱尔兰之际。作为典型的殖民城市，都柏林最初的经济发展一直较为波动。在传统农牧业大国的背景下，都柏林依赖向英国等周边国家进行农业输出发展经济，同时依靠自身沿海地理位置优势，成为爱尔兰对外贸易系统的枢纽，同时期的工业在贸易保护政策的压制下发展受阻。1922 年，爱尔兰自由邦政府成立，其中近 1/6 的人口定居在都柏林。

2. 现状特点

横跨利菲河的都柏林是一座文化之都。这里的大学、科学院、美术馆为数众多，有上百年历史的建筑随处可见。这里出生并成就了许多著名的文学家，如叶芝、王尔德、萧伯纳等。都柏林有欧洲最古老的图书馆，市西南的健力士黑啤酒厂以酿造黑啤闻名。都柏林被联合国教科文组织命名为“文化之城”。

爱尔兰国家印刷博物馆、爱尔兰现代艺术博物馆、爱尔兰国家画廊、大型地方画廊、贝蒂图书馆都位于都柏林，爱尔兰国家博物馆的三个主馆也位于都柏林，大多数位于城市中心地带。

3. 发展策略

都柏林利用有效的财政手段吸引了大量海外投资，成功带动了经济向知识型转型。然而，过度依赖外资所带来的弊端已经在 2008 年金融风暴中有所体现。目前问题是：地方经济的崛起和公民的地区建设，已成为都柏林走可持续发展的关键节点。

在都柏林乃至全爱尔兰，博物馆从业者的职责被认为是关爱与展示那些保护爱尔兰历史的收藏，并越来越期望公众政策能与博物馆的宗旨结合，以带来良好的社会反

响。博物馆作为社会融合与重建的媒介，应在社会与经济方面为大众带来效益。

二、爱尔兰国家博物馆

1. 博物馆简介

（1）发展历史

爱尔兰国家博物馆是位于爱尔兰的国立综合性博物馆。该馆重点强调爱尔兰的艺术、文化和自然历史。1733 年由都柏林皇家学会设立收藏农业器具的博物馆，不久又收藏动、植物标本。1857 年成立自然历史博物馆，1877 年形成国立博物馆，并于 1890 年正式开放。

（2）建筑布局

该馆设爱尔兰古器物部、装饰艺术与历史部、民俗生活部、自然历史分馆，其中三个分部在都柏林，另外一个在梅奥郡。

①古器物部。古器物部中以史前金制装饰品最为精致，是欧洲罕见的文物，青铜时代的项链、别针、护喉具等也极珍贵，显示出爱尔兰古代的高度繁荣和工匠巧夺天工的高超技术。早期基督教时代遗物丰富多彩，由 300 多个玻璃杯制成的圣阿达杯是 8 世纪时的代表作。位于基尔代尔街的古器物部展出史前爱尔兰展品，包括早期金制品、教会珍品和维京时期及中世纪时期藏品。有来自塞浦路斯、埃及和罗马帝国的特别展品，并定期举办特别展览。

②装饰艺术品与历史部。装饰艺术品与历史部展有爱尔兰自由邦的国玺，是柯林斯军营遗址所保存藏品的一部分。于 1997 年开放，并包含博物馆的行政中心、商店和咖啡厅。本部展出家具、银器、陶瓷、玻璃器皿，以及民间生活的例证、服装、货币和武器。出自公元 1300 年左右的中国瓷花瓶——方特希尔瓷瓶是其特色之一。定期举办特别展览。

③民俗生活部。民俗生活部是最近开放的分部。它位于梅奥郡卡斯尔巴以东 8km 的图洛夫村外围，于 2001 年对外开放。民俗生活部着眼于 19—20 世纪中叶爱尔兰的平凡生活，其中许多藏品来自 20 世纪 30 年代的爱尔兰乡村。这是关于家、自然环境、群落和变革力量的展览品。

④自然历史分馆。自然历史分馆是国家博物馆的一部分，虽然往往认为是不同的。其位于都柏林梅瑞恩街，展出来自世界各地的动物标本，有已灭绝的爱尔兰巨鹿、熊、狼、北极狼、猛犸及大量鸟类的珍贵标本。

（3）场馆特色

由于爱尔兰人钟爱乡村式生活，博物馆也特设了 Country Life 专题，使游客可以通过欣赏爱尔兰传统工艺品和动手实践来体验乡村式爱尔兰社区庆祝传统节日的独特方式。

春天：与爱尔兰春季有关的传统节日和风俗习惯。

夏天：了解关于五一劳动节、爱尔兰木长笛（Lunasa）等夏日特色。

秋天：爱尔兰秋收季节的传统和习俗。

冬天：与萨温节（Samhain）、万圣节和圣诞节有关的传统。萨温节是古凯尔特人的新年，即“夏天的结束”，一般是在10月底天气转冷的时候。就其本质而言，萨温节就是在这一季节更替时庆祝所有重要事情的日子。

2. 馆藏经典

（1）经典馆藏一：元青白釉玉壶春瓶

这是爱尔兰国家博物馆最重要的陶瓷类藏品，是进入欧洲的第一件中国瓷器。它切实地见证了在久远时代中欧之间的交流，其装饰手法也微妙地影响了中世纪乃至文艺复兴时期西方的艺术。

（2）经典馆藏二：维京剑

维京剑出土于9—10世纪位于威克洛郡阿克洛的维京人墓穴。维京剑是维京人最为尊崇的武器，认为剑身具有神秘的魔力。该剑最大的特点在于从剑身的剖面图上可以清晰看到剑身两侧极宽的血槽，是一把杀伤性极强的武器。

3. 常设展览

“爱尔兰战争：1919—1923”：该展览展示了50余件新的展品、新的图片和视频元素，以及新的主题诠释，如公民抗议、监禁、绝食、宣传，战争中的妇女和冲突对平民人口的影响——所有这些都旨在增进公众对爱尔兰那段复杂历史的了解。

展览展出了两件从私人家庭藏品中借来的重要艺术品：一件是爱尔兰共和军情报文件，博物馆对这份文件进行了数字化并首次公开展示；另一件是在1920年迈克尔·巴里被捕时发现的一名妇女剪下的头发，这名妇女梳着当时十分流行的波波发型。

展览的其他新展品包括1919年塞恩·霍根在Knocklong被蒂珀雷里旅营救时所戴的RIC手铐；爱尔兰共和军制造的实验性武器；1921年在蒂珀雷里郡被摧毁的英国飞机螺旋桨。

该展览的策展人布伦达·马龙（Brenda Malone）表示：“重新举办爱尔兰战争展览的一大原因是希望聚焦于普通人卷入的冲突和关于暴力行为引发的悲剧事件。”

4. 特色展览

艾莉森·洛瑞：装饰我们隐藏的真相：艾莉森·洛瑞是一位非常独特的欧洲艺术家，她以玻璃作为艺术媒介，对虐待儿童和家庭暴力等热点话题表达了自己的看法。

本次的作品展分为四个不同的展区：悬空沙铸佛尔雷（Pâte de Verre）洗礼长袍的展示；与抹大拉洗衣店（the Magdalene Laundries）主题相呼应的雕塑作品；由表演艺术家Jayne Cherry制作的视频片段；以及由国际知名设计师Úna Burke设计的玻璃和皮革制成的盔甲套装。

展览的亮点之一是在两个房间内展出了九件用佛尔雷的玻璃糊所装饰的洗礼长袍。

值得一提的是，展览的照片还获得“2019 年度全球美术奖：全球人文类”及 2019 年度全球美术奖 Youniversal 的提名；并获得了 You–2 人民选择奖。

三、都柏林作家博物馆

1. 博物馆简介

（1）发展历史

爱尔兰文学传统是世界上最杰出的文学传统之一，以四位诺贝尔奖获得者和许多其他国际知名作家而闻名。都柏林被誉为作家之城、文学之城，具有浓郁的文学气息。1991 年，都柏林作家博物馆（Dublin Writers Museum）开馆，用于举办都柏林文学展和庆祝活动。

作家博物馆通过各类书籍、信件、肖像及个人物品，把爱尔兰古往今来 300 多年的文化名人栩栩如生地展示在参观者面前。

（2）建筑布局

作家博物馆位于 Parnell 广场上的一座重建过的乔治亚风格的大楼，是爱尔兰的一个名胜。其面积不大，陈列清晰简单。

馆身后面附属建筑的一层设有咖啡厅和书店，楼上有展览室和演讲室。在 19 号隔壁的爱尔兰作家中心，设有爱尔兰作家联盟、爱尔兰剧作家协会、爱尔兰儿童图书信托基金会，以及爱尔兰翻译协会的会议室和办公室。两栋房子下面的地下室是伊丽莎白女王曾品尝过的米其林 Chapter One 餐厅。

（3）场馆特色

该博物馆的建立是为了通过其收藏、展览和活动，提高人们对整个爱尔兰文学及爱尔兰作家个人生活和作品的兴趣。通过与爱尔兰作家中心的联系，它提供了与在世作家和国际文学界的联系。在国家层面上，它充当了一个中心，同时汇集了爱尔兰文学的线索，并补充了较小的、更详细的博物馆，专门为詹姆斯·乔伊斯、乔治·萧伯纳、威廉·巴特勒·叶芝和帕特里克·皮尔斯这样的个人服务。博物馆还包括爱尔兰作家的肖像，包括帕特里克·斯威夫特、雷金纳德·格雷、爱德华·麦奎尔和哈里·科诺夫等艺术家的精美原作。

博物馆的宗旨是让来自都柏林、爱尔兰和国外的人们了解爱尔兰写作的历史和现实。

2. 馆藏经典

（1）经典馆藏一：塞缪尔·贝克特的电话，一部带有红色按钮的电话机。贝克特在他七八十岁高龄的时候，每天只会在上午 11 点到 12 点之间接听电话。更早一点的时候，要再早一个小时。为此，他买了一部特制的电话，上面有一个红色的开关。开关一旦关上，什么电话都打不进来了。有时，他甚至故意不开电话。1972 年，他在写给伦敦的一位朋友的信中说：“有一段时间，我经常不开电话。”

（2）经典馆藏二：爱尔兰作家詹姆斯·乔伊斯的名著《尤利西斯》。《尤利西斯》通过布鲁姆一天内日常生活和精神变化的细致刻画展开了巨大的社会空间，揭示了人类社会的悲与喜，英雄与懦夫的共存以及宏伟与沉闷的同现。这位 20 世纪最伟大的作家之一，其作品及“意识流”思想对世界文坛影响巨大。每年 6 月 16 日，以都柏林为首的世界 60 多个城市用“布鲁姆日”来纪念乔伊斯和《尤利西斯》。

3. 常设展览

博物馆里展出的是文学短篇小说和纪念品，包括《凯尔斯书》（*The Book of Kells*）的复制品；塞缪尔·贝克特的电话；一封来自“公寓贵族”布伦丹·贝汉写给他哥哥格雷戈里夫人的修道院剧院短篇小说；一封来自 1910 年的叶芝的信；1804 年版乔纳森斯威夫特所创作的《格列佛游记》（*Gulliver's Travels*）；詹姆斯斯蒂芬斯所创作的第三版《金缸》（*The Crock of Gold*）等著作。

四、圣三一学院图书馆

1. 博物馆简介

（1）发展历史

都柏林圣三一学院图书馆由伊丽莎白一世于 1592 年创建，是爱尔兰最古老的图书馆，与英格兰的大英图书馆和牛津大学图书馆并称为“欧洲最古老的三大图书馆”。

（2）建筑布局

图书馆占地数栋，其中六栋位于三一学院校园内，其余部分位于都柏林圣詹姆斯医院的三一中心。这座图书馆不仅外观上宏伟壮观，还是世界上最大的单室图书馆。同时，它以藏有超过 20 万册馆内最古老书籍的“长厅”（Long Room）而闻名。

它是爱尔兰建筑大师托马斯·伯格的代表作。1712 年开始施工，花费了 20 年才完成原型的大型建筑。1732 年竣工后，它高耸于大学和城市之上。即使在今天，它也被同样规模的建筑包围着，从拿骚街俯瞰着大学的景色。老图书馆还包括了长廊，是爱尔兰最大的旅游景点之一，藏有数千册罕见珍贵文献。

（3）场馆特色

圣三一学院图书馆的长厅曾作为哈利·波特系列电影第一季《哈利·波特与魔法石》拍摄时的取景地，电影中霍格沃茨的图书馆就是在这里取景的。《星球大战》虽然未能取得馆内拍摄权，但也以此为原型建模，展现了绝地武士档案馆的场景。

馆内的书架从下到上，按照书本体积从大到小排放，每一排头上有不同的字母作为索引。书架高耸至顶，抬头就是浩瀚书海，因此每个架子前专门安装了木梯子以便攀爬。

值得一提的是，图书馆内的长廊和高高的书架十分神奇，如果一直仰望穹顶，会给人一种魔幻般的感觉。

2. 馆藏经典

（1）经典馆藏一：最著名的藏书——《凯尔经》（*Book of Kells*）

手稿是以拉丁文书写在羊皮纸上的四福音书，古朴精美。相传，公元 8 世纪，苏格兰西海外的爱欧纳岛曾建有修道院，因受到维京海盗的攻击，僧侣们死伤惨重。幸存者渡海迁徙至爱尔兰的凯尔斯镇，最终写成了这本有“祛蒙启智”之谓的圣书。可以说，它是西方书法的代表作，亦代表了海岛艺术绘画的高峰。它也被大众认为是爱尔兰最珍贵的国宝。

（2）经典馆藏二：爱尔兰国王的竖琴

珍藏在玻璃柜里的爱尔兰至高君主布莱恩·博鲁的竖琴，1782 年被赠予圣三一学院收藏。爱尔兰竖琴又称凯尔特竖琴，制造于 15—16 世纪，有 23 根黄铜琴弦，是现存的三种中世纪盖尔竖琴之一。17 世纪开始竖琴被用于政治，成为爱尔兰地区的象征。1945 年，以布莱恩·博茹竖琴为原型的竖琴形象被用于爱尔兰国徽之上，寓宁静、和平、博爱之意。

3. 常设展览

圣三一学院艺术藏品展览：该展览的精选作品投放在了欧米卡（Omeka）网站进行展出。欧米卡是一个免费、灵活和开源的网络发布平台，用于展示图书馆、博物馆、档案馆和学术馆藏和展览。作品包括菲利普·卡佩尔的日本木版画收藏；伊迪丝·A. 格雷厄姆的海地艺术收藏；塞缪尔·H. 克雷斯基金会的克雷斯研究收藏，其中包括八幅 14—16 世纪的绘画作品。

博物馆

——哥本哈根市（丹麦），Copenhagen（Denmark）

一、哥本哈根市博物馆业发展概况及特点

1. 历史沿革

哥本哈根博物馆行业的兴起和发展与丹麦整体国家发展策略和历史传统有着密切关系。丹麦城市发展政策制定者长期以来都将文化视为促进城市区域发展的重要手段。而作为文化记录者、传承者、保护者的博物馆自然被视为发展的重点，古老的历史、先锋的文化、传统的工艺、新潮的设计……也许它们看似矛盾，但在哥本哈根，这些元素绝对分割不开。如果想要领略它们的魅力，最好也最简单的方式就是去逛博物馆。在这些博物馆中，无数展品、影片、声像光影，组成了这个国家的小小缩影，记录着这个民族的历史和生命。

2. 现状特点

进入21世纪后，丹麦中央政府开始重新在国家层面强调文化和创意发展背后经济潜力，博物馆行业也因此得到大力发展。哥本哈根拥有众多值得参观的不同主题的博物馆，适合各年龄层游客。无论游客喜欢历史、艺术、自然还是科学，总有一个博物馆能够吸引目光。任何一个特色博物馆都可以开启一段历史文化之旅。

3. 发展策略

哥本哈根市政府为了发展经济和就业、营造一个国家化大都市形象，不断推动大型基础设施建设（厄勒跨海大桥、地铁系统、奥瑞斯塔德新区建造等）。同时，努力将地区经济构建成后工业、知识为基础的发展模式。通过建设一系列文化发展设施，如大剧院、阿肯现代艺术博物馆、孔斯特国家艺术博物馆等，从物理空间上给予文化发展推动力。此外，为了进一步促进文化发展，哥本哈根市政府还组织了一系列的文化娱乐活动，如国际电影节、爵士音乐节等。此外，哥本哈根的文化休闲娱乐发展给予居民丰富多彩精神生活的同时，也刺激了人们的创新思维能力，并进一步激发了当地

文化创意产业的蓬勃发展。区域内的创新产业，特别是时尚设计、广告、音乐、电子游戏和电影等行业发展迅猛。

哥本哈根市政府在考虑文化创意发展经济效益的同时也在利用各项举措来营造整体的文化创意氛围，改造其城市的社会文化环境，以此来支持相关产业的进一步发展。例如，政府为了发展支持文化创意产业，在市中心规划了八个混合产业区，以营造良好的创新环境。一些没落的工业区域（如 Den Hvide Kodby 肉类加工厂等）被改造成设计创意发展中心、影视中心等，为相关文化创意从业者提供展览、交流、学习和专业咨询的平台。其中有些甚至成为创业公司的孵化地。最终将哥本哈根塑造成了一个创意型大都市。

地区文化的发展不仅能直接促进当地文化创意产业发展，带来直观的经济效益，同时能间接刺激其他行业的兴起。从生活体验角度来看，区域内文化生活的丰富多元能更好地吸引人才。由于对高质量生活的共同追求，社区文化生活的发展不仅吸引了文化创意产业相关的创意型人才，也吸引了来自其他产业的人才。

二、丹麦国家博物馆

1. 博物馆简介

（1）发展历史

丹麦国家博物馆设于 1744 年建的洛可可式宫殿内，20 世纪 30 年代曾部分扩建，50 年代博物馆的部分机构搬迁到市郊区的布雷泽。丹麦国家博物馆在全国各地还管理有城堡教堂、寺院及乡村建筑、北欧海盗时代的遗址、遗迹等。

（2）建筑布局

丹麦国家博物馆还有两个分馆。其中里伯露天博物馆占地 35 公顷，迁建 40 座古老的、不同类型的乡村建筑，再现了农民生活条件和环境的真实图景。丹麦 1940—1945 年抵抗运动博物馆反映丹麦人民反法西斯的英勇斗争。该馆平均每年举办 15 个专题展览。

（3）场馆特色

丹麦国家博物馆设置了以下部门：

①自然科学部，负责确定出土文物的年代，研究史前人类与自然的相互关系。

②海洋考古学部，从事探测、调查古代失事的船只及船上物品。

③保管部，保证藏品保管环境的稳定，帮助修复古代教堂，对兄弟单位提供有关文物保管的咨询。

④资料部，安排专门展览，进行社会教育工作。

⑤文献中心，通过计算机存储、管理全馆藏品，也是全国考古、历史文物和遗址方面的资料中心。

2. 常设展览

（1）“史前部分”展览

该展览是丹麦国家博物馆最有名的展览之一，人们可以通过1.5万年前的考古文物来了解丹麦的古代史。在石器时代晚期，丹麦开始出现人类活动，在这个展厅展示了一些史前丹麦人自制的石斧、石刀和骨器等。

（2）中国馆

1726年，丹麦从中国运回来了第一批瓷器，近300年来，丹麦人一直将来自中国的艺术品精心看护着。中国馆作为丹麦国家博物馆特别设立的展厅，里面保存着许多中国的古代文物，以及瓷器和艺术品等。它们见证了中国和丹麦两国间数百年的商业和贸易往来。中国馆里至今还完好地保存着18世纪中国艺术工匠为丹麦商船的船长所做的塑像。他们身着丹麦服饰，坐在中国的圈椅上，有的神情坚毅自信，有的心事重重，造型准确生动。丹麦人正是通过这些艺术的写真了解中国人民丰富多彩的生活。

3. 临时展览

（1）维京时代

2018年6—8月，丹麦国家博物馆推出了关于维京时代的展览，核心展品是一艘长达37m的海盗船，这也是这艘世界上最长的海盗船的首次亮相。这次展览可以帮助参观者更好地了解维京时代的历史。

（2）熊猫与世界——中国大熊猫保护·文化·艺术成就展

2019年4月11日，“熊猫与世界——中国大熊猫保护·文化·艺术成就展”在丹麦国家博物馆正式开幕。此次展览以大熊猫为主题，以时间为轴，全面展现了中国大熊猫保护、文化、艺术各方面取得的成绩。

2019年4月4日，成都大熊猫“星二”“毛二”正式入住丹麦哥本哈根动物园，开启为期15年的中丹大熊猫科研保护国际合作。在国家、省、市各级部门的领导和支持下，熊猫基地联合中丹有关部门、机构和组织，以中丹大熊猫国际合作交流为契机，策划了“2019中丹大熊猫文化交流周暨熊猫走向世界·丹麦站”系列活动。活动以大熊猫为核心元素，讲述中国大熊猫故事，展现以熊猫文化为代表的中华特色文化，具体包括“熊猫与世界——中国大熊猫保护·文化·艺术成就展”、熊猫少儿音乐剧《熊猫童话》《熊猫组曲》中丹大熊猫音乐会三大活动。为了让丹麦民众更加了解“星二”“毛二”两位友好使者，展览以沉浸式的体验方式生动表现了两只大熊猫的成长过程及中丹大熊猫合作研究进展。另外，还展出10余名国内外艺术创作者的优秀作品和大熊猫文创艺术品，为丹麦民众拉开了一幅中国大熊猫文化艺术丰硕成果的美丽画卷。

“熊猫与世界·全球大熊猫艺术巡展”自2015年开始，先后在中国澳门、韩国龙仁、中国香港、中国北京、日本东京、中国成都、德国柏林办展，得到当地民众一致欢迎与好评。

三、丹麦设计博物馆

1. 博物馆简介

（1）发展历史

丹麦设计博物馆于1890年由丹麦哥本哈根工业联合会和纽约嘉士伯博物馆共同创建。博物馆的长期展览包括丹麦国内外艺术家的优秀作品。

博物馆的主要目标是在设计中传达质量理念。通过展示示范性物品和收藏品，力求提高丹麦工业产品的水平，并成为工业界人士的灵感来源。它还旨在使当代消费者更加注重质量。

自1926年以来，丹麦设计博物馆一直被安置在哥本哈根最好的洛可可建筑之一，即前皇家弗雷德里克医院。这座建筑是在1752—1757年腓特烈五世统治时期根据建筑师尼古拉・艾格特维德和劳丽兹・德・图拉的图纸建造的。20世纪20年代，建筑师伊瓦尔・本特森（Ivar Bentsen）和凯雷・克林特（Kaare Klint）对这些建筑进行了翻修和改造，使之适合博物馆使用。凯雷・克林特为博物馆提供了家具，他在20世纪20年代末设计了博物馆的全部库存。他被誉为丹麦家具设计的元老，对丹麦设计有着决定性的影响。凯雷・克林特在博物馆生活和工作，还担任20世纪丹麦几位最著名建筑师和设计师的教师。作为皇家美术学院家具设计与室内装饰学院的讲师，他以其对空间性的广泛分析研究而闻名。今天，博物馆的建筑被称为是凯雷・克林特作品的功能和传统的最佳典范。

（2）场馆特色

2012年，博物馆在旁边建立了一个用于学习活动的现代设计实验室。如今，它是创意、教育和学习活动的平台，在这里，所有年龄段的人都可以参与到实际的设计过程中。

此外，丹麦设计博物馆的设计师 Henning Larsen 特别打造了一面精美的玻璃镜，可以让环境景观一览无余。馆内纪念品店售有许多打破传统形式的设计商品，如可折叠的野餐篮、一键控制的弹出式阅读灯，以及各种精致的斯堪的纳维亚地区的独特设计品，种类丰富。

2. 常设展览

事项 – 重新思考材料：博物馆和 CHART Curio 联合策划了此次展览，用于展示五位北欧设计师的独特作品，致力于创新材料的使用方法。该展览的主角是五位年轻的北欧设计师，他们表达了一种很有远见的想法，即重新思考从合成材料到有机材料如何能塑造出新的概念品，从而创造出更具有可持续性的未来。

3. 临时展览（特色展览）

包豪斯的全部设计：该博物馆参加包豪斯百年国际庆典，由维特拉设计博物馆和德意志联邦共和国艺术展览馆共同构思，首次全面展示了包豪斯的设计概况。该展览展示了设计、建筑、艺术、电影和摄影领域的珍贵实例。

4. 公众教育

博物馆提供一系列以设计为主题的教育课程，学生可以在这里探索、理解和评价设计世界，提高对形式、功能、结构、技术、材料的认识，培养解决问题的能力，锻炼创造性思维。

四、哥本哈根博物馆

1. 博物馆简介

（1）发展历史

哥本哈根博物馆建于 1901 年。从 1925 年开始，博物馆在哥本哈根市政厅的阁楼上举行了一次永久性展览。随着收藏品的增加，阁楼变得太小。1956 年，博物馆迁至维斯特布罗的哥本哈根皇家射击协会前建筑，以前的射击场变成了一个公共公园。1984 年，博物馆接管了毗邻阿萨隆加的前玛丽亚克鲁斯学校。它现在被用于管理博物馆的档案。这条街的一部分被改造成了一条博物馆街，陈列着历史悠久的街道建筑。

2010 年，博物馆更名为哥本哈根博物馆。2018 年，博物馆宣布计划搬迁到哥本哈根市中心的斯托姆加德的一个新位置。

（2）建筑布局

哥本哈根博物馆是典型的新古典主义建筑。在哥本哈根，可以看到不同历史时期的建筑物、房屋墙壁和街道并排矗立。在这里，可以看到一座宏伟的现代化玻璃钢建筑矗立在一座 18 世纪的小房子旁边，一座工人阶级的小房子坐落在一座城堡旁边，一座旧烟囱藏在一个新的大公寓后面。这种文化环境正是哥本哈根成为如此独特的大都市的原因。

（3）场馆特色

哥本哈根博物馆希望通过激发公众的好奇心，唤起人们对这座城市的过去、现在和未来的了解。该博物馆旨在展示哥本哈根这个现代大都市与文化遗产的动态关系。

2. 馆藏经典

（1）经典馆藏一：丹麦艺术家保罗 · 菲舍尔（Paul Fischer）的书籍和绘画作品。保罗 · 菲舍尔除了是一位画家之外，也是一位多产的插画家和海报艺术家。除了他美丽的油画外，哥本哈根博物馆还展出了大量菲舍尔的书籍和绘画作品。

（2）经典馆藏二：“*Trash*”（“垃圾”）。

3. 常设展览

城市花园（The Urban Garden）：在哥本哈根博物馆前体验新的历史灵感。这座城市花园是根据博物馆考古学家在哥本哈根街皮尔斯特德（Pilestræde）偶遇一个厕所时的发现建造的。城市花园讲述了17世纪哥本哈根的植物和食物的故事，也讲述了城市探索的故事。

4. 临时展览

2015儿童之城（2015 Kid City）：在儿童城，游客可以“回到过去”，体验城市里孩子们的生活是如何随着时间而改变的。

5. 公众教育

哥本哈根博物馆受新型冠状病毒肺炎疫情的影响，在2020年整个春季闭馆。但博物馆声明，开馆后，会组织一系列针对幼儿园和中小学的训练课程。

五、邮政电信博物馆

1. 博物馆简介

邮政电信博物馆于1913年在蒂特根斯盖德的中央邮局大楼开馆，馆内藏有哥本哈根前邮政局长延斯·威尔肯·莫赫收藏的邮票和物品。1927年，邮电部门合并，博物馆的藏品扩大到与电信有关的物品。如今，博物馆位于哥本哈根市中心，游客可以了解到在计算机问世之前人们如何进行通信，以及现代通信技术的发展历程。

博物馆除了展览区域，还有专门为2~10岁儿童开办的游学天地，让儿童在玩耍中学到邮电知识。另外，博物馆顶部还有观景咖啡厅，游客可以欣赏到绝佳的风景，享受丹麦美食。

与其他丹麦档案馆一样，博物馆将部分档案数字化，并通过互联网向公众开放。其中包括1880—1965年的邮政年鉴、数千张邮政雇员的肖像和哥本哈根的电话簿。虽然实体博物馆和档案馆在2015年因搬迁而关闭，但它们在网络世界会一直开放。

2. 常设展览

“计算机芯片和电路板”：展览将游客带入移动电话的世界，置身于计算机芯片和电路板中，从微观角度体会电子线路的奥秘。

六、安徒生童话屋

1. 博物馆简介

（1）发展历史

安徒生童话屋为纪念丹麦伟大童话作家安徒生（1805 — 1875）诞生100周年（1905年）而建。

这座黄墙红瓦的小屋坐落在一条鹅卵石铺的街巷里，这里临街的一幢幢古老式样的建筑，使人感到仿佛回到了19世纪安徒生生活的年代。

（2）建筑布局

安徒生童话屋的设计由三部分组成。

①地下博物馆——设计灵感源自美人鱼童话，小美人鱼因未成年所以不能上水面，但她经常想着到外面的世界看看。访客将通过安徒生故居进入地下博物馆，犹如小人鱼被封锁在地下空间，试图走出到有阳光和绿树的地方。

②浮动屋儿童文化中心——设计灵感源自卖火柴的小女孩冻死前的场景，她想起唯一疼爱她的人——死去的奶奶对她说过，流星坠落时就有灵魂飞到上帝那里。每个浮动屋被分配一个童话主题活动。

③绿色森林——象征灵感之源和常青的安徒生童话。

（3）场馆特色

安徒生博物馆于1908年开放，向世人展示这位作家生前的生活和工作情况，是最古老的诗人博物馆之一。馆内的展品将会把游客带回安徒生最初创作其作品的年代，以了解安徒生，看到他与众不同的外貌和思想。此外，还有绘画作品和艺术作品向游客展示这位诗人广阔的创作空间。

博物馆内各种现代设施一应俱全，可以步行探索安徒生的世界，在计算机上浏览他的书，一起聆听他的故事。博物馆的商店内有售大量关于安徒生的著作，品种多样，涵盖各国语言。

2. 馆藏经典

（1）经典馆藏一："皇帝的新衣"展窗，随着灯光的变化，镜子中的皇帝仿佛会穿上华丽无比的新衣服。

（2）经典馆藏二：从旧居找到的安徒生手稿，市价600万美元。

3. 与中国的友好交流

（1）2014年9月12日，魅力永恒的童话力量——安徒生童话进入中国百年纪念展在中国妇女儿童博物馆开幕。这项展览由中国妇女儿童博物馆和丹麦欧登塞市博物馆共同主办，由中华全国妇女联合会、中国国家图书馆、丹麦驻华大使馆、丹麦文化中心、丹麦安徒生基金会支持，以纪念安徒生童话进入中国一百周年。百年纪念展对进一步促进中丹两国文化交流与合作具有重要的意义。

展览以"魅力永恒的童话力量"为主题，包括安徒生生平、安徒生的作品及在中国的传播、安徒生童话对社会文化的影响和安徒生童话戏剧表演与工坊四部分。配合展览，主办方还策划了以安徒生童话为主题的绘画剪纸和中丹文化交流专题研讨会等活动，邀请了社会各界观展并参加活动。

（2）2018年5月28日下午，绍兴鲁迅纪念馆和丹麦安徒生博物馆缔结友好馆签约仪式在鲁迅纪念馆举行。

出席签约仪式的有安徒生博物馆首席执行官托本·格隆加德·叶培森，安徒生博物馆馆长艾杰那·斯迪格·阿斯加德，鲁迅文化基金会绍兴分会会长李露儿，以及市旅游集团董事长沈安龙。欧登塞市自1991年与绍兴市缔结为友好城市以来，曾多次访问绍兴鲁迅纪念馆。此前，绍兴图书馆与欧登赛中心图书馆缔结为“姐妹图书馆”，这次两馆正式缔结友好馆又为两市友好往来史上增添了浓墨重彩的一笔。

双方根据协议将在文物、展览、科研等业务活动中加强馆际交流；在学术会议、文献资源等领域开展全面合作。同时将与一切友好国家的文化机构开展互利互赢的合作，并结合中国具体国情与历史文化传统，探索一条适合博物馆可持续发展的道路。

七、托瓦尔森博物馆

1. 博物馆简介

（1）发展历史

托瓦尔森博物馆是一座单一艺术博物馆。其建立目的是为了纪念新古典主义雕刻家巴特尔·托瓦尔森（1770—1844），其大半生（1796—1838 年）都是在罗马度过的。这座博物馆坐落于哥本哈根市中心克里斯钦堡宫以北的城堡岛上。1837 年得到公众筹款设立的基金支持后，建筑于 1838—1848 年间。

（2）建筑布局

托瓦尔森博物馆是丹麦第一座博物馆建筑。在博物馆的屋顶上，维多利亚女神与她的四匹马队一起凯旋，表现出了托瓦尔森所获得的声誉。雕塑组由托瓦尔森的学生赫尔曼威廉比森模仿托瓦尔森的素描，并由基督教八世国王捐赠。

博物馆的建筑师迈克尔·戈特利布·宾德斯·贝尔在意大利庞贝古城和赫库兰尼姆等地的发掘中发现的图案和颜色的启发下，为托瓦尔森的艺术创造了一个多彩的背景。明亮的光线从博物馆高高的工作室式窗户射入，会根据参观博物馆的时间或季节，为雕塑和建筑的多种颜色创造出各种各样的气氛，这使每次参观博物馆都有特别之处。游客可以坐在小房间的长凳上享受气氛，或者在博物馆的院子里休息。19 世纪的艺术家们用艺术装点了托瓦尔森的坟墓，用来自南北的植物和鲜花装饰墙壁。

（3）场馆特色

这座具有特色的博物馆建筑是为了展示雕塑家托瓦尔森的大量生活作品而建造的，今天仍然或多或少地保留着 150 多年前开放时的样子。

托瓦尔森博物馆收藏了托瓦尔森的雕塑和浮雕素描。此外，托瓦尔森是一位热情的收藏家，因此博物馆还展出了他那个时代的大量绘画作品和古希腊、古罗马和古埃及的艺术品和物品。

2. 馆藏经典

（1）经典馆藏一：伯特尔·托瓦尔森塑造的雕像《约瑟夫·波尼亚托夫斯基》

波尼亚托夫斯基是波兰政治家和将军，为纪念这位英勇的自由斗士，波兰人委托托瓦尔森为其建造了一座雕像。

（2）经典馆藏二：C. W. 埃克斯伯格的帆布油画《1838 年 9 月 17 日，托瓦尔森抵达哥本哈根路站》

埃克斯伯格的画作显示了白发的托瓦尔森在船长的驳船上从“罗塔”号护卫舰上岸。港池里挤满了小船，船上挤满了前来迎接他的人们。

3. 常设展览

托瓦尔森的幕后故事：来自档案馆的故事。参观者可以与工作人员一起了解伯特尔·托瓦尔森的生活，并近距离接触托瓦尔森的物品和向公众展示的书信原件。展览会提及档案馆研究人员的最新发现，并对之前关于伯特尔·托瓦尔森的故事进行更加细致生动的讲述。

4. 临时展览

面纱飞扬（Veils Flying Up）：该活动邀请了一些丹麦的诗人，他们除了自己写诗外，还从事翻译工作。活动地点设在托瓦尔森博物馆的一大原因是：很少有丹麦人能像丹麦雕塑家伯特尔·托瓦尔森那样经常在诗歌中被提及、被赞美。

5. 公众教育

托瓦尔森博物馆的教学是以对话为基础的，该馆的目标是在观众自身的艺术体验与博物馆的专业经验之间搭建起一座桥梁。在这种联系中，观众学习并领悟对艺术更微妙的理解，了解艺术是如何被感知和使用的。

当游客走进托瓦尔森博物馆的大门时，就会进入一个以托瓦尔森的生活、艺术和艺术收藏为中心的诗歌世界。该博物馆不仅提供现代艺术和建筑的欣赏，从美学和历史的角度来看，它还是 1848 年的一件地地道道的“时期作品”。

除了付费课程外，博物馆还为公共教育系统的所有年级提供免费教育，定期举办艺术家工作坊，并与学校和其他教育机构积极开发拓展项目。

博物馆

——明斯克市（白俄罗斯），Minsk（Belarus）

一、明斯克市博物馆发展概况及特点

1. 历史沿革

明斯克市是一座历史悠久的城市，迄今已有 935 年的历史。明斯克市是白俄罗斯首都，是白俄罗斯的政治、经济、科技和文化中心。市内设有多座高等院校及数座博物馆，此外还有著名的马戏团、歌剧院和芭蕾舞院。市中心为行政、文化、商业区，东部为工厂区并有文教和科研机构。西南部为铁路枢纽和轻工业区。

白俄罗斯的博物馆业起步很早，于 20 世纪初开始发展。由于 1918 年爆发的苏俄战争，博物馆业开始陷入困境。随着白俄罗斯化政策的开始，人们开始关注博物馆事业——决定在以明斯克地区博物馆为首的白俄罗斯社会主义苏维埃共和国建立一个集中的博物馆网络。

1923—1929 年期间，当局希望俄罗斯归还 18 世纪末至 20 世纪初带到俄罗斯的白俄罗斯文化纪念碑。然而，请求没有得到回应。取而代之的是，在 1926—1927 年间，约有 70 位俄罗斯艺术家的画作、600 枚古钱币、40 多个用瓷器和水晶制成的古物件、40 幅版画、马克・安托科尔斯基的雕塑和 40 本有关艺术史的书籍被转移到了白俄罗斯的博物馆馆藏中。

第二次世界大战期间，明斯克市几乎被夷为平地，众多古代历史建筑在轰炸中被摧毁，博物馆业的发展因为人员和场馆问题也一度停摆。但有一个例外，白俄罗斯卫国战争博物馆在战争期间诞生，旨在记录法西斯分子的暴行，也表达了白俄罗斯人民对战争的厌恶与对和平的珍惜。

第二次世界大战结束后，明斯克人以斯韦斯洛奇河为中轴，在废墟上重新建起了这座城市。城内建设了许多代表性建筑，曾经停止营业的博物馆也在修缮后重新开放，并且新建了许多新的博物馆来保存和宣扬白俄罗斯的艺术与文化。

2. 现状特点

明斯克市内博物馆规模不大，但可以涵盖到民众文化生活的方方面面。其中有为了纪念历史的白俄罗斯卫国战争博物馆，也有进行艺术品交易的画廊；有保留民族艺术成果的古代和当代美术馆，也有全方面介绍国家历史的国家博物馆。

明斯克市非常注重与世界各国间的经贸往来和文化联系，多次举办联合展览和邀请巡展。2006 年，“中国冰雪画展”在明斯克市内的白俄罗斯国家历史文化博物馆隆重举行；2016 年，“中国电影国际巡展”走进白俄罗斯国家图书馆；2017 年，白俄罗斯国家美术馆的典藏精品展进入中国美术馆国际交流展系列。明斯克市博物馆业致力于建立文化交流的桥梁，巩固与世界各国人民的友情。

3. 发展策略

明斯克市内的博物馆各有鲜明的发展方向，其侧重点不同，带来的影响也不同。

白俄罗斯卫国战争博物馆是明斯克最有名、最享誉国际的博物馆，其宣扬爱护和平反对战争信念，每年都会吸引大批的游客，为明斯克的旅游业发展做出了贡献。白俄罗斯国家历史博物馆是白俄罗斯历史最悠久、馆藏最丰富全面的博物馆，作为国立综合型博物馆，其承担着众多职责，为国家综合国力的发展而服务。而市内的众多画廊，则致力于向国际顶尖艺术画廊看齐，开拓白俄罗斯的艺术品交易市场，带来新的经济增长点。其余各有侧重的博物馆，则保留、传承着白俄罗斯民族多姿多彩、灿烂非凡的文化生活。

二、白俄罗斯卫国战争博物馆

1. 博物馆简介

（1）发展历史

白俄罗斯卫国战争博物馆位于明斯克市共和国宫左侧，是白俄罗斯最大、收藏品最多的一座卫国战争纪念馆，于 1942 年 6 月建立。博物馆于 1944 年 10 月 22 日首次对外开放，主要展品来自 1942 年 10 月在莫斯科举办的“白俄罗斯的生活和战斗历程”展。这些展品直接从前线送到专门为收集伟大卫国战争的文件和材料而成立的共和国特别委员会。博物馆最早的资产包括有关党派运动的编年史、印刷和手写书籍、手工武器等。这些展品集中反映了白俄罗斯军民在 1941—1945 年间抗击德国法西斯的悲壮历史。

1942 年 11 月，莫斯科人看到了一个令人印象深刻的展览，题为“白俄罗斯的生命，白俄罗斯正在战斗，白俄罗斯将继续是苏联”。展览一直开放到 1944 年 8 月，当时它被转移到解放的明斯克。博物馆是白俄罗斯人民勇气和悲剧记忆的守护者，是被摧毁和掠夺的明斯克为数不多的完好建筑之一。1966 年，博物馆迁至明斯克市中心广场（奥今克塔阿布斯卡亚广场）专门为其建造的一座建筑。1977 年，在博物馆旁边举行了一次独特的军事装备和武器的露天展览。

经过几十年对卫国战争的研究，博物馆的藏品增长了很多倍。即使现在，它每年也能获得700~800件见证历史的文物。21世纪初，在白俄罗斯总统的倡议下，计划为博物馆建造新的展馆，目的是拥有更多的展览空间和使用现代技术来讲述和展示更多关于这场悲惨战争的故事。白俄罗斯知名人士参与了该建筑的设计，包括明斯克铁路枢纽和国家图书馆设计的合著者、国际建筑学院教授维克多·克拉马连科，以及著名的哈廷纪念馆的创造者之一、白俄罗斯的著名建筑师莱昂尼德·莱问。修葺后的博物馆于2014年7月2日独立日前夕隆重开放，是对白俄罗斯从纳粹侵略者手中解放70周年的一种纪念。

（2）建筑布局

白俄罗斯卫国战争博物馆位于波贝迪泰莱大道，建于独立日游行重要场所——英雄广场，毗邻明斯克英雄城和博贝达博物馆和公园，总面积为15 600m^2。

博物馆目前的馆舍不仅因其规模而令人印象深刻，而且因其象征意义反映了1941—1945年历史上的重大里程碑而令人印象深刻。这一建筑结构有四个主要部分，与战争年代和参加白俄罗斯解放的军队战线相匹配。建筑外立面正面看起来像是一个节日的礼炮：11道由不锈钢制成的闪耀光芒象征着伟大的胜利，同时象征着明斯克占领的1 100个悲剧性日日夜夜。新建博物馆馆舍的正面是用来装饰的光泽金属，象征着战争，而玻璃的金色闪光则象征着胜利和和平这一最伟大的财富。新博物馆馆舍的设计巧妙地结合了惊人的特点和现代技术。玻璃壁龛配有宽大的等离子屏幕。“敬礼之光”似乎穿透了夜空，突出了整个博物馆的整体轮廓。其正上方是一座45m长的石碑明斯克——英雄之城。它于1985年为纪念伟大胜利40周年而揭幕。

博物馆位于三层建筑内，共有24个展厅，总面积3 600m^2，陈设着14.27万件各种照片、文物及艺术作品。博物馆内院是专门的展示坪，陈列着苏军第二次世界大战时期的武器装备实物。

（3）场馆特色

白俄罗斯国家卫国战争历史博物馆是世界上第一个讲述20世纪战争故事的博物馆，也是白俄罗斯唯一一个在纳粹占领时期创建的博物馆。

今天，它是世界上最重要和最大的战争博物馆之一，也是白俄罗斯宝贵的民族遗产。在那些可怕的岁月里，白俄罗斯失去了1/3的居民。300多万人死亡，其中包括大约5万名游击队员和地下战士。全国共有250个死亡集中营，其中包括声名狼藉的特罗斯滕内特集中营，是继奥斯威辛集中营、马贾内克集中营和特雷布林卡集中营之后最大的集中营之一。

由于历史原因，明斯克市致力于传播和平反对战争的理念，而白俄罗斯国家卫国战争历史博物馆便走在传递这个信念的第一线，馆方多次举办战争相关联合展览。

2018 年，由国际第二次世界大战博物馆协会联合中国人民抗日战争纪念馆及俄罗斯伟大卫国战争历史博物馆等国际上十余家第二次世界大战类革命纪念博物馆共同主办的“东方主战场”展览在该馆隆重开幕。

白俄罗斯国家卫国战争历史博物馆为战争学术研究提供了宝贵且真实的历史资料，馆内的藏品全部都与战争直接相关。战争期间，大部分展品直接由前线送往展厅；战争后的几十年中，卫国战争参与者的亲属、朋友依然源源不断地将宝贵历史文物捐献给馆方。这些物品具有重要的历史文化价值，是活的战争百科全书。

值得一提的是，白俄罗斯国家卫国战争历史博物馆拥有一个面积为 $30m^2$ 的“流动博物馆”，该博物馆的建设基于一辆长 14m 的半挂车，$30m^2$ 的面积兼顾展览区、纪念品售卖区和服务区。该流动博物馆会定期在明斯克市内进行巡展，也会前往临近城市，展现一代人的特殊记忆。

2. 馆藏经典

（1）经典馆藏一：个人物品

博物馆中的“白俄罗斯游击运动与反法西斯地下抵抗”展厅展示了特勤特工叶莲娜·马扎尼克参与明斯克游击队和地下抵抗部队杀害被占领白俄罗斯总干事威廉·库贝行动的个人物品。这个故事还被改编为苏联最著名的电影之一《午夜停钟》。

（2）经典馆藏二：小武器和炮兵武器

展览设计中利用多媒体技术如球形屏幕、全息 3D 装置和模拟火焰的雾屏来呈现战争给人带来的伤害。

三、白俄罗斯国家历史博物馆

1. 博物馆简介

（1）发展历史

白俄罗斯国家历史博物馆的前身是明斯克地区博物馆，是白俄罗斯第一家国立博物馆，其历史可追溯至白俄罗斯苏维埃国家成立之时。它于 1919 年在前贵族议会大楼中开放。布尔什维克当局在富裕的城镇居民公寓和斯拉赫塔庄园中查获的物品成为博物馆藏品的基础。随后的苏俄战争使这个小博物馆陷入了贫困状态。

在 1921—1922 年间，博物馆员工采取了很多的措施来收集和清点馆藏，并通过各种渠道扩大收藏。当局非常重视博物馆的收藏形式：中央执行委员会捐赠了古钱币收藏品，人民委员会理事会捐赠了 19 世纪水彩作品收藏品，农业人民政府捐赠了绘画和古董武器，私人藏家也捐赠了许多有价值的物品。在这一时期，馆内藏品数量激增。

1923 年，该博物馆更名为白俄罗斯国家博物馆，并根据其《条例》成为“保存具有国家和科学重要性的艺术品、艺术、历史、考古和人种学特征的中央机构”。

1924 年，白俄罗斯国家博物馆的结构增加了新的分支机构。接下来的几年是再一次扩大藏品范围的时期。前姆西拉神学院、前霍里－霍尔基博物馆及斯拉克地方历史博物馆中最有价值的物品已转移到明斯克。1926 年，安东·布拉杜斯基的私人收藏中的一些犹太遗产也从维切布斯克博物馆转移了出去。此外，居民的捐赠和计划的探险使收藏更加丰富。

20 世纪 20—30 年代之间，博物馆事务的组织发生了革命性的变化。1928 年 8 月，博物馆的区域分支成为独立的经济实体。

20 世纪 30 年代，白俄罗斯国家博物馆更名为明斯克社会历史博物馆。

1931 年 2 月，当局任命了白俄罗斯民族运动杰出人物 Siamion Rak–Mikhaylouski 担任馆长一职。当时，该博物馆几乎被剥夺了研究机构的地位，并开始行使文化和教育职能。

第二次世界大战期间，在德军发动进攻之前，历史博物馆没有时间撤离，在卫国战争期间，它分担着有白俄罗斯民族的悲惨命运。尽管珍贵的博物馆作品存放在储藏室中，但在占领的头几个月已经被洗劫一空。大多数员工撤离，博物馆也没有防盗措施，大量宝贵藏品遗失。

在战争年代结束后，当局没有立刻对历史博物馆进行修缮和恢复。修缮博物馆这一愿望在未来数年中停滞不前。自 1956 年 12 月 15 日成立白俄罗斯国家历史与区域研究博物馆指导小组成立以来，馆藏活动变得活跃起来。同时，苏联文化机构为恢复国家博物馆提供了帮助。

在经历多年的研究、计划、建设后，白俄罗斯国家历史博物馆于 1967 年 11 月 2 日正式开幕。其陈列室设在 18 个房间中，向参观者介绍了白俄罗斯的自然风光，以及从远古时代到现在的白俄罗斯民族历史。1970 年，博物馆变成了共和国最大的博物馆学、地方历史和修复工作的方法论中心。

白俄罗斯共和国宣布独立后，博物馆两次更名：从 1992 年起，它被称为白俄罗斯国家历史文化博物馆；2009 年，它被命名为白俄罗斯国家历史博物馆。

每年，博物馆的收藏品都会增加 2000~3000 个收藏品，截至今天，馆藏数量已达到 40 万件。

（2）场馆特色

白俄罗斯国家历史博物馆是保存具有国家和科学重要性的艺术品、历史文物、考古证据和人种学特征的中央机构，是该国最受欢迎的博物馆之一。

由于历史变革，白俄罗斯国家历史博物馆的身份发生了很多次转变。目前，它拥有多项职能，集文化和教育、历史研究、遗产研究和文物修复于一体。其创建了方法论部门，负责为白俄罗斯其他博物馆的员工提供定期课程，对地区当地历史博物馆工作的分析起到重要作用，在国家遗产、文物修复过程中扮演了重要的角色。

2. 馆藏经典

（1）经典馆藏一：圣经翻译本

用希伯来语撰写的第一本圣经译本。这是 Septuagint 和 Vulgate 在 9 世纪进行的工作——将圣经翻译成斯拉夫语。在印刷圣经之前，部分或全部圣经已被翻译成 33 种语言——该组织最重要的任务。

（2）经典馆藏二：西拉赫书

约书亚·本·西拉的全能智慧之书——通常被称为西拉赫的智慧，也称传教士之书，是一部约公元前 200—前 175 年的道德教义著作。耶路撒冷的犹太抄写员本·西拉受其父亲西拉赫的启发而作。在埃及，作者的孙子将其翻译成希腊文，并加了序言。这本书本身是古代以来幸存的最大的智慧书。

博物馆

——里加市（拉脱维亚），Riga（Latvia）

一、里加市博物馆发展概况及特点

1. 历史沿革

拉脱维亚共和国是一个位于欧洲东北部的议会共和制国家，里加是其首都，也是拉脱维亚的经济、文化中心。1918 年 11 月 18 日，拉脱维亚在经历了 700 多年的外国统治之后，宣布独立，定都里加。因为里加市地理位置的优越，历史上曾多次遭受异族的侵占，曲折的历史也造就了里加的多元文化氛围。

拉脱维亚开始注重本民族的文化建设和历史记录，于是在宣布独立后建设了一大批博物馆，拉脱维亚战争博物馆、拉脱维亚国家美术馆、里加自然博物馆、里加学院博物馆等都诞生于这个时期。

在第二次世界大战期间，国内大部分博物馆暂停营业。第二次世界大战结束后，拉脱维亚将注意力从俄国转向西欧国家，建立了一个民主的议会制政府。

20 世纪 80—90 年代，里加当局修建了数量巨大的特色博物馆，摩托车博物馆、世界草帽博物馆、药房博物馆等极具特点的场馆都是在这一时期建成的。里加市数量众多的博物馆是本民族文化艺术传承的重要保证。

2. 现状特点

里加市内博物馆、美术馆、画廊众多，历史相关博物馆和美术馆分别有 10 余座，而各类特色博物馆则有 30 余座，从这些数字中可以看出里加市当局对于文化艺术发展的重视度。

里加市内博物馆业最大的特点是其全面性。其中历史博物馆涵盖了拉脱维亚民族近千年的历史，从祖先定居在波罗的海到第二次世界大战结束后，皆有分别的博物馆来进行文物收藏和展出；艺术类的美术馆也不例外，陶瓷、银器、服饰装饰、琥珀、古代艺术、当代艺术、室内建筑……应有尽有；博物馆中种类最全面的还要数 30 多家特色博物馆，馆藏内容包括摩托车、老爷车、啤酒、草帽、巧克力、电子游戏等生活中常见的物品。

这些博物馆无一不展现着古老欧罗巴民族浓厚的文化氛围，博物馆的分类之细足以让游客全方位、多角度了解这个国家。里加市的博物馆业内容丰富，形式多样，每年都可以吸引大量的游客。

此外，里加市博物馆行业与学界保持着密切的联系，各学术委员会为里加市博物馆业的发展提供材料和人员支持，博物馆行业则为学术研究和环境、物种保护提供便利。这些学术机构来自国内外，有挪威双边金融机制协会、拉脱维亚环境保护和区域发展部、拉脱维亚环境保护基金、国家文化资本基金会等。

3. 发展策略

拉脱维亚是一个发达的资本主义国家，里加作为它的首都，是国家文化中心，重视文化艺术发展，并且有能力建设多座博物馆来丰富人们的文化生活。其不但重视历史的重现，将历史文物分时期保留在不同的博物馆内，使游览者身临其境；且对民众生活的方方面面都加以关注，大到民族历史，小到巧克力、电子游戏，这些都是文化生活的组成部分。

里加市博物馆行业致力于用现代化的科技来促进信息传递，多家博物馆的部分展厅已经应用了多媒体技术来加深参观者的体验感，如模拟地质变化、模拟战争场景和自然场景等。这一类技术在未来将会被更广泛地应用。

二、拉脱维亚民族露天博物馆

1. 博物馆简介

（1）发展历史

拉脱维亚民族露天博物馆的成立经历了漫长的过程。1924 年，拉脱维亚纪念碑委员会签署通过了一项草案，计划在里加建立露天博物馆。新博物馆的设计灵感来自斯堪的纳维亚的露天博物馆，特别是斯德哥尔摩的斯卡森博物馆。该草案计划将拉脱维亚四个地区的博物馆集中合并在一处，重新安置馆藏。每一栋建筑都代表着每个地区的不同文化特点。

新博物馆从一个国家土地基金会那里获得了市郊附近沙丘的土地。1928 年，第一座建筑——来自 Vestena 教区的谷仓被并入博物馆，并在馆内重建。1932 年，博物馆向公众开放，共有六座建筑。1939 年，博物馆里已经建了 40 座建筑物。每个地区都有自己的宅基地和其他一些具有建筑或文化价值的建筑。20 世纪 30 年代，博物馆成为一个非常受欢迎的地方，社会各界积极参与博物馆的发展。有几栋建筑被重新安置和重建，建造的资金来自私人捐赠。

第二次世界大战期间，博物馆基本上没有损坏，但大部分工作人员在战争期间受到压迫被迫流亡。在此期间，许多文件丢失了。直到20世纪60年代末，当新一代博物馆专家开始在博物馆工作时，博物馆才迎来了复兴。随着与其他国家交流的改善，博物馆的版图扩大了，许多新的和高价值的物品被放进了博物馆。

1991年拉脱维亚恢复独立后，博物馆开始积极收集和记录20世纪20年代和30年代的拉脱维亚遗产，这一时期拉脱维亚的土地改革重塑了拉脱维亚农村。因此，一个从20世纪30年代开始的农民乡村生活综合体于1997年开放。

国家海洋与地质科学研究所和LSSR地质局区域地质博物馆在1968年将自己机构中的藏品移交给了拉脱维亚民族露天博物馆，丰富了该博物馆的馆藏。1982年，拉脱维亚民族露天博物馆出版了第一批题为《自然与博物馆》的研究论文和散文集。1999年，拉脱维亚自然历史博物馆交由环境保护和区域发展部主办。2005年博物馆年参观人数首次达到10万人次。

该博物馆目前占地87公顷，展出118栋建筑和3 000多件物品。拉脱维亚历史上的大多数民族都在博物馆里展出。博物馆收藏的文物约有15万件。

（2）场馆特色

拉脱维亚民族露天博物馆致力于文化推广与为学术研究提供帮助。如今，博物馆会定期组织许多文化活动，如民间音乐会和传统工艺节。博物馆通过这些文化活动推广拉脱维亚传统文化和生活方式。博物馆自1971年起举办一年一度的传统工艺博览会，成为博物馆最著名的年度盛会，每年都有上万人次参加。

此外，拉脱维亚民族露天博物馆具有深厚的学术研究背景，该馆是经《华盛顿公约》（CITES）批准的科学权威机构，致力于提高人们对《拉姆萨尔公约》规定的该国湿地状况的认识。除此之外，拉脱维亚自然历史博物馆是国际博物馆理事会的成员，博物馆的常驻专家参加了几个专业协会和组织的活动：欧洲真菌保护理事会（ECCF）、爱沙尼亚和芬兰鳞翅目昆虫学会、拉脱维亚昆虫学学会、拉脱维亚植物学家协会、拉脱维亚真菌学会，拉脱维亚马拉维学者协会、拉脱维亚天鹅研究协会等。

拉脱维亚民族露天博物馆规模宏大，设有以下常展："动态地质与岩石"展、"矿物学"展、"拉脱维亚地质"展、"拉脱维亚鸟类大全"展、"拉脱维亚哺乳动物大全"展、CITES展、"世界动物"展、"昆虫大全"展、"海底生物"展、"拉脱维亚的植物和真菌"展、"人类与环境"展、"人类进化"展，以及"太阳、地球和我们"展。

2. 馆藏经典

（1）经典馆藏一：植物标本

植物标本馆有31 000多个标本。拉脱维亚的系统植物标本馆每年都在增加。值得注意的是拉脱维亚苔藓的收集，其中包含许多稀有和受保护的苔藓物种。拉脱维亚真菌的收集自1988年以来一直在增长和发展，是拉脱维亚同类真菌中最完整的一种。

（2）经典馆藏二：动物标本

博物馆的动物收藏是其最多样化的收藏之一：包括几乎所有脊椎动物和无脊椎动物（不包括昆虫和蛛形纲动物）的系统群，包括近 3 万个标本。

该博物馆的哺乳动物收藏包括来自拉脱维亚和世界的动物标本，以及皮肤和各种骨材料。软体动物收藏有 16 000 多个贝壳，其中大部分来自海洋软体动物。动物学收藏也有各种无脊椎动物、鱼类、两栖动物和爬行动物。

由于拉脱维亚是《濒危野生动植物种国际贸易公约》（CITES）的成员国，因此博物馆根据自然保护局的决定接收没收的自然物品。物品包括珊瑚、贝壳、鳄鱼、鳄鱼皮和蛇皮制品。如今，这些收藏品中还包括死于交通事故的动物标本、合法猎杀的动物及狩猎纪念品。

三、拉脱维亚战争博物馆

拉脱维亚战争博物馆成立于 1916 年 10 月 15 日，位于拉首都里加老城，门口坐落着拉脱维亚著名的火药塔，军火库呈圆筒形，建于 14 世纪。拉脱维亚战争博物馆的前身是拉脱维亚步枪营博物馆。博物馆收集了与拉脱维亚步枪兵和第一次世界大战有关的资料。1917 年，里加遭到轰炸，博物馆被疏散。1919 年 6 月，博物馆恢复了里加老城火药塔的运作。博物馆于 1921 年 6 月重新对公众开放。

1936 年，政府征用了邻近的土地。根据建筑师 Art ū rs Galindoms 的一个设计，一座新的博物馆建筑于 1937 年开始建造，室内工程由建筑师 R.Legzdiņšššs 也参与设计。所有的博物馆文物都暂时存放在 Torņa 街的博物馆储藏室里。新的博物馆大楼于 1940 年夏天完工，但在 1940 年苏联占领拉脱维亚之前，博物馆未能安排好展览重新开幕。拉脱维亚战争博物馆隶属于拉脱维亚人民军清算委员会管辖，清算委员会将博物馆文物移交给人民教育委员会，存放在前里加证券交易所大楼；博物馆馆舍则移交给红军。1941 年 1 月 15 日，拉脱维亚战争博物馆不复存在。从 1945 年开始，这座建筑容纳了里加・纳希莫夫海军学校，直到 1953 年。

1957—1990 年，该建筑被拉脱维亚苏维埃革命博物馆占据，博物馆在其存在期间收藏了有价值的、具有代表性的苏联文物。

1990 年 6 月 11 日，拉脱维亚政府修复了拉脱维亚战争博物馆。战争博物馆有数层之大，不收门票，游客可以从古代战争一直看到第二次世界大战。展现了拉脱维亚人民一直以来为追求国家独立和民主自由的曲折历史进程。

拉脱维亚战争博物馆使用许多先进、丰富的科技手段来进行策展。在“17—18 世纪拉脱维亚和拉脱维亚士兵展厅”中，馆方利用互动数字投影设备和丰富的展览材料使博物馆的参观者能够对 17—18 世纪拉脱维亚戏剧性的历史有新的见解；在“第一次世界大战中的拉脱维亚人”展厅中，策展方使用了三个动画投影、五个触摸屏和 15

个数字屏幕，该展览在当地广受欢迎，并被授予享有盛誉的国际设计奖“德国设计奖2018”。特别值得注意的是，拉脱维亚博物馆历史上第一次在整个展览中使用“隐形”玻璃或“艺术玻璃”。

拉脱维亚战争博物馆将历史内容与当今的现实、当代设计和互动交互联系了起来。

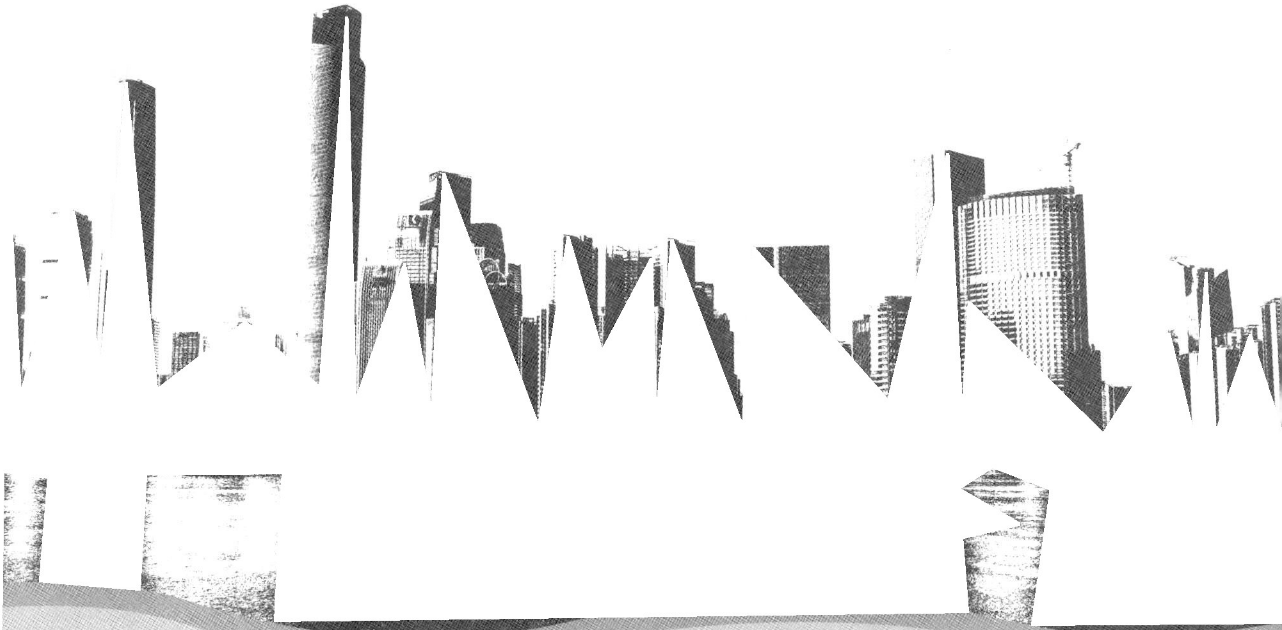

北美洲篇

博物馆

——纽约市（美国），New York City（USA）

一、纽约市博物馆业发展状况及特点

1. 历史沿革

美国是世界上博物馆业最发达的国家之一，国际对于博物馆业的界定、对于博物馆管理等相关规定中，有很大一部分是根据美国经验整理出来的。纽约市最先建立也是最出名的博物馆当数建立于18世纪70年代的大都会艺术博物馆，现在纽约市拥有超过21个大型博物展览馆、上百个小型私人展览馆，博物馆行业高度发达。

2. 现状特点

纽约市大部分博物馆作为有组织、向公众开放的非营利性机构，通过近150年的不断发展，本着保护与传递文明、教育启迪大众、回馈社会的宗旨，在提供公共文化服务方面，理念先进，功能完善，内容丰富，特点新颖，形式多样，已经成为公众学习、教育、研究和休闲的重要场所。同时，纽约作为美国重要的旅游城市，博物馆成为吸引国内外游客的重要因素。

3. 发展策略

纽约的博物馆正在从以展品为中心向以观众为中心转变。在陈列展览、社会教育和服务参观者方面，注重研究受众心理，尊重受众的意愿，体现人性化服务。博物馆早已不再是单纯收藏与陈列展品的场所，现代的博物馆纷纷致力于将其打造为集展览、教育、社交等多功能为一体的公共文化空间，增强与观众的互动感；同时，推进博物馆科研，同高等学校、教育部门、研究所或其他博物馆联合开展科研工作，进行跨学科的合作研究，共同完成学术研究项目，增强学术研究活力。

二、大都会艺术博物馆

1. 发展历史

大都会艺术博物馆（Metropolitan Museum of Art）位于纽约第五大道的 82 号大街，首次开放于 1872 年 2 月 20 日，是美国最大的艺术博物馆。该博物馆是与北京故宫、伦敦大英博物馆、巴黎罗浮宫和圣彼得堡艾尔米喀什博物馆齐名的世界五大博物馆之一。

2. 建筑布局

大都会艺术博物馆是一栋庞大建筑，其展览大厅共有三层，内有五大展厅，为欧洲绘画、美国绘画、原始艺术、中世纪绘画和埃及古董展厅。馆内的陈列室共有 248 个，常年展出的 4 万件展品，仅是博物馆总库存的冰山一角——大都会艺术博物馆的所有展品数量已达 300 万件。

3. 场馆特色

大都会艺术博物馆有许多实体的建筑艺术展馆，其中最有中国特色的是 1981 年中美合建的阿斯特庭院，因其以中国苏州网师园中的“殿春簃”为蓝本设计建造而成，又称“明轩”，陈列了中国明代家具及画作。

因庞大的服饰收藏量堪称“世界之最”的服饰馆也是一大特色，每年会举办多场特展，2015 年举办了“中国：镜花水月”的特展。服饰馆每年举办慈善筹款晚会即 Met Gala，自 1948 年开始逐渐发展为文博界最隆重的晚会，有“时尚界的奥斯卡”之称。

三、现代艺术博物馆

1. 发展历史

现代艺术博物馆（Museum of Modern Art）坐落在纽约市曼哈顿城中，位于曼哈顿第 53 街，是当今世界最重要的现当代美术博物馆之一，与英国伦敦泰特美术馆、法国蓬皮杜国家文化和艺术中心等齐名。博物馆建于 1929 年夏天，由三位女士 Lillie P. Bliss、Mary Quinn Sullivan、Abby Aldrich Rockefeller 共同创设，并将此馆开放给公众参观。在 1929—1939 年间，现代艺术博物馆迁移了三次，直到 1939 年 5 月 10 日才正式在目前的馆址安居。

2. 建筑布局

纽约现代艺术博物馆经过多次扩建，风格独树一帜。主体建筑由建筑师菲利浦·葛文和爱德华·斯顿设计，外观具有典型国际风格的水平与垂直线条。主要展览分布在二层及以上。二层主要是媒体和现代艺术展厅；五层展示名家雕塑、绘画，有凡·高、莫奈、达利等名家的真迹，是纽约现代艺术博物馆最精华的部分之一。

3. 场馆特色

纽约现代艺术博物馆是世界上最重要的现代艺术博物馆之一，馆藏了大量的现代艺术杰作，也是第一个专为收集现代艺术品而开设的博物馆。与其他艺术馆相比，纽约现代艺术博物馆的风格自然更加现代，互动性更强，有许多装置艺术和视频艺术展品。

四、9·11国家纪念博物馆

1. 发展历史

9·11国家纪念博物馆（National 9/11 Memorial & Museum）是为了纪念在9·11事件中失去生命的美国人民，它分为国家纪念馆和国家博物馆两部分，位于纽约9·11事件的发生地——世贸中心遗址。于2006年3月13日开工建设，2011年9月11日9·11事件十周年之际纪念馆部分正式对外开放，而博物馆的场馆于2012年9月11日开放。

2. 建筑布局

9·11国家纪念博物馆的建筑由以色列建筑师迈克尔·阿拉德和美国园林设计师彼得·沃克共同设计，占地16英亩，在双子星遗址上造了两座巨型湖泊与环绕式瀑布。设计师试图用水体带给陆地空间更多的延展性、不饱和美感，也从瀑布自由落体式的倾落流动，对照向天竞赛的摩天大楼，形成有趣的视觉反差。主展厅有一个犹如缎带的向下斜坡连接到主要陈设区，幸存者楼梯用时光长廊的方式收集了世贸中心从过去迄今的所有沿革。

3. 场馆特色

9·11纪念馆整体氛围通过巧妙的设计，把握得恰到好处，在这里人们可以通过幸存者楼梯和遇难者的照片等展品感受到9·11事件带来的伤痛，但与自然结合的瀑布，纪念广场的400棵橡树又可以给人带来生命的希望和宽慰。

五、古根海姆博物馆

1. 发展历史

纽约古根海姆博物馆（Guggenheim Museum）建成于1959年。该博物馆保存了美国实业家、收藏家所罗门·R. 古根海姆拥有的大多数现代艺术收藏品，因此该馆以其家族的名字命名。古根海姆博物馆不是单指一处博物馆，而是一个创办于1937年的博物馆群，在全球共有五处。其中，最著名的为纽约古根海姆博物馆，也是这个系列的总馆。

2. 建筑布局

纽约古根海姆博物馆的建筑非常特别，呈白色螺旋形状，占地24 000m^2，展示面积约 11 000m^2，共有六层 19 个展区，螺旋形坡道以 3% 的坡度缓慢上升，参观路线总长 430m。美术馆被分为两个主要功能区，大的一个是陈列厅，六层；小的是行政办公部分，四层。陈列大厅是一个倒立的螺旋形空间，高约 30m，大厅顶部是一个花瓣形的玻璃顶，四周是盘旋而上的层层挑台。

3. 场馆特色

古根海姆博物馆本身建筑就非常有特色，由美国 20 世纪最著名的建筑师弗兰克·劳埃德·赖特设计，坐落在纽约市一条街道的拐角处，与其他任何建筑物都迥然不同，是少见的螺线结构。

内部的动线也布置得非常别致，主动线为螺旋式向上的坡道，收藏的画作悬挂在坡道两边。没有方形的标准展厅，参观者在缓慢向上的过程中直接进行了参观。

六、美国自然历史博物馆

1. 发展历史

美国自然历史博物馆（American Museum of Natural History）建于 1869 年，占地总面积为 7 公顷，是世界上规模最大的自然历史博物馆，也是美国主要自然历史研究和教育中心之一。

2. 建筑布局

美国自然历史博物馆外部建筑延续了古典风格，内部的展览辅助现代化设备却很先进。

此博物馆分四层，展现地球生态与进化、生物和人类进化的演进过程。

一层有北美森林、生态百态展览厅、哥茨曼地球展览厅、纽约州环境、海洋生物、北美哺乳类动物、哺乳类动物、西北海岸印第安人馆、人类生态学与进化、若斯陨石、摩根宝石、古根亨利矿物等展厅。

二层有亚洲哺乳类动物、罗斯福厅、惠特尼海鸟纪念展览厅、斯托特亚洲人种展览厅、阿克莉非洲哺乳动物展览厅、非洲人种展览厅、世界鸟类展览厅、墨西哥和中美洲展览厅、南美人种展览厅等。

三层有爬行类动物和两栖类动物馆、阿克莉非洲哺乳动物类动物展览厅、纽约市鸟类、纽约州哺乳类动物、灵长类馆、查普曼北美鸟类展览、东部林地及北美印第安人展览馆、米德太平洋人种展览厅等。

四层有华莱士哺乳类动物及其灭绝同类展览、原始哺乳类动物、鸟类恐龙厅。还有密尔斯坦高级哺乳类动物展览厅、蜥蜴类恐龙厅、脊椎动物起源厅等。

3. 场馆特色

博物馆里面的陈列内容极为丰富，包括天文、矿物、人类、古生物和现代生物五个方面，有大量的化石、恐龙、禽鸟、印第安人和爱斯基摩人的复制模型。所藏宝石、软体动物和海洋生物标本尤为名贵。其古生物和人类学的收藏在世界各博物馆中占居首位，除采自美国境内的标本外，南美洲、非洲、欧洲、亚洲、澳洲的代表性标本也都有收藏。

整体场馆运用移动博物馆导航系统，手机和多种无线终端接收设备可以下载安装。不仅能帮助参观者明确所处位置，还能对博物馆全部 45 个展厅、剧院、卫生间和餐厅进行导航，让参观者在博物馆内行走自如。除移动导游功能外，导航系统还通过手机的演示平台，在参观者每次移步换位时，提供图文并茂的馆藏信息和藏品介绍。该系统还可以为参观者定制个性化参观路线，甚至可以在参观前为参观者预先设定自己的参观路线。

七、纽约市博物馆

1. 发展历史

纽约市博物馆（Museum of the City of New York）建于 1923 年，位于曼哈顿第五大道，是一座以保护和呈现纽约历史为主的历史艺术博物馆。1923 年，出生于苏格兰的作家亨利·柯林斯·布朗（Henry Collins Brown）建立了纽约市博物馆，原址位于格雷西大厦。1926 年，博物馆搬至纽约第五大道。新馆的建筑属新乔治亚风格，由建筑师约瑟夫·弗里德兰德（Joseph H.Freedlander）设计，1932 年完工。2008 年，建筑师波尔谢克（Polshek）为博物馆新建了一个展馆，使博物馆又增加了一个面积为 $280m^2$ 的展示厅和研究室等空间。

2. 建筑布局

纽约市博物馆共有六层，藏品 150 多万件，分为素描、印刷品及摄影部，服装和纺织品部，手稿和出版部，装饰艺术和家具部，绘画及雕塑部，古董玩具部和剧院部等，其中以 19—20 世纪早期的收藏最为著名。

3. 场馆特色

本场馆最特别的是博物馆的古董玩具部，开创了美国博物馆进行玩具收藏的历史。

博物馆还有丰富的剧院收藏，超过 200 000 件收藏品记录了 1785 年至今纽约百老汇的发展变迁。

附录：中国与纽约博物馆交流现状

1. 美国大都会艺术博物馆馆长访问中国国家博物馆

2019 年 10 月 21 日，中国国家博物馆馆长王春法会见了来访的美国大都会艺术博物馆馆长马克斯·霍莱恩。中国国家博物馆曾于 2013 年成功举办“道法自然：大都会艺术博物馆精品展”，希望在此基础上，通过合作开展人才培养、文物修复、研究、出版、展览等项目，进一步深入交流与合作。霍莱恩期待两馆进行深入的交流与合作，建议两馆在数字化新科技、网络新媒体在博物馆的应用等方面开展合作。经协商，双方同意签订谅解备忘录，计划在人员交流培训、文物修复、学术研究、出版、展览等领域开展深入合作。

2. 古根海姆博物馆里的中国乡村

2020 年 2 月 25 日，由美国策展人雷姆·库哈斯与中国中央美术学院的师生共同完成“乡村·未来”展览，中国的新农村面貌被中外艺术家选中放进展览，吸引了大量来自世界各地的观众驻足观看。

3. 20 世纪 90 年代的成功大展“中华 5000 年文明艺术展”

1998 年，在中国文化部和国家文物局的支持下，所罗门·R. 古根海姆基金会与中国对外艺术展览中心、中国文物交流中心合作，在纽约古根海姆博物馆和毕尔巴鄂古根海姆博物馆举办“中华 5000 年文明艺术展”。在纽约，共计有 45 万名观众观看了展览，感受到中华文明的魅力。

博物馆

——华盛顿市（美国），Washington District of Columbia（USA）

一、华盛顿特区博物馆业发展状况及特点

1. 历史沿革

美国首都华盛顿是世界上博物馆数量最多、藏展品最丰富的城市之一，城市中大小博物馆星罗棋布，包罗万象。华盛顿地区著名的博物馆大多数属于史密森学会（Smithsonian Institution）。史密森学会是世界上最大的博物馆及研究机构的联合组织，拥有全世界数量最多、规模最大的博物馆群落，是目前美国唯一的由政府资助、半官方性质的博物馆机构。

2. 现状特点

目前，华盛顿博物馆通过举办公众教育和文化交流活动，直接和间接地推动和促进了华盛顿的文化旅游发展，华盛顿作为美国的政治文化中心，市区内建立了不同类型的博物馆和纪念馆，全面展示了美国曲折的建国历史、先进的科学技术和强大的综合国力。

3. 发展策略

华盛顿博物馆建设正在向网络化、数字化和移动化的方向转变。华盛顿市非常重视延伸博物馆服务传播功能，主要手段是互联网和移动技术，建立了博物馆的网站、局域网等，甚至开通网络博物馆，形成网上的藏品数据库，向大中小学提供公共教育，向社会各界提供研究资料。

二、美国国立自然历史博物馆

1. 博物馆简介

（1）发展历史

美国国立自然历史博物馆（National Museum of Natural History）位于华盛顿宪法大

道，是史密森学会一员。以1876年美国建国一百周年纪念博览会的展品为基础建立，1910年正式对外开放，当时称为国立美国历史与技术博物馆。

（2）建筑布局

美国自然历史博物馆是世界上规模最大的自然历史博物馆，位于纽约曼哈顿区，与著名的大都会艺术博物馆遥遥相对，占地面积为7公顷。该馆以“地球”为主题，主体展览空间有三层，常设15个展览，藏品全面反映地球自然环境的面貌的变化和动物的演化。

博物馆展出了千姿百态又极其珍贵的动物模型及标本，将参观者带入一个栩栩如生的自然世界中。场馆布置更是用心到连动物生活栖息地的场景都进行了还原，力图营造一个逼真的生物链环境，这里不仅有正在捕食水牛的狮子，露出尖牙和利爪；正在吸食花粉的小蝙蝠；伸出舌头吃树叶的长颈鹿；在洞穴中睡觉的雪狐；还有正在洞穴里寻找蚂蚁的食蚁兽。除此之外，展品所涉及的领域十分全面，从恐龙化石、海洋及哺乳动物类到各种矿物，乃至人类起源等。

（3）场馆特色

美国国家自然历史博物馆是美国最大的国家综合性历史博物馆，也是世界上规模最大的自然历史博物馆之一，博物馆内的珍藏真实反映美国的社会、文化、科学技术传统及美国国体的演变，使人们更好地了解美国和居住在这里的不同种族的人民。1910年开馆至今收藏展品多达1.2亿件，从原始的恐龙化石、人类起源早期文物，到世界各地的稀有动物标本、珍贵矿藏宝石，完美地留存了自然科学和人类文化的遗产。著名的蝴蝶展厅中不仅拥有大量的名贵蝴蝶标本，还养殖和培育了大量美丽的蝴蝶。2009年时上映的美国冒险喜剧电影《博物馆惊魂夜2》是一部获得国立自然历史博物馆官方支持、以该博物馆为主场景所拍摄而成的作品，在片中曾出现过大量以博物馆实际馆藏为蓝本所创造的电影角色或桥段。

2. 馆藏经典

（1）经典馆藏一：目前世界上最大的非洲象标本

（2）经典馆藏二：希望之星蓝钻

三、美国国家历史博物馆

1. 发展历史

美国国家历史博物馆（National Museum of American History）是美国最大的历史博物馆，史密森学会下属博物馆，位于华盛顿宪法大道。在1876年美国建国一百周年纪念博览会展品基础上建立，1955年时由艾森豪威尔总统拨款3600万美元开始组建。1958年动工，1964年正式对外开放，1980年改名为美国国家历史博物馆。

2. 建筑布局

博物馆整体建筑是长为 175m、纵深 91.5m、高 36.7m 的五层白色大理石建筑，是美国最大的国家综合性历史博物馆。收藏有关美国的工业、农业、科学、技术、政治、军事、金融、手工工艺、交通、邮电、纺织、医药、服饰、音乐、民俗等多方面的历史文物约 1 700 万件。真实反映美国的社会、文化、科学技术传统及美国国体的演变，使人们更好地了解美国和居住在这里的不同种族的人民。

整个博物馆分三层。第一层主要把美国科技发展分为农业、电力、信息时代、海事、动力机械等部分进行展览。第二层以人文文化为主，设第一夫人服饰、美国社区演变、星条旗帜、从客厅到政治等专题展厅，以复原陈列方式展出欧洲移民的住房模型、生活陈设品、日常生活用具、民俗资料等。第三层设置军队史、兵器、报纸、邮政、乐器、货币与纪念章、陶瓷器等部门。

3. 场馆特色

博物馆的许多展览都别具心思。例如，第一层的时钟廊，介绍不同时期人们对时间的看法与计时工具，趣味与知识并重地带游客走过时间的历史；第二层的墙内故事，选择一栋具有 200 年历史的房屋，以在其中居住过的五代人与五个家庭为蓝本，将数百年的美国大众生活浓缩提炼，娓娓道来。

第一夫人馆分三部分，分别说明总统夫人的政治角色、公众形象和展示从桃丽·麦迪逊到南西·里根共 16 位总统夫人的服饰，以及真人大小的穿着礼服的历届美国第一夫人蜡像，形态逼真，从独特的角度展现着美国 200 多年间服饰的演变。

四、美国艺术博物馆

1. 发展历史

美国艺术博物馆（American Art Museum）的历史可以追溯至 1829 年——美国收藏家约翰·瓦登（John Varden）在自己家中建立私人博物馆，收藏欧洲艺术作品。1836 年他向公众开放这座私人博物馆，并将其命名为华盛顿博物馆。19 世纪 40 年代，约翰·瓦登将收藏捐赠给美国国家研究院，基于这一收藏建立的美国艺术收藏馆，于 1968 年在改建后的原专利局大楼正式对外开放。1972 年，伦威克美术馆（Renwick Gallery）成为博物馆的分馆。

2. 建筑布局

博物馆设有三个常设展："民间艺术""直接雕刻""体验美国"。此外，有许多著名艺术家的作品曾在美国艺术博物馆中作为特展或者巡展展出。例如，詹尼·霍泽尔、大卫·霍克尼、乔治亚·欧姬芙、约翰·辛格·沙金、托马斯·莫兰、爱德华·霍普及温斯洛·荷马等。博物馆三、四层建有卢斯基金会中心，展出 3 300 件藏品，并可以举办各类公共活动。

3. 场馆特色

美国艺术博物馆是第一家专注收藏美国艺术的博物馆，拥有超过 7 000 名艺术家的 4.3 万件艺术作品，收藏了美国自殖民地时期至今出现的各种艺术形式和流派，包括了各个时代的艺术主题，如美国早期、19 世纪（哈德逊河派、陶斯印第安艺术派、印象派、镀金时代）、20 世纪（现实主义、抽象派、华盛顿色彩学派）、当代艺术。

五、赫希洪博物馆和雕塑园

1. 发展历史

赫希洪博物馆和雕塑园（Hirshhorn Museum and Sculpture Garden）位于华盛顿哥伦比亚特区国家广场的旁边，由美国知名设计师戈登·邦夏（Gordon Bunshaft）设计，建立于 1974 年，为史密森学会的一部分，侧重于现代和当代艺术品的收藏和展出。

2. 建筑布局

博物馆的展览面积约 5 600m^2，由两部分组成，即一个圆柱形建筑和一个下沉式雕塑园。圆柱形建筑内主要收藏了第二次世界大战后至现在的艺术作品，知名大师的优秀艺术作品就位于馆中，如毕加索、亨利·马蒂斯、玛丽·卡萨特、汤姆·艾金斯、亨利·摩尔、杰克逊·波洛克等人的绘画作品和雕塑。雕塑园占地面积仅约 16 187m^2，但这个小小的园中却蕴藏着大大的艺术世界，摆放有多尊栩栩如生的雕塑，是由奥古斯特·罗丹、大卫·史密斯、亚历山大·考尔德、杰夫·昆斯等世界一流雕塑家制作，中国十二生肖的头像雕塑也位于园中。

3. 场馆特色

博物馆建筑设计奇妙，直径约为 70m，由四个从广场拔地而起的约 4m 高雕塑般的巨柱支撑。如此设计令访客能够在圆柱造型下方穿梭，视觉体验也能延伸至附近的建筑。在玻璃围合的大堂中，自动扶梯和电梯向上通达两层容纳了永久藏品的展廊。

藏馆主要收录的是近现代艺术作品，暴力美学、行为艺术、破坏力等都是这个博物馆的主题，同时还具有展厅大、展品少的特点。为了切合现代艺术的主体，建筑物被要求设计成可以和现代艺术基调相契合的独特造型。圆形的外观，建筑中央的喷泉都是博物馆的看点之一。

六、国家航空航天博物馆

1. 发展历史

国家航空航天博物馆（National Museum of Air and Space）于 1976 年 7 月开馆，坐落在华盛顿特区的东南方，是全世界首屈一指的有关飞行的专题博物馆。每月接待观众达 10 万人次之多，第一年的参观人数超过 1 000 万人次，创美国各博物馆最高纪录。美国航空航天博物馆隶属于史密森学会，前身是美国国会街 1946 年建立的国家航空博物馆，1966 年改今名，1976 年迁今址。建筑面积 63 000m^2，陈列面积 20 000m^2。博物馆的正厅命名为“飞行里程碑”，形形色色的飞行器或悬吊在大厅天花板下，或停放在宽敞大厅的地面上。

2. 建筑布局

美国国家航空航天博物馆是目前世界上最大的飞行博物馆，是由玻璃、大理石和钢材构成的现代化建筑。该馆拥有两个展区：主馆位于华府的国家广场，这里拥有上百件飞行器相关展品，其中包括莱特飞行器、阿波罗 11 号指挥舱、月球岩石标本等；另外一个展区是位于弗吉尼亚州费尔法克斯县的史蒂文·乌德沃尔哈齐中心。

3. 场馆特色

美国国家航空航天博物馆的突出特点是收集了具有重要历史意义和代表尖端技术的飞机、宇航器、火箭、导弹、各种航空发动机、推进器等，还有大量模型、飞行设备、重要航空事件复制品，以及发明家、飞行员的遗留物。除体积过于庞大的必须采用模型外，绝大多数展品都是珍贵的原物和实物，包括中国古代的风筝和火箭模型、世界上第一个热气球的复制品、1903 年莱特兄弟发明的第一架飞机（仿制）、人类第一枚火箭、第一颗人造卫星、“阿波罗”登月舱、“哈勃”太空望远镜、航天飞机、航空母舰、国际空间站等。

该馆建有一个 400 个座位的宽银幕立体电影厅，其银幕有五层楼高，宽 33m，放映宇航科学影片。还有一个直径 21m 的环形空间馆，展示各种天象及宇航景象。观众可以自己动手操作，观众和记者可以随意拍摄展品。

七、国家邮政博物馆

1. 发展历史

美国国家邮政博物馆（National Postal Museum）成立于 1993 年，博物馆的建筑本是华盛顿的邮局，建于 1914 年。当初选址在车站旁；数十年后，这里成为国家邮政博物馆，该馆由美国邮政署和史密森尼学会合作创建，于 1993 年开业。

2. 建筑布局

美国国家邮政博物馆所在的建筑修建于 1914 年，曾经是华盛顿地区主要的邮局。博物馆收藏有许多有关美国邮政服务和世界各地邮政的展示品，并且收集有众多邮票。主要的陈列室有“装订美国”“客户与社区”“传送邮件”“卡片与信件的艺术”“邮票和故事”。

3. 场馆特色

美国国家邮政博物馆的展出内容描绘出美国邮政服务的历史，包括世界上最大的邮票和集邮的各种工具收藏展览。该馆同时设有“发现中心”，提供成人与孩童的双向互动展示；图书馆研究中心，共有超过 4 万册的图书和手稿。

八、美国大屠杀纪念博物馆

1. 发展历史

美国大屠杀纪念博物馆（United States Holocaust Memorial Museum）坐落于华盛顿特区内的国家广场，是美国政府对第二次世界大战大屠杀悲剧的官方纪念博物馆。纪念博物馆自 1993 年 4 月 22 日落成以来，已接待来自世界各地的近 4 000 万人次前来参观，其中包括 1 000 多万名学童、99 位国家元首，以及来自 211 个国家的 3 500 多位外交官员。

2. 建筑布局

主体建筑由美国建筑师詹姆斯·英格·弗瑞德设计，将清水砖墙和老式钢结构的工业建筑技术与现代主义手法结合在一起。大厅的红砖墙上开有高低不等的圆拱形门洞，建筑师以扭曲、破裂和不均衡来隐喻大屠杀的黑暗与罪恶。

美国大屠杀纪念博物馆主要的展览空间有两层，馆藏包括 12 750 件文物、4 900 万页文字档案、8 万张历史照片、20 万幸存者名录、1 000 小时档案片段、图书馆资料 84 000 册、9 000 份口述历史见证等。纪念馆的研究人员记录了 1933—1945 年在欧洲地区由纳粹建立的 42 500 个犹太人区和集中营中所发生的事实真相。

3. 场馆特色

美国大屠杀纪念博物馆的主要宗旨是介绍和传播大屠杀事件的信息，追悼及纪念那些受尽苦难的受害者，并鼓励参观者对大屠杀事件的道德和人性问题进行反思，提醒人们今天作为民主社会公民应尽的责任。

附录：中国与美国华盛顿博物馆业交流现状

（1）美国艺术博物馆连续多年举办“中国新年家庭日”活动。2020 年 2 月 1 日，美国艺术博物馆举办中国新年家庭日活动，展示包括中国舞蹈、剪纸、皮影戏、面人、书法等传统文化活动，吸引了众多美国家庭前来参观体验。

（2）2010 年中国新年之际，在美国首都华盛顿举办了一场引人注目的“中国当代艺术文献展”。这场由美国亚洲文化保存委员会和美国亚洲文化学院主办，国会图书馆、美国国家民俗中心和美国国立艺术档案馆共同协办的文献展吸引了华盛顿地区众多的艺术界同行和大学学界观众前来观赏。文献展以独特的选择角度，通过记录与保存受到世界学术界关注的中国当代艺术家的作品、演讲录音、访谈录像等资料，深刻而全面地展示了中国当代艺术的发展历程和代表人物。

博物馆

——渥太华市（加拿大），Ottawa（Canada）

一、渥太华市博物馆业发展概况及特点

1. 历史沿革

加拿大拥有 2 000 多座博物馆，它们有的极具本土特色，有的艺术范十足，还有的收藏颇丰。加拿大博物馆种类大致可以分为三个类别：历史类博物馆、科技类博物馆、自然类博物馆，各类博物馆具有鲜明特点。

加拿大联邦首都渥太华是加拿大的政治和工业技术中心。渥太华是一座各式博物馆林立的迷人城市，拥有十多家加拿大乃至北美洲一流的博物馆，如国家级的农业博物馆、自然博物馆、科技及航空航天博物馆等，彰显了加拿大的历史遗迹和文化瑰宝，成为游人深度体验加拿大文化的重要场所。

2. 发展策略

（1）博物馆和学校教育紧密对接。

（2）博物馆为家庭教育开辟多种通道。

（3）博物馆对社区教育全覆盖。

二、加拿大航空航天博物馆

1. 博物馆简介

加拿大航空航天博物馆（Canada Aviation and Space Museum）成立于 1964 年，目前藏有 115 架全尺寸飞机。加拿大航空博物馆由三个博物馆合并而来。这三个博物馆分别是：国家航空博物馆（主要是早期飞行器）、加拿大战争博物馆（主要是军用飞机，包括许多战利品，一些藏品可以追溯到第一次世界大战）、皇家加拿大空军博物馆，旨在收集、保护、展示与加拿大航空业相关的科学技术遗产。

（1）发展历史

加拿大航空航天博物馆于 1960 年在渥太华的 Uplands 机场首次开放。当时，它仅介绍了加拿大政府持有的三大航空收藏品之一。

国家航空博物馆的收藏集中在加拿大的丛林飞行和早期飞机制造商。另外则是加拿大战争博物馆的收藏（集中于第一次世界大战到 20 世纪 50 年代的军用飞机），以及加拿大皇家空军（RCAF）的收藏（着重于 RCAF 历史的军用飞机）。

1964 年，这三个收藏合并到国家航空收藏。合并后的收藏存放在第二次世界大战时代的机库中，位于渥太华历史悠久的洛克克利夫机场。多年来，博物馆丰富的收藏使游客对加拿大飞机的发展和使用有了更好的认识。

该博物馆于 1967 年与国家科学技术博物馆合并。

1988 年，目前博物馆陈列大楼开幕。两年后，成立了国家科学技术公司博物馆；2000 年，国家航空博物馆成为加拿大航空航天博物馆。

博物馆现藏有民用和军用飞机超过 130 多架，展出的达 70 多架，分为多个主题区域，如早期航空史、第一次世界大战、第二次世界大战、英联邦训练机、海军航空、喷气机、直升机和航天等。

（2）场馆特色

展厅不仅有飞机展示，还有图文说明；不单单是静态的，更有互动式陈列、声光兼具的多媒体，以及知识渊博的讲解。为了满足游客的好奇心，还开放部分实物，让游客，尤其是孩子们，可以近距离仔细观看飞机的内部装饰或构造。有的设备甚至可以坐下操作一番，非常直观，有趣和难得。

2. 馆藏及展厅

（1）常设展览

“引擎：飞行的力量！”：探索各种发动机，并了解它们如何飞行。

“轨道生活：国际空间站”：关于国际空间站（ISS）和国际空间站上的宇航员生活的展览。

“主展厅”：在博物馆的主要展览厅中探索从航空业的早期到喷气机时代的人类飞行故事。

“加拿大太空”：是加拿大航空航天博物馆的一个新的永久性展览，概述了加拿大最显著的太空成就。

“太空健康：大胆探索”：聆听宇航员分享的经验，并探索令人惊讶的展品，这些展品揭示了加拿大如何为维护太空健康做出贡献。

（2）临时展览

有“欧洲日胜利 75 周年”等。

（3）馆藏经典

经典馆藏：洛克希德CC-130E大力神：洛克希德飞机公司（Lockheed Aircraft Corporation）在20世纪50年代初为美国空军（USAF）设计的重型运输飞机。

三、加拿大自然博物馆

1. 博物馆简介

加拿大自然博物馆（Canadian Museum of Nature）于1856年由加拿大地质调查局创办并开始收集藏品。该博物馆隶属于加拿大博物馆协会，加拿大遗产信息网络，以及加拿大虚拟博物馆。

这座四层的博物馆拥有令人深刻的藏品，如化石、矿产品和动物，还有一处艾伯塔恐龙展区。

展示内容包括加拿大的自然生态环境；已消失的恐龙世界到现代鸟类、哺乳动物及植物的发展过程；既有大型的模型、观众手动区，也有活生生的动植物。

2. 馆藏及展厅

常设展览如下：

“化石画廊”。追溯到恐龙时代的结束、灭绝及哺乳动物时代的开始。

“加拿大鹅北极画廊”。探索加拿大神秘、脆弱和独特的北极。

“水廊”。探索地球上惊人的生活多样性，展出真正的鲸鱼骨架。

“地球画廊”。通过互动活动和引人入胜的标本探索地球的丰富和起源。

“自然生活”。展出活昆虫，以及其他无脊椎动物和科学活动。

“哺乳动物画廊”。在美丽的西洋镜中观看加拿大哺乳动物，发现它们的惊人适应性。

“鸟画廊”。鸟类画廊展示了世界上展出的加拿大鸟类最多的收藏，超过450种。

四、加拿大战争博物馆

1. 博物馆简介

2005年开放的加拿大战争博物馆是加拿大最大的一个收藏有关战争物品和资料的博物馆，是世界上三个最重要的战争艺术收藏场馆之一。其展示当今最前卫的武器声光设备，及从印第安人早期防御战的武器到第一、第二次世界大战的武器、军服和海陆空三军战备实物，也有各型战机、坦克、子弹、针头，甚至战区急救医疗用具，用声音和图像使其展示的内容生动、多彩。

（1）发展历史

加拿大战争博物馆的雏形可以追溯到1880年，最初是作为一个收藏加拿大联邦政府所拥有的军事文物的机构，由渥太华驻军官员管理。当时的机构位于卡地亚广场训练大厅（Cartier Square Drill Hall），内设一系列展室，这些收藏品后由加拿大公共档案馆接手。

1942 年，加拿大战争博物馆正式成立，馆内收集的战争文物在 1967 年终于有了自己专用的场所，并在当年搬迁到位于渥太华 Sussex Dr 的原公共档案馆建筑物内（现已成为全球多元化中心，Global Centre for Pluralism）。但随着收集的藏品越来越多，该地点显得过于拥挤狭小。大部分藏品不得不被存储在渥太华市西端一个被称为维米库房（Vimy House）的仓库内。

20 世纪 90 年代，联邦政府规划将战争博物馆迁往渥太华中心区以东的新址，但拟议中的馆址被外界批评其与首都核心区的距离过远，于是最终选定在渥太华河畔及国会山西侧的显要位置上。这个新的位置也顾及举行纪念活动时，位于国会山东南侧的国家战争纪念碑（National War Memorial）与战争博物馆之间出现的游行队伍。

（2）建筑布局

加拿大战争博物馆着重于介绍发生在加拿大本土、加拿大军队参与，或对加拿大及人民有重大影响的军事冲突。展出内容从早期的原住民之间的战争到今天的“反恐战争”。博物馆内有八个展览厅，其中的主体部分是专门设立的有关加拿大军事史的四个常设展厅。这些常设展览强调战争对加拿大发展的深刻影响和加拿大人在国际冲突中所发挥的重要作用。作为常设展览的补充，博物馆还不时有一些临时性展览或特别展览。

丰富的实物藏品和珍贵的历史图片、深入浅出的说明文字、风格强烈的平面设计、变化多端的多媒体、逼真的场景复原等多种手段组织在一起，将博物馆的常设展览演绎成了一部立体的加拿大军事史。

在博物馆著名的舰首形屋顶上，穿孔和窗户形成了一组点与杠的独特装饰。那其实是一段莫尔斯电码符号，意思是“永不忘却的记忆”。屋顶下从二楼下到一楼的地方有个矩形的窗口，从这里望出去，正是渥太华的标志性建筑和平塔，那里有间纪念室，陈放着在历次战争中献出生命的加拿大军人的名录。每天上午，会有年轻的战士前来将名录一页一页翻开，让那些阵亡同胞也能享受到和平的阳光。

（3）场馆特色

加拿大战争博物馆是全国拥有最多有关战争艺术品的博物馆。

博物馆建筑风格独具特色，整体建筑向东部渐渐走高而成舰头之状，酷似一艘威武东行的战舰，馆内展厅中最抢眼的是“第二次世界大战”展厅。两幅大银幕放映着第二次世界大战期间欧洲战场和亚太战场一些真实场面。展厅的墙上挂着一些图片史料，其中一幅是一个日本兵高高举起战刀砍向一个跪在地上、被蒙着双眼绑着双手的战俘；另一幅图是一群日本兵手持上了刺刀的长枪在刺杀着手无寸铁的战俘。

2. 馆藏及展厅

（1）常设展览

①古战场。加拿大展厅的第一个常设展是“古战场”（Battleground），这个展厅主要介绍早期发生在现今加拿大版图上的战争，时间从早期至 1885 年。主要介绍原居民、法国和英国在这片疆域上的争斗，以及在不断的战争中日渐组成的加拿大联邦（1867 年 7 月 1 日立国）和加拿大人。观众可以感受到早期加拿大所经历的原住民和欧洲人的冲突，以及被誉为曼尼托巴之父的路易斯·瑞尔（Louis Riel）为寻求保护梅提斯人的权利和文化，于 1885 年在西北地区领导了两次针对加拿大政府的抵抗运动（Northwest Resistance）。

②皇权和国家。加拿大展厅的第二个常设展是“皇权和国家”（For Crown and Country），时间涵盖 1885—1931 年间，介绍加拿大军队远赴南非参战及第一次世界大战。在此展厅，观众可以看到，作为大英帝国的一分子，加拿大庆祝维多利亚女王执政六十周年的纪念场景（1897 Diamond Jubilee）。尽管激烈辩论是否支持英国在南非的战争，但加拿大最终还是派出了海外军队。这一决定标志着加拿大军事史的一个重要变化，加拿大愿意和能够支持其盟友在其他国家的战争。这里展示出加拿大海外战争的历程和贡献，尽管付出了巨大的代价，加拿大却获得了国家自主权意识的提升和国际社会的承认。

③战争中成长。加拿大展厅的第三个常设展是“战争中成长”（Forged in Fire），时段是 1931—1945 年间，主要介绍在第二次世界大战期间，加拿大在海外反对独裁的战争中如何改变自己的国家和在世界上的地位。展厅介绍 20 世纪 30 年代独裁国家的专制压迫和对外侵略，最终导致世界其他地区的强力反弹。

这个展厅颇具吸引力，展览厅中有标示为“邪恶的象征”的阿道夫－希特勒（Adolf Hitler）检阅军队的座驾实物陈列，一辆加长的黑色防弹奔驰车，背景是纳粹军队接受检阅的巨幅画面。展厅也展示有关墨索里尼（Benito Mussolini）和东条英机（Tojo）的物品。展厅内还介绍了大西洋海战、日本在太平洋发动的战争、战时的后方、迪耶普（Dieppe）海滩血战、空战、意大利之战、诺曼底登陆，以及在胜利后荣归故里等历史事件。

④暴力中的和平。加拿大展厅的最后一个常设展是“暴力中的和平”（A Violent Peace），时间从 1945 年至今，从战后的和平与繁荣场景，到后来面临核武器威胁的冷战时期，以及后来的维和行动及最近的地区冲突，其中包括加拿大军队参与的朝鲜战争，还有在北约中参与的军事行动。观众可以看到，加拿大通过承担国际义务，在西方防务和维持世界和平的行动中，已经成为一个备受尊重的国际成员。

除四个加拿大主展厅外，战争博物馆还有军事技术收藏展厅（LeBreton Gallery）、加拿大皇家军团荣誉展厅（Royal Canadian Legion Hall of Honour）、再生展厅

（Regeneration Hall）、纪念厅（Memorial Hall）等。军事技术收藏展厅介绍与战争同步发展的军事技术，包括各种收集的车辆，火炮和其他大型展品。加拿大皇家军团荣誉展厅通过个人的故事、照片、艺术品和文物，缅怀加拿大军人的贡献。再生展厅则表现出人们对更美好未来的憧憬。

（2）馆藏文物

加拿大战争博物馆馆内有 13 000 件藏品，涵盖了从加拿大原始居民的弓箭长矛到当今的尖端武器，最精彩的是从第一次世界大战至今各国军队所使用的各种战机、坦克、车辆、枪械、子弹、军服、急救医疗用具及后勤物资。

五、加拿大历史博物馆

1. 博物馆简介

加拿大历史博物馆是一座历史与艺术并重，集收藏、研究、展览、考古、公共教育、文化交流于一体的综合性国家博物馆，年均接待观众 130 多万人次，是加拿大接待游客最多的博物馆。

（1）发展历史

博物馆可以追溯到 1856 年由加拿大地质调查局成立，是北美最古老的文化机构之一，于 2013 年由加拿大文明博物馆改名为加拿大历史博物馆。它也是加拿大儿童博物馆的所在地。

（2）建筑布局

博物馆外形采用独特的现代化设计，流畅的波浪形曲线，激发着参观者的想象力。博物馆后方可以远眺国会大楼及圣罗伦斯河，风景优美。馆内有全球最大的实内图腾展览、美轮美奂的土著居民第一民族大礼堂和 IMAX 电影院。

（3）场馆特色

加拿大历史博物馆最负盛名的是其展现了加拿大的人类历史的永久性画廊。博物馆还有一个不断变化的特殊展览，内容为加拿大的主题扩展，探索过去和现在的文化和文明。历史博物馆也是一个重要的研究机构，其专业工作人员包括加拿大历史学、考古学、民族学、民俗文化，以及其他领域的专家。

2. 展厅

加拿大历史博物馆共分为四层。

一层展示原居民的生活文化考证。

二层展厅包括两个小博物馆：一个是加拿大邮政博物馆，展出加拿大邮政历史的发展和各时期的邮票；另一个是加拿大儿童博物馆，展出不同国家民族的传统玩具。

三层主要展出加拿大移民的历史，该厅最突出的特点是顶棚设计成蓝色的天空，下面搭建了一系列的实景，通过实物展品、街景模拟等，让参观者仿佛置身于历史的长河之中，再现了加拿大几百年来的历史变迁和发展。

四层是加拿大名人厅，介绍了为加拿大做出贡献的 27 位历史人物，其中既有政治家、军事家，也有作家、艺术家、探险家、企业家，陈列了他们的文物、录音、照片等，再现了这些杰出人物的形象。

博物馆

——哈瓦那市（古巴），Havana（Cuba）

一、哈瓦那博物馆业发展概况及特点

哈瓦那是古巴的首都及商业中心，也是古巴和加勒比海国家里最大的城市。

尽管哈瓦那从昔日的加勒比海造船中心发展成为拥有 200 多万人口的大都市，但它的老城区仍然保留了旧时的样子。1982 年，哈瓦那老城区及其防御工事被联合国教科文组织列入世界遗产名录，它仍然保留着独特的历史与人文景观。融合了巴洛克和新古典主义时期风格的建筑，带有拱廊、阳台、锻铁大门及内院的私人住宅群组成了和谐有趣的老城面貌。作为古巴文化政策的支柱之一，古巴文化遗产管理涵盖了可持续管理的所有要素，如鉴定、保护、管理、推动并向下一代传播，这些都是古巴文化政策的目标。

二、古巴革命博物馆

1. 博物馆简介

古巴革命博物馆始建于 1913 年，竣工于 1920 年。该建筑竣工预算超过了 150 万比索，并装饰了大量的卡拉拉大理石。1909 年，哈瓦那州长想为自己修建一幢新的官邸，并雇用了蒂芙尼工作室来进行装修。1917 年，时任古巴第一夫人参观了这栋官邸，并通过法律手段将其收归国有，将其作为古巴的总统府，直到 1959 年，历任总统都居住于此。

1959 年古巴革命胜利，到 1965 年之前，这座建筑仍作为总统府，部长会议也在此举行。此后，卡斯特罗不愿在此办公，将总统府定为革命博物馆的永久总部。

2010 年 3 月 13 日，革命博物馆以第 01 号决议被宣布为国家纪念碑。

古巴革命博物馆是一座三层的建筑，展厅按时间顺序从上而下排列。

第三层展示的是 1492—1898 年的历史。这一层展示了原住民的特征、殖民社会的

演变、奴隶制、游击战及独立战争等内容。

第二层专为革命的历史而设，涵盖了1959—1989年的这段时期，尤其是在胜利之后的最初几年，该国发生了主要的社会经济转型，古巴人民面临着革命的急剧升级。在这一层还有仿造凡尔赛宫同名大厅建造的镜厅、金厅、礼拜堂和部长会议厅等。

第一层主要讲述的是1990年至今的历史，还有一个讲述了1957年热血青年暗杀独裁者巴蒂斯塔的专题展览。

在户外区域展示了卡斯特罗使用的武器，从墨西哥港出发到古巴的革命游艇格拉玛号，纪念革命斗士的长明火等。

2. 馆藏经典

经典馆藏：格拉玛号游艇。格拉玛号游艇建造于1943年，长19.25米，设计容纳20人。由向菲德尔·卡斯特罗提供武器的西班牙裔墨西哥人安东尼奥·德·康德借给卡斯特罗使用。1956年，它载着82位古巴的战士从墨西哥前往古巴，包括劳尔·卡斯特罗，切·格瓦拉等人。这一批战士吹响了反抗独裁政府的号角，在古巴历史上有重要意义。

三、哈瓦那巧克力博物馆

哈瓦那巧克力博物馆位于哈瓦那的旧城区。其中展出了各种巧克力模具、配方和各种精美的瓷器。在博物馆的墙面上还展出了古巴可可的种植、生产和商业化的历史。博物馆中还可以看到制作巧克力和饮品的过程。

四、朗姆酒博物馆

朗姆酒博物馆位于历史街区的哈瓦那老城区，该馆坐落在一座18世纪的殖民地联排别墅，于2000年3月31日开业。博物馆第一个平台展示了库珀商店的景色，展示了建造和准备橡木桶所需的工艺，朗姆酒将在其中陈化。楼上的画廊里有一个真正的磨坊，最早的制糖厂使用的就是这个磨坊。蒸汽机车模型使人们想到古巴是拉丁美洲第一个使用铁路运输甘蔗的国家。

有一个楼梯通往发酵和蒸馏室，在这里游客会看到木制的发酵桶，闪闪发光的铜蒸馏塔及运输“白酒”的管道。在日渐老化的酒窖中，橡木桶在阴凉的壁龛中占据了一席之地，就像大教堂里的雕像。游客继续沿着螺旋形楼梯进入博物馆的品酒室，这里巨大的木制酒吧让人想起20世纪30年代哈瓦那出名的酒吧。在哈瓦那俱乐部精品店，向游客售卖哈瓦那俱乐部朗姆酒、古巴雪茄和纪念品。

博物馆

——墨西哥城（墨西哥），Mexico City（Mexico）

一、墨西哥城博物馆业发展概况及特点

1. 历史沿革

墨西哥城是墨西哥的首都，也是墨西哥政治、经济与文化中心。墨西哥城前身是特诺奇蒂特兰古城，建于 1325 年，现在市中心的宪法广场曾是阿兹特克帝国首都特诺奇蒂特兰的中心。1521 年，该城被西班牙殖民军焚毁，两年后殖民者在废墟上建立了新城——墨西哥城。城内到处是具有欧洲风格的宫殿、教堂、修道院，如墨西哥大教堂、国民宫、查普特佩克城堡等，都是那个时期的著名建筑。

18 世纪后期市内建起了一大批近代化楼房。1821 年墨西哥独立后，历届政府为建筑一个新首都，进行了一系列城市规划与建造。

21 世纪以来，在保护、维修旧城区的同时，建立起了一个现代化的新城区。市中心设计优美、恢宏，又富有墨西哥传统特色。这是一座现代化花园式的国际大都市，是一座露天历史博物馆，又是世界闻名的壁画之都。

2. 现状特点

自 20 世纪 30 年代以来，墨西哥政府一直保持了对民族文化的高度重视，将其视为滋养民族主义和爱国主义精神的食粮，以及确立民族属性的基础。这一观念长期以来深入人心，不因执政党更迭而发生变化。

全国各级政府设置相应文化部门，拥有相当程度的经费保证。很多政府部门、官方机构、民间组织及私人企业亦有专门组办文化活动的部门和预算。文化活动已成为国民生活之中不可缺少的传统，成为许多政府部门对外展示形象的习惯方式和企业社会活动内容的重要组成部分，同时也是政府宣扬民主和为大众服务的招牌。

3. 发展策略

由于工业化程度和城市基础设施建设远远落后于城市人口的增长，墨西哥的城市

化往往被当作失败的例证。但是，墨西哥通过保护历史文化遗产、打造重点文化工程、建设文化品牌集聚区等措施，使墨西哥在城市化过程中留下了骄傲和闪光的一面。

政府在制订社会经济发展战略计划时，很注意促进城市经济发展与保护墨西哥城的协调发展。在城市规划、设计上，致力于宏观把握，从城市总体上采取措施，使墨西哥城的格局、面貌可以保存着历史的特色，并保留一定的代表城市传统文化的街区，如起义者大街、改革大道、华雷斯大道等。

二、墨西哥人类学博物馆

1. 博物馆简介

（1）发展历史

墨西哥人类学博物馆的建立始于“太阳历石”的发现与保存。“太阳历石”是阿兹特克人的崇拜物。1520 年西班牙人在蹂躏阿兹特克人首都时，将此崇拜物埋于地下。1790 年，太阳历石又被发现。人们把它从地下挖掘出来，当作珍贵的历史文化遗产加以保存和研究，墨西哥博物馆的活动由此展开。

1865 年，在法国拿破仑三世的援助下，统治墨西哥的马克西米里安・约瑟夫皇帝指定隔摩涅达大道上与今日首都的国家宫殿北侧相对的建筑物为国立博物馆。第二次世界大战以后，随着藏品的不断丰富，原有的旧馆已经不能满足储存藏品的需要，于是在罗培斯・马特奥斯任墨西哥总统时，设计建造了新的人类学博物馆，于 1964 年 9 月落成开放。

（2）建筑布局

博物馆共有两层。

在第一层，除大厅入口以外的其他三面共设有 12 个展厅，通过多种文物和资料主要介绍了墨西哥文明兴起和发展的历史，以及西班牙人到来前的墨西哥社会各方面的情况，尤其是右边的七个展厅，顺次介绍了从墨西哥最早的移民到西班牙侵占阿兹特克帝国这段时间里整个墨西哥历史文化的发展过程。“古代文化遗产陈列”展出人类学、墨西哥文化起源，以及欧洲人来此之前墨西哥各族居民文化和生活的实物。系统介绍德奥蒂化坎、托尔特卡、墨西卡、瓦哈卡、墨西哥湾、玛雅、北部和西部八种墨西哥印第安文化。这是 4 000 年来古印第安各族人民文化遗产的缩影。

二层的展厅在位置上基本与一层对应，通过服饰、乐器、武器、宗教器皿和生活用具等多种文物详细地说明了墨西哥各民族的文化、艺术、宗教和生活方式等情况，可以在一层了解墨西哥古城曾经的宏伟样貌后，来到二层对应区域的展厅，了解当时人们各方面的生活情况。此外，博物馆内还有关于人类学概述、达芬奇理论、史前时代和美洲大陆原始移民等内容的相关介绍。

2. 馆藏经典

（1）经典馆藏一："太阳石"

"太阳石"是博物馆的"镇馆之宝"，陈列于墨西卡厅内。这块圆形巨石直径为3.6m、重25t，表面用繁复的文字符号和图画形象地雕刻出阿兹台克太阳历：太阳石中间的人像是给生命以力量的太阳神，周围四个周图分别代表了太阳时代前的四个时代；内环20个不同的图标标志了太阳历每个月的20天。外环的V字符号象征着带给大地能量的阳光，环绕巨石的两条巨蛇则象征羽蛇神和火神。

阿兹台克太阳历准确地记录了太阳、月亮和金星的轨迹，包含了太阳历和神历两部历法。两部历法合在一起计算，每52年重合一次。用这种方式纪年，可以精确地推算到远古，它反映了当时阿兹台克人的哲学观和世界观，也被视为该文明最重要的代表。

（2）经典馆藏二：武士画像

生动有趣的武士画像距今已有1 100余年历史，来自昔日托尔托克文明的中心地图拉遗址，身披豹服的武士形象栩栩如生。

3. 特色展览

乌拉马球展览：乌拉马是由墨西哥人类学博物馆"请"来的运动项目，是一种由公元前1200—前900年的奥尔梅克人发明的球赛，被誉为是世界上最古老的球赛。

当地人把举行"乌拉马"的场地叫作"特拉斯科"。这是一个四周砌有石墙的矩形赛场。墙上的石环好比足球赛里的球门，选手们必须将球击过石环才能得分。由于比赛用球是一种分量较重的实心橡胶球，所以击球的部位只能是胯部和肘部。

据说，乌拉马球的由来与玛雅人的古老传说有关。很久以前世界一片黑暗，为了获得光明，两个英勇的双胞胎兄弟与死神进行了一场激烈的球赛。最后，双胞胎兄弟战胜了死神，他们化身为太阳和月亮，给世界带来了光明，从此人类便诞生了。为了表达对太阳神和月亮神的敬畏，玛雅人每次按照玛雅历进行占星活动的时候，都会举办乌拉马球赛。

世界上只有墨西哥的部分地区还保留着"乌拉马"球比赛。这也是墨西哥人类学博物馆把这项运动"请"进来的原因。他们认为乌拉马球代表着人类文明发展的一个阶段，是墨西哥人不能遗忘的文化遗产。

三、查普特佩克城堡

1. 博物馆介绍

查普特佩克城堡矗立在查普特佩克山上，于1785年开始修建，但直到墨西哥独立后才完工，成为国家军事学院。这座城堡体现了墨西哥过去贵族和上流社会的奢华生活。1864年，当马克西米利安皇帝和卡洛塔皇后到达时，他们把它重新装修成自己的住所。城堡的东端保留了他们的宫殿，在外面的甲板上开放着豪华的沙龙，可以看到城市的全景，这是一大亮点。

1939年，拉扎鲁斯·卡西诺斯总统将其改建为国家历史博物馆。

在楼上的房间挂有波菲里奥·迪亚兹的作品，他是19世纪末第一位使用城堡作为住宅的总统。

查普特佩克城堡位于墨西哥城查普特佩克公园的中部，海拔为2 325m。这座山的遗址是阿兹特克人的圣地，在它的历史上，山顶上的建筑有很多用途，包括军事学院、皇宫、总统府、天文台，现在还有国家历史博物馆。查普特佩克和伊图尔比德宫是北美洲唯一的皇宫。

这座城堡的风格跟欧洲的城堡类似。在里面，可以看到美丽的绘画、精致的家具和富丽堂皇的建筑，跟墨西哥城的其他地方截然不同。在山顶上，可以俯瞰整座城市的美景。

在流行文化中，这座城堡被用于拍摄巴兹·鲁尔曼（Baz Luhrmann）极为成功的《罗密欧与朱丽叶》电影。

2. 常设展览

博物馆有12个永久展厅，展示了从征服时代到墨西哥革命的历史轨迹；在阿尔卡扎尔展区有22个房间，工作人员对马克西米利亚诺和卡洛塔以及波菲里奥·迪亚斯总统的房间进行重建，还有一个房间保留了查普泰佩克城堡遭受袭击的痕迹。

四、弗里达·卡洛博物馆

1. 博物馆简介

（1）发展历史

弗里达·卡洛博物馆是弗里达·卡洛的故居，位于科约尔坎小镇一条叫Londres路的街角，由于建筑外墙被粉刷成蓝色，故被当地人称为“蓝房子”（La Casa Azul）。博物馆像是这座热情的城市里一颗妖娆的蓝宝石。

弗里达是墨西哥最受欢迎的现代女画家，是一位美貌的奇女子。2002年的威尼斯电影节以好莱坞摄制的传记片《弗里达》作为开幕影片，展示了她的迷人气质和曲折而色彩斑斓的生活，将“弗里达狂热”提升到一个接近神话的地步。此外，弗里达的肖像画是法国罗浮宫博物馆收藏的第一幅墨西哥画家作品。

蓝房子是弗里达的父亲建造的一栋独栋房屋，弗里达于1907年7月6日出生在蓝房子，父亲是有匈牙利犹太血统的摄影师，生于德国；母亲是西班牙与美国印第安人的后裔。弗里达和丈夫迭戈·里维拉婚后主要住在蓝房子里，房子里布满两人惊人的藏品。

（2）建筑布局

大部分主体建筑都被油漆涂成了蓝色，和墨西哥的伊夫圣罗兰花园相似，只是没有那么大规模。博物馆分两个主要的展厅，其一是弗里达父亲在她出生之前建造的住所，这部分展示着重真实还原她生前的生活状况；另外一部分在偏院里，以更独特、更直接的展品与方式来让人们了解弗里达。

（3）场馆特色

房间是沿庭院四周分布的，一层的屋子和两层的屋子错落间隔，总体协调，不失现代感。尤其是所有房子和院墙都漆成蓝色，是那种天空蓝到发黑的精蓝，这个直接从宇宙腹地散发出来的颜色对人有一种致命的吸引力。

2. 馆藏经典

（1）经典馆藏一：弗里达的调色板

弗里达给上面每一种颜色赋予了一种情感，这些颜色都是弗里达内心最真实的体现。她一向有自己的爱憎取舍，从不跟随“流行”。

（2）经典馆藏二：弗里达服装（墨西哥衣裙）

被称为“特万那”（tehuana）的服装风格——在深色或黑色的底料上绣出灿烂艳丽的大花朵，美得轰轰烈烈；或是有明丽抽象图案的短上衣配长裙，头戴花冠。

五、墨西哥国家美术馆

1. 发展历史

1990 年，当墨西哥国家美术馆（Museo Nacional Centro de Arte Reina Sofia）创建时，它已然成为一座具有国际规模的现代墨西哥博物馆。

然而，为了实现这一目标，其建设经历了许多挑战。菲利佩二世国王在 16 世纪首先建立了圣卡洛斯医院，现在是博物馆的总部。就在这里，分散在整个法院的所有医院都是集中的。18 世纪，卡洛斯三世决定另建一所医院，因为这些设施不能满足城市的需要。目前的建筑是建筑师何塞·德·赫莫西拉和弗朗西斯科·萨巴蒂尼的作品。

1788 年，卡洛斯三世的死使这座建筑的建设陷入停顿。虽然萨巴蒂尼的项目只完成了 1/3，但医院还是按原计划建立并开始了手术。从那时起，医院进行了几次修改和补充，直到 1965 年关闭。其职能移交给马德里省卫生局。该建筑的历史和艺术价值在 1977 年被皇家法令宣布为国家纪念碑时得到了保证。

1980 年，在安东尼奥·费尔南德斯·阿尔巴的指导下开始了修复工作。1986 年 4 月，雷纳·索菲亚艺术中心开业。它的一楼被用作临时展览馆。1988 年底，建筑师何塞·路易斯·伊涅古斯·德昂佐尼奥和安东尼奥·巴斯克斯·德卡斯特罗进行了最后的修改，其中三座钢和玻璃电梯塔——与英国建筑师伊恩·里奇合作设计——值得特别关注。

根据 1988 年 5 月第 535/88 号皇家法令，西班牙文化部下属的自治组织雷纳索菲亚博物馆成立。总部设在圣卡洛斯医院，藏品由西班牙当代艺术博物馆当时保存的作品组成。1992 年 9 月 10 日，胡安·卡洛斯国王和索菲亚女王为国家艺术中心的永久收藏品揭幕，在此之前，该博物馆只举办过临时展览。现在是一个真正的博物馆，其目标是保护、扩大和展示其收藏；促进公众对各种表现形式的当代艺术的了解和接触；在国际一级举办展览，并提供培训，与所持资产相关的教育和评估活动。

2. 建筑布局

该博物馆共设立了四个场馆，分别为萨巴蒂尼馆、努维尔馆、水晶宫、委拉兹开兹宫。1999 年，国际社会呼吁扩建博物馆，并收到了胡安·纳瓦罗·巴尔德韦格、多米尼克·佩罗特等建筑师的设计图稿。2001 年，建筑师让·努维尔在获奖作品上开始施工。这座建筑是为萨巴蒂尼馆服务的，它在不干扰原址发挥中心作用的情况下扩展和完成了它的功能。新建筑群于 2005 年 6 月落成。它包括两个宽敞的展览空间、一个图书馆和文献中心、书店、办公室、咖啡馆、一个礼宾室和两个可分别容纳 200 人和 400 人的礼堂。

扩建部分与萨巴蒂尼馆的西南立面和前面的三角形地块相适应。在其中，努维尔尊重为建造三个新模块而安置三个现有建筑。尽管它们是独立的，但它们在不同的层面上相互连接，并与萨巴蒂尼馆相连：通过大型悬垂屋檐，形成一个延伸至医院檐口的天篷，并以红色漆成的凸面铝制形式反映下面城市的运动；通过连接建筑物的高架人行道及一个半公共广场与城市环境对话。

自落成以来，参观群体结构更加多元化，因为新的建筑提供了一个替代入口，萨巴蒂尼画廊和努维尔的新空间之间有各种联系。这种安排创造了许多潜在的行程，使服务区和展览空间之间有了更清晰的区分。

3. 场馆特色

内部布置在庭院周围，有宽阔的拱形画廊，由石壁柱和展览空间支撑，向外部和庭院开放，从而提供自然照明。这座建筑还有其他空间，如砖拱形的地下室和礼宾室，这是前医院存放亚麻布的地方，里面仍然有原来的陈设，现在用于展览。

六、索玛雅博物馆

1. 博物馆简介

（1）发展历史

在墨西哥城，最富有的人卡洛斯·斯利姆·埃卢（Carlos Slim Helu）长年以来享有生活低调朴素的名声——他在同一幢房子里住了 38 年，他从自己的 Sanborns 连锁店购买廉价领带，他的日常奢侈品无非是 Cohiba 雪茄和织有名字的衬衫。某一天，他多少令人吃惊了一回。那天是斯利姆小儿子的婚礼，在墨西哥城波兰科区一处购物中心里举办。在到达婚礼现场之前，包括墨西哥总统菲利普·卡尔德龙、作家加西亚·马尔克斯等在内的 1 600 名受邀宾客先经过了一处建筑工地，一个奇怪的、闪闪发光的建筑正在建造中，似乎是来自外星球的异形体。所有的人都想去一探究竟，结果，它取代新郎、新娘成了婚礼上最被关注的明星。

1999 年，斯利姆的妻子索玛雅死于肾衰竭，博物馆的命名是为了纪念她。这就是斯利姆的索玛雅博物馆（Soumaya Museum）。

（2）建筑布局

这是一座总面积 17 000m^2 的私人博物馆，用于轮流展示斯利姆总共 6.6 万件艺术藏品，由斯利姆基金会负担博物馆所有的运营和维护成本。

索玛雅博物馆总共六层，从外表看，一个不规则的几何体似乎从不同角度被几道巨浪击中，扭曲着升向 45m 的高度。整个外立面被熠熠闪光的抛光铝板覆盖，富有气势的轮廓让人想起一艘海轮的船首。在地震频繁的墨西哥城，这实在是一座结构大胆、不乏炫耀色彩的前卫建筑。在它之前，斯利姆还只用保守的玻璃盒子办公楼来容纳他不断扩张的电信王国。

（3）场馆特色

尽管备受争议，但客观来看，索玛雅博物馆的建立对文化艺术发展相对滞后的墨西哥来说，具有值得肯定的方面。这座花费约 7 000 万美元建立的博物馆，不仅仅是为了展示斯利姆的财富和品位，还怀揣着墨西哥的国际野心——建立一个足以让世界称道的艺术博物馆。

2. 馆藏经典

（1）经典馆藏一：《思想者》

《思想者》是法国雕塑大师罗丹的雕塑名作。这座人体坐像本是罗丹的巨型雕塑《地狱之门》中的一部分，他高踞于地狱之门的门槛之上，在他的下方，是地狱之门上一组组在罪恶、苦难、绝望中挣扎的人像群雕。他俯身低头，手撑着下巴，仿佛为眼前惊心动魄的惨景所震动，正陷于痛苦的沉思，《思想者》之名正是由此而来。

在博物馆入口处，斯利姆自己选择了他最喜欢的《思想者》的位置，低头沉思的《思想者》对面是墨西哥当代艺术家鲁菲诺·塔马约（Rufino Tamayo）的大型壁画《静物》。从狭窄的入口走进正厅，每一层都是纯白墙壁的空间，感性柔和的线条包围着艺术品，给人以轻盈的、非现实的印象。

（2）经典馆藏二：《胡之坦河》

《胡之坦河》是墨西哥国宝级艺术家迭戈·里维拉的壁画收山之作，位于索马亚博物馆大厅正中央。迭戈·里维拉的妻子是弗里达，即是同样在墨西哥非常著名的“蓝房子”的主人。

3. 常设展览

该博物馆共六层，每层用于永久展览和临时展览的功能有所不同。

入口：门厅区域是一个不对称的高天花板前厅。这个空间专门用于临时展览、活动和大型作品的永久展览：奥古斯特·罗丹的《思想者》、迭戈·里维拉的壁画《胡之坦河》、鲁菲诺·塔马约的《静物》。

一层：主要展览金银装饰艺术。收藏从总督时期到后革命时期的硬币、奖章和钞票，还有象牙、丝绸和宝石制成的物品。

三层：展览欧洲艺术家的作品，如克兰奇、丁托雷托、埃尔·格雷科、彼得·保罗·鲁本斯、青蒿、穆里略、维拉尔潘多、华雷斯、卡布雷拉和帕雷斯等的作品。

四层：从印象派到前卫派。查普曼、鲁根达斯、埃格顿、利纳蒂、格罗斯男爵、勒赫尔、兰德西奥和维拉斯科的 19 世纪墨西哥风景和共影作品，以及马内特、克劳德·莫内、卡米尔·皮萨罗、文森特·凡·高、和琼·米罗等画家的先锋作品。

六层：朱利安和琳达·斯利姆的《罗丹时代》、萨尔瓦多·达利的超现实主义雕塑。

博物馆

——圣何塞市（哥斯达黎加），San José（Costa Rica）

一、圣何塞市博物馆业发展概况及特点

1. 历史沿革

圣何塞是哥斯达黎加的首都，位于中部高原的肥沃谷地，始建于 1738 年，到 1782 年发展成为全国最大的城市。

西班牙人征服哥斯达黎加以后，最早的政治中心在中部高原东部的卡尔塔戈城。16 世纪末，居民开始向中央谷地迁移。1814 年，天主教在这里建立第一所学校——圣托马斯教育之家。1821 年，中美洲脱离西班牙独立后，圣何塞成为哥斯达黎加的首都。1821 年 9 月 15 日，哥斯达黎加宣布独立，1848 年成立共和国，定都圣何塞至今。20 世纪 40 年代，圣何塞是全国咖啡生产中心。50 年代后，随着工业的发展，城市迅速发展起来，如今圣何塞已是一个现代化的城市。

2. 现状特点

圣何塞市有许多博物馆。国家博物馆位于市中心一座古代城堡式的建筑内，主要陈列各种珍贵的历史文物；玉石博物馆展示新大陆发现前的各种玉器和玉石；黄金和钱币博物馆，展出新大陆发现前的金银工艺品和货币。此外，还有昆虫博物馆和自然科学博物馆等。

圣何塞是著名的旅游城市，附近有许多著名的游览胜地。例如，博阿斯火山位于中央谷地的西北部，距圣何塞 57km，游人登上望台可以看到这座还在缓慢活动的活火山；水眼温泉浴场位于圣何塞西北约 20km 处，是大众浴场，温泉泉水充沛，涌流缓慢，从高处冒出后流下，形成“小瀑布”；卡尔塔戈城是宗教圣地，哥斯达黎加天主教的保护神圣母玛利亚大教堂就建在这里，每年 8 月 2 日全国成千上万的信徒来此朝圣。

圣何塞市教育部大力推行“教育观光”的做法，力求在市民中推广文化艺术教育，主要受众包括小学生、中学生、高中生、大学生和各级教师。圣何塞的博物馆将展览

开放给市民，针对不同年龄群体推出相应教育项目。

二、玉石博物馆

1. 博物馆介绍

（1）发展历史

玉石博物馆由哥斯达黎加最大的保险公司 INS 总裁于 1977 年创建，2014 年新馆开放。博物馆号称拥有世界上最多的美洲玉石展品，共计超过 7 000 件。

（2）建筑布局

该建筑的设计方案是由建筑师 Diego Van Der Laat 提出的。博物馆的侧面使人联想到一块被分割成两半的玉石，光线通过它进入并分布在五个展览楼层。同样，游客在大堂也会受到来自 Motagua 河谷的一块玉石（未切割）的照耀，以获得对玉石材料的独特感官体验。这位建筑师始终强调博物馆藏品的独特性，并以此唤起人们对博物馆建筑和玉石形状之间的联系。

（3）场馆特色

玉石博物馆展出了美国前哥伦布时期的玉器，体现了其主题概念、玉器制作、象征意义，以及与社会和精神力量及其背景有关的内容。其他主题领域则围绕不同的社会、经济、政治和意识形态主题展开，分布在不同的房间，并有“玉”“日”“夜”“祖先记忆”等暗示性名称。

2. 馆藏经典

（1）经典馆藏一：陶瓷

位于太平洋沿岸的哥斯达黎加尼科亚半岛的陶瓷反映了与中美洲古代的文化和经济交流。在哥斯达黎加北太平洋的这一地区，文化上被称为“大尼科亚考古区”，那里发生了重要的社会变化，特别是从公元 800 年开始。陶瓷装饰从使用双色发展到使用中美洲图案（特拉洛克、有翼蛇、带头饰的坐像等）和当地元素的混合风格的多色。

（2）经典馆藏二：神秘的石球

玉石博物馆的另一件珍宝也是经久不衰的考古谜团之一——神秘的石球（Las Bolas de Costa Rica）。玉石博物馆在其永久收藏中展出了其中三件。这些石球是哥伦布时代以前的标志性文物。它们产于公元前 300 年，哥斯达黎加南太平洋，考古学家称为迪奎斯亚区。它们由火成岩和沉积岩制成，直径在 0.15~2.5m 之间。这类物体的雕刻技术需要进入含有辉长岩、花岗闪长岩、石灰石的采石场，以便找到合适的石块，并用石锤、凿子和沙子打磨成形。

3. 常设展览

为了展示玉石在圣何塞市的重要性，玉石博物馆通过六类展览突出了玉石艺术品的各个方面：

①门槛（Threshold）：审视玉器社会兴起的生态和历史背景。

②玉（Jade）：中美洲古代玉石和工艺品的工艺、经济和贸易。

③白天（The Day）：哥斯达黎加前哥伦布社会的日常生活。

④夜晚（The Night）：玉在宗教、战争和葬礼中的用途。

⑤记忆（Memory）：对文化音乐、历史和技术的庆祝方式。

⑥收藏（The Collection）：大尼科亚、中部地区、大奇里基三个地区的玉器艺术。

4. 临时展览

2019 年 9 月 27 日，为庆祝中华人民共和国成立 70 周年以及中哥建交 12 周年，中国驻哥斯达黎加使馆举办了“艺术瑰宝”——赵新颖京剧油画展，这一活动在圣何塞玉石博物馆大厅举行。赵新颖先生是誉满中外的京剧题材油画家，其作品独树一帜，融合了民族性和世界性。赵新颖先生以西方油画技法展现了中国国粹京剧，详细介绍了中国京剧文化及其油画作品创作的题材、技法和内涵，为哥斯达黎加民众带来了全新的艺术体验。此次“艺术瑰宝”京剧油画展为期一个月，在哥斯达黎加前哥伦布文化与玉石博物馆展出赵新颖 24 幅代表性油画作品，均以国粹京剧为题材。

这次活动是增进两国人民了解的重要窗口，不仅掀起了中哥文化艺术交流的高潮，也成了连接两国人民友谊的纽带和桥梁。

三、哥斯达黎加国家博物馆

1. 博物馆介绍

（1）发展历史

哥斯达黎加国家博物馆是在 19 世纪末“秩序与进步”的自由项目中诞生的。该项目通过教育领域的改革和创建文化科学机构来重组国家文化。

1887 年 5 月 4 日，由贝尔纳多 · 索托担任主席，国家博物馆正式开幕，为该国提供了一个存放、分类和研究自然和艺术作品的公众机构。

从成立之初，博物馆就致力于科学研究、教育、展览，以及文化和自然遗产的保护。

（2）建筑布局

哥斯达黎加国家博物馆是一个建筑群，由贝拉维斯塔军营（主楼）、指挥官之家、德拉克拉广场和原军队所在地组成。

贝拉维斯塔军营是结合了 20 世纪上半叶两位最重要的哥斯达黎加建筑师的独创性的作品。最初由建筑师 José Francisco Salazar Quesada 设计，并由建筑师 JoséMaría Barrantes 完成，后者对塔楼和部分外墙进行了改造。贝拉维斯塔军营的建筑由一个尺寸相当大的中央庭院组成，四周均由机翼围绕。在内部，有大面积空间用作营房、办公室、地牢。所有这些都由复杂的迷宫般的隧道秘密连接在一起，这些密道保留至今。

指挥官之家位于军营墙外东北角的建筑群。这两栋房屋都受到了维多利亚时代设计风格的影响。

（3）场馆特色

作为国立博物馆，该博物馆承担了就国家文化和自然遗产进行教育、保护、调查和展览的重要使命。博物馆设立了机构战略目标，包括：

①在机构资源现代化的支持下，向公众提供的服务中实施质量管理和内部控制。

②为哥斯达黎加社会提供最前沿的文化活动，并将自治性和可持续性作为博物馆管理的基准。

③通过向社区提供咨询和培训，促进社区人民的参与度，以增强文化和自然遗产的传承。

2. 馆藏经典

（1）经典馆藏一："仪式"类藏品

此类藏品包含了家用工具，例如磨碎食物的加工工具；以及用于特殊仪式的动物面具，用石头、鹿角或木质工具，以水和沙子作为研磨剂制作的。

（2）经典馆藏二：前哥伦布时期贴标石的矛尖及其他

该系列中最古老的工具是用鹿角和硬木棍，与其他石头（漆器）撞击抛光的硅质石头制成。最特别的有拉帕多刀和钻头，用于雕刻木材和加工皮毛。它们是由在12 000年前占领美国的移民狩猎者和采集者团体制造的，表现出了很高的技艺水平。

3. 常设展览

博物馆的常设展览之一是由艺术家Ingrid Rudelman举办的"对话（Dialogue）"展览：将几何形状和色彩生动的三维作品，嵌入德拉克拉广场的开放空间中，供路人欣赏。艺术家的意图是让人们与作品互动，触摸、感受并享受其形状和纹理。这项展览与艺术家所提出的和平、包容、公正、繁荣的社会理想不谋而合。

展览的策展人是玛丽亚·恩里克塔·瓜迪亚。该项目与圣何塞政府进行了合作。

4. 临时展览

"我们是邻居，城市中的野生动物"（"We are neighbors，wild fauna in the city"）是面向全体观众的临时展览，特别针对青少年，使他们更能了解城市里的动物，并与这些动物和谐共存。展览展示了博物馆自然历史收藏品的副本，并辅以城市的西洋镜和各种野生动物的插图，如松鼠、浣熊、昆虫、蜂鸟等动物。在展览的最后，还提出了有关城市中野生动物的管理及如何和谐共存的建议，以此避免人们遭受意外攻击。

四、前哥伦布黄金博物馆

1. 博物馆介绍

前哥伦布黄金博物馆位于新中央银行大楼的八层，于1966年10月12日落成，由哥斯达黎加中央银行管理。馆内的收藏品于 1982 年转移到新的文化广场大楼，该大楼为哥斯达黎加中央银行博物馆。

文化广场大厦是 20 世纪哥斯达黎加建筑史上的里程碑，也是圣何塞市的地标。其构思于 1978 年，实际建成于 1982 年。博物馆的建造旨在让哥斯达黎加人了解他们的遗产，并为首都的过路人提供一个娱乐场所。

博物馆信息导览区位于大楼二层，目的是让参与者了解前哥伦布文化的社会文化演变，以及哥斯达黎加金属加工的演变、阶段和风格。

前哥伦布黄金博物馆重新定义了观展体验，并以新的角度展示了历史和文物。博物馆空间将前哥伦布时代的人们带到了生活中，以向祖先致敬。它还运用现代展览设计经验和互动技术，创造了新颖有趣的教育环境。

2. 馆藏经典

（1）经典馆藏一：真人比例的黄金武士雕像，装饰着黄金饰品。在哥斯达黎加历史上，黄金被视为权威的象征，这些物品是前哥伦布时期手工艺的证明。

（2）经典馆藏二：一个前哥伦布墓穴的复制品，里面有 88 件金器，是在 20 世纪 50 年代哥斯达黎加东南部的一个香蕉种植园里出土的物品。

3. 常设展览

前哥伦布黄金博物馆的主要展览包括“黄金收藏区”“陶瓷和石头收藏区”“民族志收藏区”。

黄金收藏区由 1 586 件物品组成。根据哥斯达黎加的考古证据，它的第一批金属制品出现在 300—500 年之间，并在 700 年数量达到顶峰。哥斯达黎加发现的大部分金属物体来自具有自然金矿和铜矿的南太平洋。

陶瓷和石头收藏区是由哥斯达黎加各个地方的物品组成的，时间跨度为公元前 300—1550 年，包括形形色色的艺术品、石器、雕像和餐具。

民族志收藏区收藏了 103 件物品，展示了当地土著社区的日常生活习惯和观念，包括纺织品、自然染色的线、芦苇、弓箭、葫芦、篮子、纺锤等。

南美洲篇

博物馆

——利马市（秘鲁），Lima（Peru）

一、利马市博物馆业发展状况及特点

1. 历史沿革

利马是秘鲁的首都，在大部分殖民地时期，利马始终是南美洲最重要的政治和商业中心。利马城中有各式各样的博物馆，分布于早期殖民地建筑或现代建筑中。由于长期的殖民历史，利马吸收了西班牙对于博物馆业的发展经验，西班牙文化、殖民文化和秘鲁本土文化相互交融，为博物馆业的后续发展奠定了基础。

2. 现状特点

利马分为新区和旧区。由于新旧区的发展重点不同，对于博物馆业的扶持政策也不相同。古城区是联合国世界文化遗产之一，保存了大量的历史遗迹，有许多建筑遗迹保护类博物馆。新城区街道宽阔，高楼林立，公共文化设施齐全。众多展示历史文化的博物馆汇集在玻利瓦尔广场周围。

3. 发展策略

利马历经多年的发展已经成为拉美最热门的旅游目的地之一，一流的博物馆、高艺术价值的历史建筑、神秘古老的秘鲁文明吸引着国际游客。利马城市文化设施的规划中指出，在保护历史古迹的基础上，更大程度地发掘博物馆对于本国文化的宣传和教育功能；通过博物馆业的发展，带动旅游、交通、制造行业的发展，拉动经济增长。

二、拉尔科博物馆

1. 发展历史

拉尔科博物馆（Museo Larco），位于利马的普韦布洛自由区，是一座展览前哥伦比亚时期艺术品的私人博物馆。它的收藏品按时间顺序排列，对秘鲁哥伦布时期前的5 000年历史进行了全面的概述。

2. 建筑布局

拉尔科博物馆的主体由一座殖民地时期的白色小庄园改建而来，建筑呈矩形，有上下两层展览空间。博物馆前是原来的私家花园，种植了大量利马的特有植物，布置精巧，展现了利马独特的风情。

3. 场馆特色

科拉尔博物馆收藏了秘鲁各地工匠制作的各种陶瓷、金属和纺织品复制品。博物馆建立了完善的系统，确定了这些前哥伦布时期艺术品的复制技术，并评估了每件艺术品的质量，制作出了精美的工艺品在馆里的艺术商店售卖。

博物馆最有名的是前哥伦布时期情色陶瓷展室，以展示性爱情景而著称。存在于陶器收藏中的色情作品对于研究前哥伦布时期两性关系的研究有重要作用，这些陶瓷在一定程度上展现了生命延续的渴望，两性之间吸引力及使生活不断再生的对立而又互补的力量的融合。

三、黄金博物馆

1. 发展历史

秘鲁黄金制品和世界兵器博物馆，简称黄金博物馆（Gold Museum），位于利马市蒙特利科区，是一家私人收藏博物馆，创建于1966年。该馆展品以农艺学家、金融家、外交家米格尔·穆希卡·加略家族的收藏为主。

2. 建筑布局

博物馆两层楼高的建筑由钢筋混凝土修建而成，展览主要分为两部分：第一部分展示的是16世纪以来的世界各国兵器，其中包括拉美独立战争英雄使用过的佩刀，拿破仑用过的兵器，中国古代刀剑，以及各国军服、铠甲、马具等，做工精良，造型优美；第二部分收藏的是从公元前5世纪至公元5世纪期间秘鲁出土的各种金银制品、木乃伊、服饰、雕刻、陶制品，对了解秘鲁历史上著名的莫奇卡、奇穆和纳斯卡文化及秘鲁古代土著居民的习俗、生活颇有帮助，且具有很高的艺术价值。

3. 场馆特色

黄金博物馆一共展出两万种来自不同时代和国家的武器。由于博物馆的武器数量、质量都居于世界前列，这被认为是世界上武器装备领域最重要的博物馆之一。除了武器，也有战服、马鞍、装甲、马刺和其他标记时代的东西，以及3 300年前的历史人物使用的装备。博物馆内的收藏品有贵重金属，如金、银，铂片、纺织品、陶瓷、木乃伊和其他珍贵物品。

四、利马主教宫

1. 发展历史

利马主教宫（Palacio Arzobispal de Lima）是罗马天主教利马总主教若望·西普里亚尼枢机的府邸，也是天主教利马总教区的行政总部，位于利马古城中心武器广场的东北角。该位置毗邻利马主教座堂，曾是该市第一个警察局及第一座监狱的所在地。

2. 建筑布局

目前的建筑物建成于 1924 年 12 月 8 日，由波兰建筑师 Ricardo de Jaxa Malachowski 设计，被认为是 20 世纪早期利马新殖民建筑的最好范例。其立面为巴洛克式，完全石砌，大门上方是华丽的雪松阳台，以及总教区的主保圣人圣图里比乌斯的花岗岩雕塑。宫殿有两根旗杆，分别悬挂秘鲁国旗和梵蒂冈国旗。内部装饰华丽，有主保圣人圣巴巴拉的雕塑，大理石楼梯，天花板照明使用著名法国花窗玻璃。

3. 场馆特色

利马主教宫在利马大教堂旁边，是大主教工作和生活的地方。里面的装修非常豪华，可以用金碧辉煌来形容。这里有许多的黄金制品，以及年代久远的宗教法器，可以说是利马最为神圣的地方。利马主教宫的内顶有著名的花窗穹顶，制作精美，艺术价值高。

五、利马艺术博物馆

1. 发展历史

利马艺术博物馆（Museum of Arts in Lima–MALI）的前身是建于 1869 年的利马展览宫，是利马折中主义建筑最美的例子之一。1872 年 7 月，利马的“艺术、科学和工业大展”在展览宫开放。1872—1879 年展览馆成为美术学会总部。历经战争，展览馆的作用多次变动。1961 年 3 月 10 日，利马展览馆作为利马艺术博物馆的永久展馆正式开张。

2. 建筑布局

博物馆的主体建筑是由意大利建筑师安东尼奥·莱昂纳多设计的，建于 1870—1871 年间。它是拉丁美洲的先驱建筑，采用新的铁制建筑技术，以新文艺复兴风格设计和建造。这些柱子由铁制成，是从欧洲进口的，展览宫效仿了欧洲的环球展览构造，周围环绕着雕像、花园和动物园。博物馆有上下两层，拥有不同主题 34 个展览厅。

3. 场馆特色

在博物馆成立 60 周年之际，2014 年 1 月，博物馆推出了虚拟藏品，以扩大马里收藏的珍贵藏品。目前博物馆重新开放了一个常设展览馆，展出 200 件从前哥伦布时代到 20 世纪中叶奇珍异宝，讲述了秘鲁 3 000 年的艺术历史。

六、秘鲁自然历史博物馆

1. 发展历史

秘鲁自然历史博物馆（Museo de Historia Natural UNMSM）始建于1918年，隶属于国立圣马尔科斯大学，由大学自然科学院建立，为秘鲁最重要的自然历史博物馆，是探寻秘鲁植物、动物和矿石奥秘的理想之地。

2. 建筑布局

博物馆原址设于校内，后搬迁到了现址。秘鲁自然历史博物馆地主体建筑是带有鲜明西班牙风情的黄色建筑，展览藏品集中于一层。

3. 场馆特色

自然历史博物馆收藏丰富，包括哺乳动物、灵长类动物、无脊椎动物、爬行动物、两栖动物、鸟类、植物、化石、恐龙化石、鱼类和矿石等。馆内最值得细细品味的当数巨头鲸的骨架、南美马的化石、树懒化石等。

附录：中国与利马博物馆交流现状

1. 中国当代艺术展在利马开幕

2017年9月14日，“智造——中国当代艺术展”在秘鲁外交部印加·加西拉索文化中心拉开帷幕，为当地群众了解和欣赏中国当代艺术提供了一个平台。秘鲁外交部文化司司长哈维尔·莱昂说，“智造——中国当代艺术展”跨越大洋，为秘鲁民众打开了一扇了解中国这个东方大国的窗口。曾经在北京工作期间专攻中国水墨画的秘鲁画家洛伦索·奥索雷斯，对中国画家卢征远的油画作品《虾》十分赞赏。

2. 彭丽媛参观拉尔科博物馆

2016年11月12日，应秘鲁总统夫人兰格邀请，国家主席习近平夫人彭丽媛在利马同参加亚太经合组织第二十四次领导人非正式会议的部分经济体领导人配偶共同参观拉尔科博物馆。

博物馆

——里约热内卢市（巴西），Rio de Janeiro（Brazil）

一、里约热内卢市博物馆业发展状况及特点

1. 历史沿革

里约热内卢是南美洲最大的城市之一，以它丰富的文化庆典和独特的风土人情成为世界旅游的热门目的地。里约热内卢对于文化遗产的保护十分重视，在里约热内卢的大街上，殖民地时期修建的欧式建筑与现代化的高楼大厦交相辉映，气势恢宏的皇宫、庄严肃穆的教堂、雕梁画栋的大剧院……这些古老的建筑大多保存完好，被辟为纪念馆或博物馆保护起来展示里约热内卢的魅力。

2. 现状特点

里约热内卢的博物馆业在当地旅游业的带动下处于一个良好的发展状态，在公共教育方面也给当地公众和教育部门提供了解历史信息的平台。但 2018 年，巴西国家博物馆的特大火灾，导致馆内大量文物损毁，无疑给这座城市的博物馆业持续发展留下一层阴霾。

3. 发展策略

里约热内卢公开说明将在 2022 年修整重建国家博物馆，将对市内的各大博物馆的防火设施进行更新换代，并制定博物馆消防规范，推动博物馆藏品的信息的电子化、信息化，完善线上收藏展览系统。

二、革命英雄宫

1. 发展历史

革命英雄宫（Palácio Tiradentes），也称独立英雄宫。坐落在里约热内卢，是从前巴西国会所在的建筑。在 1926—1960 年之间，是里约热内卢立法会议所在地。建筑正门入口处的装饰代表了巴西的自由和独立。革命英雄宫的一层和二层展览讲述了 1925

年至今巴西的历史事件。

2. 建筑布局

博物馆建筑个性鲜明，共有两层的展览空间。折中主义风格的外墙覆盖着钢筋混凝土，圆顶突出，装饰着代表独立和共和国的寓言雕塑。在内部，圆顶上装饰着巴西艺术家 Rodolfo Chambelland 的画作，上面涂着彩色玻璃，模仿 1889 年 11 月 15 日巴西废除帝制走向共和纪念日的夜空，该建筑的墙面上悬挂着著名艺术家的作品，现在成为重要的展品的一部分。

3. 场馆特色

革命英雄宫博物馆藏品大约有 17 万件，其藏品包括从上古到今天的藏品。该馆钱币类馆藏丰富，拥有总计超过 15 万种巴西和葡萄牙历史上曾经使用过的流通媒介，还展示了硬币、奖章、邮票、锡吉尔邮票等。

三、国家历史博物馆

1. 发展历史

国家历史博物馆（Museu Histórico Nacional）是根据总统埃皮塔西奥·佩索阿的命令于 1922 年 8 月创建的，于 10 月开始展览活动。博物馆在文化部的主持下收集了众多的藏品，并已成为重要的文化中心，逐渐占据了圣地亚哥堡曾经所在的卡拉布斯角的所有建筑群。

巴西国家历史博物馆的建筑群始建于 1603 年，较早的建筑可以追溯到 1567 年，是由葡萄牙国王塞巴斯蒂安一世建立的。1693 年，为奴隶建造了卡拉布斯监狱。1762 年，特雷姆之家（Casa do Trem）被添加为武器和弹药的仓库。最后增加的是战争兵工厂（1764 年）和军营（1835 年）。

到今天，博物馆大楼占地 20 000m^2。它拥有超过 287 000 件物品，在超过 25 个永久性和非永久性展览中展出。

2. 场馆特色

国家历史博物馆藏品在公众教育方面很有建树，作为第一个开设官方博物馆学课程的巴西博物馆，它是其他重要地方博物馆成立的起点，因此在 20 世纪 40 年代享誉国际。博物馆的图书馆馆藏丰富，有大约 57 000 本书，其中许多古书可以追溯到 15 世纪。国家历史博物馆提供的数字馆藏是向全球公众开放的在线存储库，包括了该机构的展览品和技术储备。

四、巴西国家博物馆

巴西国家博物馆（Museu Naciona）位于巴西里约热内卢市昆拉达博阿维斯塔公园，是里约热内卢的标志之一，也是巴西最古老的博物馆之一。其历史可以追溯至1818年，在19世纪初曾是葡萄牙王室的王宫，被称赞为美洲地区最大的人文和自然历史博物馆。

巴西国家博物馆本身主体建筑就是一件古老且美丽的艺术品，它不仅是文物和艺术品的收藏地，更是巴西从殖民地到帝国再到共和国数百年历史的见证者。从若昂六世的行宫，到佩德罗一世和二世的皇宫，再到共和国时代的国家博物馆，这座西欧风格明显的建筑陪伴巴西人民走过许多历史中的大事件，是民族记忆无言的见证者。

巴西国家博物馆原本馆藏两千万历史资料及文物，包括古埃及、古希腊、古罗马文物，拉丁美洲多个民族不同年代的文物及艺术品，巴西 500 年历史文献资料等。不幸的是，2018 年 9 月 2 日巴西国家博物馆发生火灾，博物馆仅有 10% 的馆藏得以幸存，多为陨石、矿石和陶艺等藏品，许多珍贵的画作和有历史意义的建筑内设毁于一旦。

附录：中国与巴西里约热内卢博物馆交流现状

1. 中国摄影师钟维兴作品亮相巴西

2017 年 5 月 11 日，应巴西国家历史博物馆邀请，中国摄影师钟维兴的“面对面 · 当代摄影大师肖像”系列作品在巴西最重要的博物馆——巴西国家历史博物馆进行展览，展览结束后，展出作品将全数由里约艺术博物馆收藏。

2. 巴西国家历史博物馆收藏孔子雕像

由中国著名雕塑家吴为山创作的孔子雕像 2016 年 10 月 25 日被巴西国家历史博物馆收藏，馆方表示这一收藏将在两国之间架起文化交流的桥梁。巴西国家历史博物馆馆长保罗 · 克纳斯表示，能够收藏一件用现代艺术方式表达古老意象的雕塑是十分美好的事情，博物馆对此感到荣幸。

3.2016 里约热内卢奥林匹克美术大会

2016 年 10 月 27 日，里约热内卢奥林匹克美术大会举行开幕式。作为“中拉文化交流年”的一次重要展览，中外艺术家创作的 130 余件中国画、油画和综合材料作品，以艺术阐释奥林匹克精神，体现中国、拉美和世界多元文化的交融。

博物馆

——布宜诺斯艾利斯市（阿根廷），Buenos Aires（Argentina）

一、布宜诺斯艾利斯市博物馆业发展概况及特点

布宜诺斯艾利斯是阿根廷的首都和最大城市，其不仅是阿根廷的政治中心，也是经济、科技、文化和交通中心。布宜诺斯艾利斯刚独立时只是一个小城市，但自从欧洲化、现代化的政策实施后，吸引了许多意大利、西班牙的移民，成为南美最具有欧洲化的城市。

受欧洲文化的强烈影响，布宜诺斯艾利斯有时被称为“南美洲巴黎”。全市有众多的博物馆，以及杰出的艺术品收藏家。“博物馆之夜”发生在每年 11 月，在这一天，大部分城市的博物馆通宵达旦开放。2014 年，该活动吸引了超过 85 万名游客到城市的 200 多家博物馆参观。

二、国家艺术博物馆

1. 发展历史

国家艺术博物馆（National Museum of Fine Arts）创建于 1896 年，是南美洲规模最大的公立艺术机构，目前馆藏数量超过 12 000 件，核心收藏领域包括阿根廷艺术及 19 世纪欧洲艺术。其目标是建立一座容纳各国艺术作品的多元化展馆，在展示国际艺术的同时，推广阿根廷本土艺术。

该馆最初位于布宜诺斯艾利斯佛罗里达街一栋商场大楼，至 1910 年已收藏多位欧洲画家作品，包括戈雅、华金·所罗拉、埃德加·德加、雷诺阿等。这座博物馆曾两次迁址，1911 年搬迁至圣马丁广场一栋独立建筑，后者曾是巴黎世博会的阿根廷馆，世博会结束后被拆除转移，在布宜诺斯艾利斯重建还原。1933 年迁至位于自由大道街的现址，展馆建筑原本是一座 19 世纪建成的排水泵站，后交由阿根廷建筑师 Alejandro Bustillo 改建。这一时期收购的作品包括保罗·高更的《坐在海边的女子》、凡·高的

《煎饼磨坊》、埃尔·格雷考的《橄榄山上的基督》等。

2. 建筑布局

阿根廷国家艺术博物馆共有两层 40 个展厅，按照时间顺序、展品类别和艺术家对收藏品进行分类展示。

一层主要展示 19 世纪欧洲艺术，展厅分为印象派、前印象派、意大利艺术、西班牙艺术，以及一间专门展示戈雅作品的展厅。重要藏品包括《戈雅自画像》、莫奈的《塞纳河畔》、凡·高的《蒙马特风车磨坊》、罗丹的《大地与月亮》雕塑等。二层主要展示阿根廷本土艺术。

3. 场馆特色

20 世纪中期，时任馆长的 Jorge Romero Brest 对博物馆馆藏及设施进行扩充更新，收购了一批现代艺术作品，新增临展场馆、阿根廷当代艺术馆、图书馆及公共礼堂，藏书数量约有 15 万册。2004 年，阿根廷国家艺术博物馆在该国内乌肯市建立分馆，该馆共有四个展厅，馆藏 215 件作品。

三、萨米恩托战舰

1. 博物馆简介

萨米恩托战舰（Fragata Sarmiento）是 20 世纪早期阿根廷海军的一艘训练船，并以阿根廷第七任总统 Domingo Faustino Sarmiento 的名字命名。它曾经在七大洋航行 40 年，被认为是 19 世纪 90 年代最后一艘完好无损的巡航训练船，现在是一所博物馆。

该船最初是为阿根廷海军学院建造的，进行了 37 次年度训练巡游，其中包括六次环球航行。该船于 1938 年作为一艘远洋船退役，但在 1950 年左右继续在阿根廷河上航行，并一直作为固定训练船使用，直到 1961 年。

2. 馆藏介绍

除航行设备外，该船还包括一个大型三倍膨胀蒸汽机，蒸汽由两个通过后排烟囱排放的燃煤锅炉提供。通过前部烟囱排出的另一台辅助锅炉为推进以外的动力提供蒸汽，包括在主甲板（在露天甲板以下）驱动发电机的两台发动机。

博物馆

——圣地亚哥首都大区（智利），Santiago Metropolitan Region（Chile）

一、圣地亚哥首都大区博物馆业发展概况及特点

1. 历史沿革

圣地亚哥是智利首都，也是南美洲第五大城市，始建于 1541 年。1818 年迈普战役（智利争取独立战争中的决定性战役）后成为首都。圣地亚哥拥有的博物馆数量很多，多为历史悠久的古建筑，建筑本身也具有欣赏价值。

2. 现状特点

圣地亚哥目前已经向公众开放的大小博物馆有近百个之多，还有两百多个博物馆正在修缮维护。其中著名的智利国家博物馆在世界十大博物馆中高居第五。

3. 发展策略

智利政府非常注重智利博物馆及历史遗迹的保护和建设。因为在 200 年的时间里智利发生了大小地震百余次，地震除了破坏国家的民生之外，更是席卷了这个国家的文化和历史遗迹，所以智利政府制定了相关规定维护和修复历史遗迹及博物馆。

二、智利国家历史博物馆

1. 博物馆简介

（1）发展历史

智利国家历史博物馆（Museo Histórico Nacional）位于原皇家法院和国库所在地，建于 1804—1807 年。其建筑师 Juan Goycolea 为大教堂建筑师托埃斯卡的学生，因此建筑也延续了托埃斯卡的新古典主义风格。智利国家历史博物馆收藏了前哥伦布时期至 20 世纪的 7 万多件文物。

智利国家历史博物馆虽经历了多次修缮，建筑正面却保持了原样。然而，这座

建筑的原始职能只延续了两年，智利独立后至 1846 年（总统官邸由中央邮局迁往 La Moneda 宫）之前，成为一些政府部门的办公地点。1981 年被政府重新修复。1982 年成为国家历史博物馆。

（2）建筑布局

国家历史博物馆的展区有两层：一层分别设有“智利的第一批居民”“发现和征服西班牙”“殖民社会”三个展；二层分别设有“18 世纪社会”“从人民阵线到人民团结（1937 年—1973 年）”这两个展。

（3）场馆特色

国家历史博物馆建筑的最大亮点之一就是其钟楼（Torre del Reloj），可以让游客从 20m 高的高处俯瞰市长广场、圣地亚哥大教堂还有旧城区的风貌。游客还可以爬上螺旋形楼梯到凉亭的阳台，了解一些钟楼拨号的机械表的工作原理知识。

2. 馆藏介绍

国家历史博物馆藏品中包含许多公共领域的照片，其照片档案馆通过收集这些照片讲述了智利的记忆。藏品包含从原始居民到如今人们的绘画、照片、纺织品、家具和工具，也包含了统治者和有才华的人的私人物品，包括萨尔瓦多·阿连德的眼镜、总统阿图罗·亚历山德里·帕尔玛（Arturo Alessandri Palma）的大丹犬标本和安德烈斯·贝洛的伟大办公桌。同时博物馆也展出了一些“权力标志”，如军刀、武器、旗帜、爱国者服装，这些展品建立了国家的经典形象。

三、智利国家美术博物馆

1. 博物馆简介

（1）发展历史

智利国家美术博物馆（Chilean National Museum of Fine Arts）是南美洲最古老的美术博物馆之一。该博物馆成立于 1880 年，由建筑师 Emile Jecquier 设计。建筑融合了新古典主义和巴洛克复兴风格，并带有结构建筑的气息。自博物馆成立以来，它在视觉艺术展览中发挥了重要作用，一些著名的艺术家在这里展示了他们的作品。

1938 年，建筑设计师爱德华多·塞奇（Eduardo Secchi）在美术博物馆建筑主体的北面建造了一个露天剧场，它没有看台，可以容纳 200 人，最初打算用于儿童剧场表演。1979 年，在圣地亚哥市政当局的帮助下，圆形剧场在 2003 年进行了重建。它被用来发展戏剧、音乐和舞蹈活动。

在 Nemesio Antunez 的指导下，在 1970—1971 年间，建造了地下展厅 Matta 房间，占地 $60m^2$ 另加 $100m^2$ 为直线型展厅。1980 年，在博物馆成立 100 周年之际，入口广场被重新改建，雷贝卡·玛特（Rebeca Matte）的雕塑被重新启用，这座雕塑多年来一直被借给航空博物馆，1930 年由艺术家的丈夫佩德罗·伊尼格斯捐赠。这幅作品是智利政府 1922 年捐赠给巴西的委托给雷贝卡玛特的纪念碑的复制品。

在与教科文组织和美洲国家组织签署相关协议之后，除了作为展览空间之外，国家美术博物馆一直积极参与艺术的修复和保存工作。

（2）建筑布局

国家美术博物馆建筑主体中轴线的两个大拱形门加上圣女雕塑，气派神圣。侧面对应两小侧门，三角尖顶门楣装饰，显得极为庄重。美术博物馆为上下两层建筑，二楼为回廊，有各种不同时期的雕塑作品展出。

2. 馆藏介绍

博物馆目前收藏着 3000 多件智利和其他国家的杰出大师创作的艺术品。它还收藏了一系列非凡的东方艺术作品，其中包括中国大使馆赠送的 46 幅水墨画，以及 27 幅日本字画。此外，还有诗人维森特・维夫多罗收集的非洲雕塑。

该博物馆最初是为传播艺术而创建的，智利艺术于 19 世纪中后期开始盛行。自 1880 年以来，这些绘画、肖像和雕塑中的大多数都被安置在不同的建筑物中。直到 1990 年，这些艺术品才被收藏于国家美术博物馆中。最初仅有 140 件作品，如今已超过 5 000 件。

四、智利前哥伦布艺术博物馆

1. 博物馆简介

（1）发展历史

前哥伦布艺术博物馆（Museo Chileno de Arte Precolombino）位于圣地亚哥，建立于 1981 年 12 月，是一个致力于中美洲和南美洲前哥伦布时期艺术品和文物的研究和展示的博物馆。该博物馆在圣地亚哥市政府的支持下，由智利建筑师和古文物收藏家塞尔吉奥・拉腊因・加西亚 – 莫雷诺（Sergio Larraín García–Moreno）建立。

（2）建筑布局

智利前哥伦布艺术博物馆于 1805 年以新古典主义风格建造，最初是殖民地政府的皇家海关大楼的所在地。

该建筑曾是国家图书馆的所在地，并在 1845 年成为法院的所在地，直到 1968 年，一场大火彻底摧毁了该建筑及其档案馆。在 20 世纪 80 年代，通过一系列修复项目，海关大楼被完全重建和翻新，并成为博物馆现在的所在地。

（3）场馆特色

自成立以来，该博物馆就哥伦布时期前的艺术和文化出版了各种出版物。不论在线上还是线下，游客都可以访问博物馆的艺术书籍、展览目录等数字资料。该博物馆有一个研究图书馆，专门为研究前哥伦布时期的艺术、考古学、人类学的研究者提供资料。它收藏了大约 6 000 册图书、500 种期刊和 1 900 份印本。书籍和其他出版物不得外借，会员可要求查阅有关特定主题的书目。

2. 馆藏介绍

在塞尔吉奥近 50 年的收藏过程中，收集了前哥伦布时期的众多古文物，构成了博物馆建立之初的藏品。

博物馆内的藏品主要来自中部美洲、哥伦比亚、加勒比海地区、亚马孙雨林、安第斯山脉等前哥伦布文化区域，其收藏年代跨度为一万年。

馆内的收藏主要分为四大区域。首先是中美洲地区，这个区收藏有西佩托堤克雕像、特奥蒂瓦坎香炉、玛雅浮雕等。其次是中部地区，这里展示有瓦尔迪维亚人制造的陶器，来自贝拉瓜斯和迪奎斯地区的黄金制品。再次是安第斯中部展区，主要是一些面具和铜器，最具代表性的是来自查文文明、有着三千年历史的一块儿涂布。最后一个是安第斯南部展区，这里的藏品主要是现代智利和阿根廷物品，其展品有来自阿瓜达文化的陶瓷翁、圣佩德罗文化中的鼻烟壶盘等。

3. 重点展览介绍

（1）前哥伦布美洲艺术永久展览

前哥伦布时期不同民族的艺术在按文化区域分组的陈列柜中展出：中美洲地区、安第斯山脉地区、南安第斯山脉地区、加勒比海地区、中间地区、亚马孙河地区。

（2）智利之前的永久展览

自从人类踏足现在的智利领土以来，已经过去了 14 000 多年。从那时起，不同的民族居住在不同的地理区域。

4. 博物馆研究

20 世纪初，博物馆开始对结绳文字进行研究，希望通过对剩余结绳文字样本的仔细研究，以及通过挖掘包含古结绳文字读数抄本的西班牙档案，更清楚地了解印加奎普卡马约人是如何使用这些非凡的记录材料的。

5. 与北京博物馆交流情况

首都博物馆展——展览交流：智利前哥伦布艺术博物馆的巡回展览之一“马普切：智利种子”于 2008 年在中国首都北京博物馆开幕，一年后在哥伦比亚波哥大黄金博物馆展出。这次展览包括 300 多件来自博物馆收藏的文物、照片和视听资料，它们表达了马普切人民的世界观、文化和艺术。

非洲篇

博物馆

——开罗省（埃及），Cairo（Egypt）

一、开罗省博物馆业发展概况及特点

开罗是埃及的首都，横跨尼罗河，是整个中东地区的政治、经济、商业中心。它是埃及、阿拉伯世界及非洲最大的城市，也是世界上最古老的城市之一。漫步在开罗市区，行人会穿梭在融合了伊斯兰和欧洲特色、新古典主义及华丽装饰的建筑之间。面对处于破败状态的古建筑，开罗当局一直力图确保这些建筑保持原有风格，实施古迹修复项目，保护历史街区。

埃及政府与欧盟代表处在教育、医疗、商业等领域开展了一系列合作项目，在过去几年来一直关注文化领域的合作，其一便是由欧盟出资、包括大英博物馆和法国罗浮宫在内的五家机构对开罗埃及博物馆的升级工程，将引入全新的展览方式、提升参观者体验，给出营销建议。埃及古文物部长将开罗埃及博物馆项目视作首要任务，同时，几个重要的博物馆扩展与新建任务也在进行中。

二、开罗埃及博物馆

1. 博物馆简介

开罗埃及博物馆设计于 1863 年，建于 1881 年，位于尼罗河东岸开罗解放广场附近，是世界上最著名的博物馆之一。其设计师是被称为“埃及博物馆之父”的法国著名考古学家玛丽埃特。

开罗埃及博物馆中共有藏品 30 余万件，展出的展品约有 6.3 万件，涵盖了从史前时代到埃及帝国时代的各样文物，甚至还有希腊、罗马的艺术品。其藏品中有埃及法老的巨大石像和奢华的镀金车辆，也有史前人类制造的各种石器、陶器和莎草纸文献等。最著名的便是有着数千年历史的木乃伊，其躺在黄金、宝石点缀的棺木中，保存十分完好。

2. 馆藏经典

（1）经典馆藏一：图坦卡蒙的黄金面具

图坦卡蒙的黄金面具是开罗埃及博物馆最负盛名的藏品之一，发现于其陵墓之中，至今有着两千五百多年历史。图坦卡蒙陵墓被发掘出来时，其遗体制成的木乃伊头部便罩着这个黄金面具。这个面具大小与图坦卡蒙头部大小一致，恰好罩住法老的尊贵面容。面具由金箔制成，镶嵌有各种宝石和彩色玻璃。前额处装饰着象征着上埃及和下埃及的鹰神和眼镜蛇神。面具下方垂着胡须，象征着冥神奥西里斯。图坦卡蒙的黄金面具是世界上最精美的艺术珍品之一。

（2）经典馆藏二：莎草纸

莎草纸，又称纸莎草、莎草片，是古埃及人广泛采用的书写载体，它用当时盛产于尼罗河三角洲的纸莎草的茎制成。

古埃及人使用莎草纸的历史十分悠久，可以追溯到至今约 4 000 年前。古埃及人书写的莎草纸出口到古代地中海文明地区、欧洲内陆和更加遥远的西亚地区。这些拥有悠长历史的莎草纸记录了当时古埃及人的生活日常，有着重大的文化和历史价值。

3. 展览

埃及法老图坦卡蒙展：图坦卡蒙是古埃及的一位法老，殁年 19 岁。他的墓一直未被盗过，直到 1972 年被发现，大量珍宝才得以曝光。整座墓由前室、墓室、耳室及库室组成。除墓室外，所有的地方都放满了家具、器皿、箱匣等各类器物，其中包括墓主人的宝库。在八年的挖掘过程中，人们在墓中发现了 2 000 多件文物，墓中奇珍异宝非常丰富。自那时起，图坦卡蒙的财富就一直是人们关注的重点。2017 年在埃及首都开罗，图坦卡蒙特展在埃及博物馆开幕，首次展出 80 多件出土精美黄金饰品。

三、伊斯兰艺术博物馆

1. 博物馆简介

伊斯兰艺术博物馆拥有数千件几个世纪前制作的伊斯兰和阿拉伯古董。

建造伊斯兰艺术博物馆的想法是在 1869 年，在阿拉伯文物委员会成立之前。它起源于一批伊斯兰古董，这些古董收藏在哈基姆清真寺的院子里，那里人满为患，收藏不得不搬到艾哈迈德·马希尔广场赛义德港街（原哈利格·米斯里）的现址。馆的东部被称为阿拉伯古物之家（Dar），西部则被称为苏丹图书馆（书屋）。

博物馆展示了历史悠久的开罗。它有两个入口：一个在东北侧，另一个在东南侧。一个美丽的花园与喷泉通向第一个入口，但后来被拆除。赛义德港街的入口拥有非常豪华的外墙，装饰丰富，装饰和凹槽灵感来自埃及不同时期的伊斯兰建筑。博物馆是一栋两层楼的建筑。一楼包括展厅，二楼由普通商店组成。地下室有一个与修复科相连的商店。

博物馆被认为是世界上最伟大的博物馆之一，收藏了稀有木制品和石膏，以及金属、陶瓷、玻璃、水晶和纺织品，容纳了超过 102 000 件藏品。博物馆在富斯塔特地区进行考古发掘，并组织了多次国际展览。

2. 馆藏经典

经典馆藏：在所有的藏品中，最突出的是 9 世纪来自伊拉克的白色陶瓷碗，上面有 Kubic 钴蓝色字体题词。还有一个 10 世纪母羊形状的青铜铸喷泉头，有可能是放置在安达卢西亚宫殿庭院中使用的。

四、太阳船博物馆

1954 年，在大金字塔南侧发现了两个矩形的船坑，上面覆盖着巨大的石灰石板，里面装有两艘皇家船的残骸。据说正是这些船只将胡夫的尸体运到了他的金字塔，因为通常的做法是靠近国王最后的安息地埋葬所有与皇家葬礼有关的物品。其中一艘船由 1 224 个独立的部件组成，通过用植物纤维制成的绳索缝合在一起而重建。重新组装后，这艘长 43.3m 的船现在被安置在金字塔旁的太阳船博物馆里。船坑可能是国王升天象征性的运输装置——随着夕阳的照射，随着太阳的升起而向东移动。

太阳船博物馆外形酷似一艘石舫，内部分上中下三层，其中第一层为坑穴原址；第二层收藏着发掘现场的图片、资料及太阳船的模型和船上的碎席片、棕绳等实物。

石坑全长 31m，宽 2.6m，深 3.5m。坑上覆盖着 41 块石板，代表当时全国的 41 个州。每块石板长 4.5m，宽 0.8m，厚 1.8m，平均质量约为 18 t。坑口封闭严密，滴水不漏，保证了古船免遭水的浸蚀和气候的影响。坑内还放置有麝香和其他防蛀香料。

太阳船放在最上层，它又称胡夫（古埃及第四期法老）金字塔船，是一条用钢架托起的庞大的棕色木船。木船于 1954 年 5 月发现于胡夫金字塔南侧的一个石坑里。发现时，由 1 224 块木板制成的古船被拆成 650 个部件，按船的部位，整齐而有序地放置着。这些木块大多为黎巴嫩杉木，最长的达 23m，最短的不足 10cm。这种杉木，木质坚韧，纹路细密，抗腐力强，且散发清香，是上等的造船材料。

尽管胡夫时代已经有着铁器的使用历史，但此船不用一根铁钉，而由 5kg 棕绳穿扎全部木板上的约 4 000 个洞眼，依靠遇水木头膨胀、棕绳收缩的道理，堵塞缝隙。

制作太阳船的目的，至今仍各说不一。一说，古埃及人相信人死后可以复生，太阳船就是供胡夫的灵魂遨游太空，然后返回人世之用；二说，太阳船实际上是胡夫的殡葬船。它的出土，被认为是 20 世纪中叶埃及考古界最伟大的发现。它是迄今世界上发掘出的最完整、最壮观的船只。这对于研究古埃及的造船、航行、当时的社会经济生活，均具有重大的价值。

五、科普特博物馆

科普特一词源自希腊语，指的是在埃及的基督教信徒。科普特博物馆坐落于老开罗地区，是世界上收藏科普特艺术最丰富、最完整的博物馆，其藏品融会了古埃及、古希腊、古罗马、拜占庭及土耳其的多国风格，犹如一部埃及文明的演进史。

科普特博物馆建造于古城巴比伦堡的遗址之上。博物馆创建者马尔库斯·斯美克帕夏的半身铜像矗立在博物馆主楼之前。如今这里是世界范围内的“科普特学”和埃及基督教文化的研究中心。

博物馆共有25个展厅，其中一楼九个，其他的在二楼，分别陈列展出4—18世纪科普特早期基督教的手稿、纺织品、石刻、陶器、壁画、绘画、圣像、象牙雕刻、金银器、木器、铁艺、玻璃器具和各种手稿等历代文物古迹。

1908年，马库斯·西马伊卡·帕沙（Marcus Simaika Pasha）在获得西里尔五世主教的批准和大量银器文物并公开募捐后，建造了科普特博物馆，并在1910年3月14日落成。科普特社区慷慨地支持博物馆，捐赠了许多背心、壁画和图标。1931年，科普特博物馆成为古物部管辖的国家博物馆。1939年，埃及博物馆的基督教文物收藏被转移到埃及博物馆。这些被安置在新翼，于1944年完工。由于损坏，老翼于1966年关闭，整个博物馆在1983—1984年间进行了翻修。1986—1988年间，博物馆的地基得到了加强，帮助博物馆在1992年的地震中幸存下来。2005—2006年进行了进一步翻修。

紧随马库斯·西马伊卡·帕沙其后的是多哥·米纳博士，接着是帕霍尔·拉比布博士，他是第一个获得科普特博物馆馆长头衔的人。除了博物馆建筑，还有花园和庭院，该地区被古老的科普特教堂所包围。有六座教堂，有些起源于5世纪。这些古老的建筑包括圣母玛利亚（悬挂教堂）和圣塞尔吉乌斯教堂。

科普特博物馆的花园是一个宁静祥和的地方。其通风的建筑铺有马赛克，装饰有古老的屏幕。博物馆收藏了大量来自基督教时代的文物，将法老和伊斯兰时期联系在一起。展出的文物展示了埃及历史上经常被忽视的时期，它们展示了科普特文化的艺术发展如何受到法老、格拉科罗马和伊斯兰文化的影响。博物馆于1980年初进行了翻修，并新建了两个附楼，这些附楼采用原来的通道，收藏了按时间顺序排列的16 000件文物，通过12个部分排列。

六、盖尔－安德森博物馆

盖尔－安德森博物馆是一座艺术博物馆。它位于邻近艾哈迈德·伊本·图伦清真寺的萨伊达·泽纳布社区。这座建筑的名字来源于少校R.G. 盖尔－安德森·帕夏，他在1935—1942年期间得到埃及政府的特别许可住在这里。该博物馆以其保存完好的

17 世纪开罗国内建筑而闻名，也因其大量的家具、地毯、古玩和其他物品而闻名。

七、埃及国家铁路博物馆

埃及国家铁路博物馆主要由五部分组成。

第一部分展示了从法老时期到蒸汽机发明的运输演变。既有法老使用的古代船只的模型，也有法老在运输和军队中使用的其他模型和木马马车的图片。

第二部分是火车部分，被认为是博物馆中最重要的部分。它显示了从有史以来第一辆人造车到现在使用的现代列车的发展。

第三部分是车站，介绍了埃及各地许多型号的火车站。

第四部分是桥梁，它包含埃及各地所有铁路桥梁的模型。墙上的图片展示了桥的概念，以及人们对它的看法。

第五部分是飞机，简要介绍从莱特兄弟发明最早的飞机到今天的飞机发展情况，还包含飞机发动机的介绍。

博物馆

——豪登省（南非），Gauteng Province（South Africa）

一、豪登省博物馆业发展概况及特点

豪登省是南非九省之一，虽然面积最小，但高度城市化，包括南非最大城市约翰内斯堡、行政首都比勒陀利亚等地区。豪登省还是南非的经济中心，在金融、制造、运输、技术等领域做出了巨大贡献，亦是众多海外企业在南非的商业基地。

豪登省拥有动荡的殖民时期历史，如今作为具有非洲特色的世界级城市，为游客提供了多种文化体验景点。豪登省还是南非重要的教育中心，省内文化娱乐设施丰富，有超过 60 多座博物馆，例如，约翰内斯堡的非洲博物馆、比勒陀利亚的南非先民纪念馆，反映了非洲大陆的历史变迁，以及人民的生活与文化特征。

如今，南非的许多博物馆面临着资金短缺的问题：有的博物馆不得不关闭，有的博物馆缺少资金支持以顺应时代发展特征，将展览转变为更富科技性与创造力的形式。在世界上许多国家政府出资支持本国博物馆时，南非的博物馆仍在努力争取资金，用于维持经营，或是进行必要的场地升级，以更长久、更有效地为后代延续与展示南非丰富的历史文化。

二、先民博物馆

1. 博物馆简介

先民博物馆位于南非行政首都班托市郊的一座小山上，反映南非玻尔人与本地祖鲁人斗争的历史，也就是历史上有名的玻尔之战。

（1）发展历史

1888 年 12 月，当时的南非总统在参加“盟约日”纪念时，建立一座纪念碑以向神致敬的想法被首次提出。直到 1931 年，中央人民运动委员会确立，才开始将想法付诸行动。1949 年，纪念碑由时任南非首相正式主持开幕。

（2）建筑布局

整个建筑物雄伟稳重，有非常厚重的雕塑感。建筑物上方为一个大的穹顶，穹顶上有一个孔，阳光可以射进来，每年的 12 月 16 日 12 点（也就是玻尔战争中西河之战的时候），阳光直接射在建筑物底层设置的墓碑上，射进的阳光象征着上帝对沃特勒克斯人的祝福。整个建筑物的四角有四座与整个建筑融为一体的人物雕塑，他们分别代表四位沃特勒克斯的领袖，全部由灰白色花岗岩刻制而成。

建筑物的外侧正前方雕有一个巨大的非洲水牛头，由于水牛被认为是非洲最危险的野生动物，由水牛的头保护纪念碑免受外来人的侵害。周围墙上刻有战争时代的货车图形，并以此来象征对纪念碑的保护。

2. 馆藏经典

（1）经典馆藏一:《母与子》

青铜雕塑《母与子》主要表现在战争中妇女和儿童发挥的极为重要和独特的作用，妇女在整个战争中为保存并发展文化和基督教表现出极大的决心。

（2）经典馆藏二：挂毯

1960 年 12 月 14 日，南非语和文化协会的妇女和母亲运动将历史挂毯捐赠给了沃特勒克斯纪念碑。九位女性在大跋涉的 15 个场景中工作了八年，其中包含超过 330 万针。W.H. 柯兹儿在挂毯纱布上画出了场景，然后妇女们把它织出来了。

三、种族隔离博物馆

1. 博物馆简介

南非种族隔离博物馆于 2001 年建成并向公众开放。博物馆通过文字、图片、视频和上百件实物向参观者揭露了南非种族隔离时期的黑暗，同时展示了南非结束种族隔离政策以来，这个国家如何从“黑白分明”发展成“彩虹之国”。

（1）发展历史

1995 年，南非政府建立了授予赌场执照的程序，并为此设立了一个名为赌博委员会的机构。招标文件规定，投标人应证明他们将如何吸引旅游业，从而发展经济并刺激创造就业机会。

一个名为金礁城的财团参加了竞标，其中包括建立博物馆的承诺。他们的竞标成功，建造了金礁城赌场，并提供了一块毗邻的土地用于博物馆的建设。后来成为种族隔离博物馆的建筑成本——大约 8 000 万兰特——由金礁城支付。

博物馆由一个独立的董事会注册为公益机构（不以营利为目的），其董事长为约翰·卡尼博士。

种族隔离博物馆被世界公认为是展现 20 世纪南非的杰出博物馆，其核心是种族隔离的故事。

（2）建筑布局

种族隔离博物馆位于约翰内斯堡西南方向。主建筑是一个线性序列的展览空间，探索限制和约束、吸引和排斥的思想，体现在种族隔离历史中个人身份和位置的复杂性。旅程从外部开始，通过一个巨大的坡道从地面一直延伸到屋顶，坡道尽头变窄，形成约翰内斯堡的全景。七根巨大的混凝土柱子代表着宪法的七根支柱，标志着入口，呼应着远处城市的天际线。通过一个巨大的螺旋楼梯下降到主要展览空间的原始混凝土腹，仅由小窗户和头顶的混凝土昏暗地照明。在这个视听环境中，光线被控制在最低限度，以增加封闭和限制的感觉。随着故事的展开，更多的光线逐渐进入，象征自由和变化。

（3）场馆特色

博物馆将南非历史分为三部分：1910—1948 年的“南非联邦”时期；1948—1994 年全面推行种族隔离制度时期；1994 年至今的新南非时期。馆中用大量历史图片和文献资料将一幕幕触目惊心的种族隔离暴行展示给观众。

2. 馆藏及展厅

（1）常设展

博物馆共有 21 个常设展厅，常设展览是一次穿越时空的旅程，追溯了该国从这些黑暗的奴役时代到建立在民主原则基础上的康复之地的脚步。21 个常设展厅分别为“宪法支柱”“种族分类”“旅程”“隔离”“种族隔离”“转向暴力”“种族隔离下的生活”“家园”“黑人意识的兴起”“政治执行”“1976 年的意义”“总冲击”“妥协的根源”“曼德拉的释放”“在边缘上”“谈判和解”“1994 年大选”“曼德拉担任总统”“真相与和解委员会（TRC）”“新宪法”“治愈之地”。

（2）曼德拉展

纳尔逊·曼德拉是一位魅力十足的领袖人物，正是他领导南非走出政治蛮荒，让各个民族种族团结起来，共同迎来伟大的新时代。

他在 20 世纪 90 年代发起并领导了谈判，并曾担任民主南非的第一任总统。他从冲突的碎片中建立了一个新的国家。曼德拉展共有 6 个部分，分别为“字符”“同志”“领导”“囚犯”“谈判专家”“政治家”。

（3）临时展览

种族隔离博物馆的临时展览空间以引人入胜的视觉叙事为特色，吸引了众多观众，主题演讲着重于南非历史，同时探索当代问题。

这些展览提供了一个反思国家过去并就影响当今公民生活的话题展开对话的机会。

过去展览的有“从种族隔离到民主——南非的解放斗争”“分离不平等——美国反对隔离学校的斗争”“谈到自由”“平衡技术”“我们的胜利和眼泪——20 世纪南非的女性斗争”“马里蓬圭——让我们赞美女人”“BIKO——追求真正的人性”“艾哈迈

德·蒂莫尔（Ahmed Timol）：求正义”“奥利弗·雷金纳德·坦波（Oliver Reginald Tambo）——1917—1993年的适度革命”“信仰之旅——引导性取向和性别多样性”“他们血液中的抵抗”。

四、克鲁格故居博物馆

1. 博物馆简介

克鲁格故居博物馆是保罗·克鲁格总统在1883—1901年间离开南非前往欧洲流亡前所住的最后一所房子，距离教堂广场只有数个街区，在那里他的青铜雕像正对着正义宫。

（1）发展历史

克鲁格故居是南非总统克鲁格的故居，建于1884年，它是最早使用电力的房屋之一，也是比勒陀利亚最早安装电话的房屋之一。有两只石狮子是1896年的10月作为礼物赠送给总统克鲁格的。

20世纪初期，克鲁格总统去世后，这座房子最初成为南非警察局的总部，后来又是私人旅馆，后来又变成了妇产科医院。1925年，南非联邦政府购买了该房产，经过多年的深入研究，实地考察和修复，才使该房产恢复了其原始外观。这所房子还配有与原来相似的地毯、窗帘和墙纸。

克鲁格博物馆于1934年开放，1936年宣布成为博物馆，并于1937年宣布成为国家历史文物。

（2）建筑布局

克鲁格故居建筑风格为奶白色和红色相间的维多利亚殖民风格建筑的低矮平房，还有曾经用牛奶代替水搅和水泥的建筑工艺。

2. 馆藏及展厅

（1）南非大厅

在克鲁格总统1883—1902年任职期间，法国、德国和俄罗斯等欧洲国家与英国发生冲突。1899—1902年在南非爆发战争时，没有世界大国敢于干预布尔人与英国之间的冲突。但是，在战争期间，来自全球许多地方的数千人向克鲁格和布尔人致敬。

在西大厅展出的藏品包括许多有价值的礼物、图片、诗歌、奖牌、音乐作品、素描、信件、专辑、书籍和报纸。它们来自荷兰、德国、比利时、法国、爱尔兰、美国、以色列、瑞士、奥地利、意大利、俄罗斯和西班牙等不同国家。博物馆共计收藏了1 000多件纪念性的物品，以及布尔人的荣誉标记。

（2）流放厅

1900年9月，南非政府决定，在布尔战争继续的同时，克鲁格总统应代表共和国前往欧洲。克鲁格不能再随部队不断前进，而且年纪太大了，无法骑马。在他的秘书、医师和私人服务员的陪同下，他在洛伦科·马克斯（Lourenco Marques）住了一段时间，直到荷兰女王威廉敏娜（Wilhelmina）派遣 de Gelderland 号战舰将他抓获。此船将克鲁格放逐到欧洲，在那里他一直待到 1904 年去世。

大厅中的展品记录了克鲁格总统的欧洲之行，在法国和荷兰受到的欢迎，在欧洲的流亡，在瑞士的去世，以及在比勒陀利亚的国葬。

五、南非国家自然历史博物馆

1. 博物馆简介

南非国家自然历史博物馆建于 1892 年，是人类起源“普莱斯夫人”的故乡，馆内藏有来自 Karoo 的化石、两栖动物、鱼类、爬行动物、鸟类和植物。博物馆设有儿童发现中心，其中包括恐龙收藏和重建的霸王龙恐龙模型。

（1）发展历史

南非国家自然历史博物馆前身为德兰士瓦博物馆（Transvaal Museum），它成立于 1892 年 12 月 1 日，是南非的国家博物馆，JWB Gunning 被任命为第一任馆长。博物馆成立后的头两年，位于 Ou Raadsaal 国会大厦内。

德兰士瓦博物馆与位于比勒陀利亚的国家文化历史博物馆（也称非洲之窗）和南非国家军事历史博物馆（位于约翰内斯堡）合并，于 1999 年 4 月 1 日成立，成为北部旗舰机构。NFI 于 2010 年 4 月正式更名为南非的 Ditsong 博物馆。同日，德兰士瓦博物馆更名为 Ditsong 国家自然历史博物馆。Ditsong 由首席执行官和董事会管理，该董事会取代了之前的三个独立的博物馆董事会。

（2）场馆特色

南非国家自然历史博物馆独特之处在于它是南非唯一一家为当地、国家和国际社会提供机会查看其收藏品的机构，其中包括通常被公众拒绝的原始化石材料。

博物馆的主要特色之一是奥斯丁·罗伯茨鸟馆。参观者将发现 875 种惊人的收藏品，其中包括南非鹰、猫头鹰甚至秃鹰。也可以在布置合理的大厅中研究有关南非不同鸟类的迁徙、觅食和飞行方式的信息。

2. 馆藏介绍

博物馆的藏品和展品包括人类世界遗产地的摇篮中的原始化石及相关的动物，包括普莱斯夫人（化石头骨的昵称）、两栖动物、鱼类、无脊椎动物、爬行动物和哺乳动物的化石、骨骼、皮肤和镶嵌标本。

博物馆

——亚的斯亚贝巴市（埃塞俄比亚），Addis Ababa（Ethiopia）

一、亚的斯亚贝巴市博物馆业发展概况及特点

亚的斯亚贝巴是东非国家埃塞俄比亚的首都，是非洲联盟的总部所在地，是非洲最高的城市，于1886年开始建立。1896年，埃塞俄比亚人于阿杜瓦战役中击败了意大利军队，成为非洲除利比里亚以外唯一独立自主的国家。第二次世界大战期间，意大利军队占领了亚的斯亚贝巴，在英国的帮助下，于1941年击退了意大利军队，并开始了重建工作。

百余年前，这片土地还是一片荒野，孟尼利克二世和他的妻子泰图来到山上，因为对这里的喜爱，他们打算迁都于此，但是这个城市还没有名字，这时泰图王后正好看到漫山遍野盛开的黄色花朵，就给这个城市命名为“亚的斯亚贝巴”，在阿姆哈拉语中正是“新鲜的花朵”的意思。

得益于非洲的地理环境，自然历史、自然环境是非洲博物馆重要的主题，尤其是埃塞俄比亚，在其博物馆中更是珍藏有许多人类古化石，包括著名的人类始祖Lucy的骸骨化石，对于此类考古学环境和文物的保护是亚的斯亚贝巴博物馆发展的重中之重。从全球经济环境来看，亚的斯亚贝巴属于全球经济落后的区域之一，因此，政府对于博物馆日常运营和发展的预算非常少，相关的人才严重不足，制约了博物馆产业的发展。但是，得益于亚的斯亚贝巴旅游业的不断发展，博物馆的参观人数日渐增多，未来前景逐渐转好。

二、埃塞俄比亚国家博物馆

1. 博物馆简介

埃塞俄比亚国家博物馆是一幢四层小楼，陈设简单，展品有限，古代史的东西有些陶器、数尊石像、少量青铜器、几件刻有古文字的石碑，还有十余个阿克苏姆时期

的金银币。

博物馆自地下一层到地上三层共四层，人类古化石陈列位于地下一层，收藏着最著名的人类始祖 Lucy 的骸骨化石。一层所展览的是王室用品；二层展出自然科学、人类学、考古学的资料等，也展示美术作品；三层是民族学的资料。里面收藏了大量人类发展史、埃塞俄比亚发展史，以及与埃塞俄比亚宗教相关的历史，它仿佛在诉说着一个国家的前世今生。另外，还可见不同地区的服装、文物、器皿、绘画、石碑及阿克苏姆时期的金银币。

2. 馆藏经典

经典馆藏：Lucy 骨骼化石。

Lucy 的发现，是世界古生物学的里程碑，她甚至被认为是“人类之母”。她是一位高 1.10 米的女性，结合了现代人类与黑猩猩的特征。虽然她的大脑体积小，但是她的四肢和盆骨说明她有双足，可以直立行走还会爬树。在她被发现 3 年后，这种新的原始人种被命名为阿法南方古猿，并赢得世界声誉。

三、埃塞俄比亚民族博物馆

埃塞俄比亚民族博物馆主要介绍埃塞俄比亚各民族的历史及风土习俗，是了解埃塞俄比亚最好的地方。民族博物馆坐落在亚的斯亚贝巴大学，利用的是著名的埃塞俄比亚国王 Hailie sillasi 的生活旧居，也是所罗门时代最后的国王所住过的地方。这里的信息量很丰富，还有很多体现埃塞俄比亚的文物和现代文明的展品。

馆外是石制的资料，二层展出自然科学、人类学、考古学的资料等，也展示美术作品；三层是民族学的资料。参观者能看到过去人们的生活和服饰，以及埃塞俄比亚人对意大利殖民者的斗争历史。

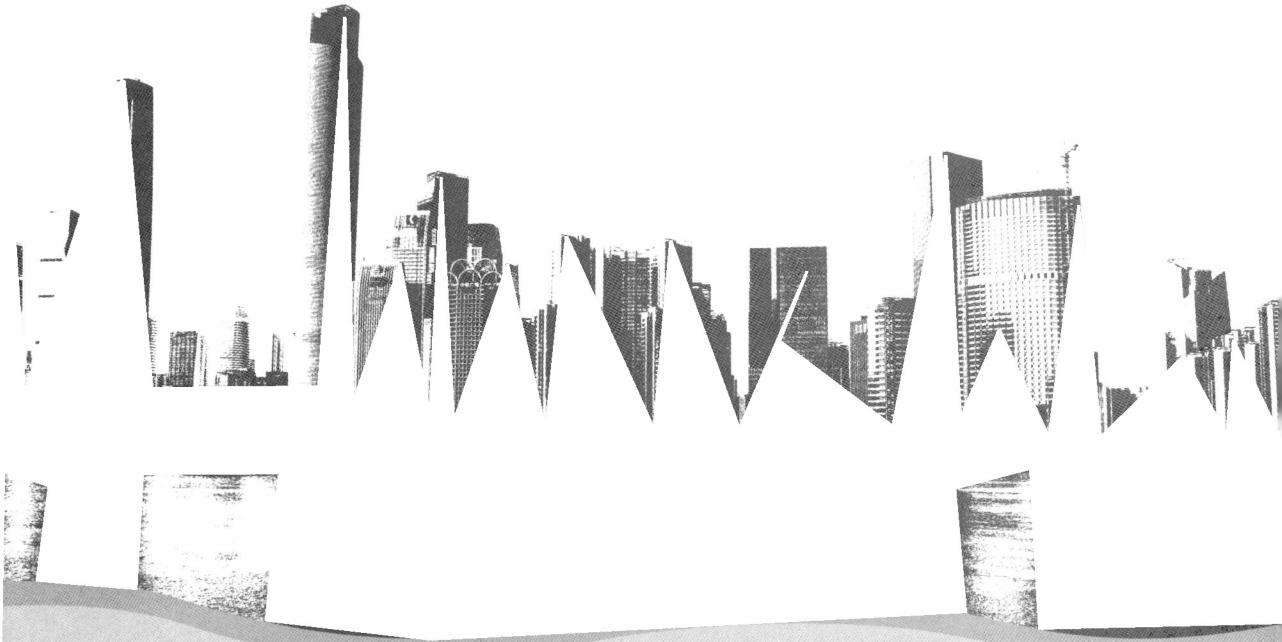

大洋洲篇

博物馆

——澳大利亚首都领地（澳大利亚），Australian Capital Territory（Australia）

一、堪培拉市博物馆业发展概况及特点

堪培拉是澳大利亚的首都，亦是澳大利亚最大的内陆城市。城市的规划设计受到花园城市运动的影响，城市众多重要区域直接融入天然植被，因而享有“天然首都”的美誉。

堪培拉不仅是澳大利亚的政治中心，也是许多全国性社会与文化机构的所在地，如澳大利亚战争纪念馆、澳大利亚国立大学、澳大利亚体育学会、澳大利亚国立美术馆、澳大利亚国立博物馆及澳大利亚国家图书馆。堪培拉是历史与艺术爱好者的天堂，澳大利亚最重要的大厦、博物馆、美术馆大多坐落在堪培拉的伯利格里芬湖沿岸。这些文化场所为市民或游客体验堪培拉地区多元化的历史与当代文化提供了便利的机会。

二、澳大利亚国家博物馆

1. 博物馆简介

澳大利亚国家博物馆地处堪培拉市内的政府行政街区内。它的四周毗邻着澳大利亚国家美术馆、澳大利亚战争纪念馆、澳大利亚国家图书馆，以及澳大利亚外国使馆街区。

为了纪念澳大利亚联邦成立 100 周年，在经过多年的策划和设计之后，澳大利亚国家博物馆于 2001 年 3 月 11 日由澳大利亚时任总理约翰·霍华德亲自剪彩并正式对国内外的游人免费开放。

自此，澳大利亚国家博物馆成为澳大利亚第一个社会性的反映澳大利亚历史的博物馆。澳大利亚国家博物馆既印证了澳大利亚的历史，也更多地展望了澳大利亚的未来。在博物馆开放的第一年，就有超过了一百万人次的游客来访参观。

澳大利亚国家博物馆通过各个展馆，展示了澳大利亚自建国以来，历史上各个时期所发生的曾对澳大利亚国家和人民起着重要作用的人和事。在博物馆内有五个永久性的展览，主题及所代表的含义分别为：①国家和民族：澳大利亚的象征；②地平线：自1788年来所有的澳大利亚人民；③永恒：来自澳大利亚动人的故事；④缠结的命运：澳大利亚的土地和它的人民；⑤最早的澳洲人：澳洲原住民（澳大利亚土著和托雷斯海峡岛民）。

在澳洲原住民展馆中，有着世界上迄今为止最多和最好的关于原住民的版画、石雕等艺术珍品。

2. 馆藏及展厅

（1）常设展

①最初的澳大利亚人：探索原住民和托雷斯海峡岛民的历史和文化。

②地标：探索澳大利亚的环境历史。

③甘德尔中庭。

（2）巡回展

巡回展有“澳大利亚的肖像”“2020年澳大利亚年度大奖”“演变：托雷斯海峡面具”“生日快乐戏剧学校”等。

（3）临时展

过去举办的展览有“梦工厂动画：展览”“中国艺术的历史表现展”“旅程”“布什力学”“罗马：城市与帝国”等。

三、堪培拉国家战争纪念馆

1. 博物馆简介

（1）发展历史

1917年，第一次世界大战即将结束之际，为悼念第一次世界大战中的逝者，澳大利亚民众便有了建立战争纪念馆的想法，直到1941年动工，并于1945年开放，1971年竣工，面积达13 000m^2，四周环绕着12公顷的草坪。

（2）建筑布局

这座澳大利亚的国家祭坛，设计精致，匠心独运，装饰精细。从空中俯视，纪念馆呈十字架形；平地上远望就像一座坟墓，其入口就像墓道。馆内有追思堂、展览室、放映厅等。

（3）场馆特色

纪念馆内有20个场馆和电影、录像影院，为游客展示战时的遗迹，澳洲参战历史经验、澳洲军人传统的艺术作品，描述了当时的历史和个人的经历。纪念馆内展示的收藏品包括遗迹、模型及图片。纪念馆本来是澳洲的战时亡灵纪念馆，但现在已成为世界最大的战争博物馆之一，充满了包括飞机和坦克车等的实物遗迹。

2. 馆藏及展厅

（1）常设展

①发现区。

②大屠杀：证人和幸存者。展示战后澳大利亚的一些幸存者及澳大利亚官方战争艺术家艾伦·摩尔的经历。

③殖民冲突。这些画廊讲述澳大利亚从欧洲殖民时期到布尔战争结束的早期军事历史。

④第一次世界大战画廊。该展览按时间顺序介绍了第一次世界大战中澳大利亚的故事，涵盖了所有主要战场：加里波利、西部战线、西奈和巴勒斯坦、海上战争。

⑤第二次世界大战画廊。展示了澳大利亚人如何在欧洲、地中海、北非和东南亚的战役中进行战斗。它涵盖了本国人的经历，因为在这场战争中，澳大利亚大陆首次受到了直接攻击。

⑥ 1945 年至今的冲突。这一系列展览将尖端技术与大型标志性物品相结合，讲述了澳大利亚在卷入冲突的震撼历史故事。

⑦阿富汗：澳大利亚的故事。通过退伍军人及其家人的故事，展现澳大利亚人在阿富汗的非凡努力。

⑧纪念馆特色。

（2）临时展

过去举办的临时展览有“哈莫斯利行动——五十周年”“RAAF 卡塔琳娜州——‘第一和最远’”“战争结束后”“框架记忆”“大逃亡”“一百天”“心灵：战时宣传”等。

四、国家恐龙博物馆

1. 博物馆简介

（1）发展历史

国家恐龙博物馆是该地区最重要的旅游景点之一，于 1993 年建立，目前已发展成为澳大利亚最大的恐龙和史前化石材料永久展示场所之一。博物馆侧重于将教育、互动和娱乐融为一体，旨在为学校和公众提供各式各样的活动。展品包括栩栩如生的电子恐龙及博物馆内和周围场地内的大量逼真的复制品。

（2）建筑布局

博物馆是典型的澳大利亚当代村落建筑。

将博物馆与台地相结合，并凸显出广袤的原始荒原景观是建筑师关注的创作重点。入口和出口被设计成狭长的孔径，进入后会有一系列洞穴式的空间并以一种封闭式的格状分布，设计并不是为了复制过去的远古风貌，而是希望游客在参观过程中能够体验到那种漫步于荒凉沙漠的沧桑时空感。博物馆在建造过程中运用了一系列节能环保措施：建筑及施工人员基本来自当地，用水取自附近的地下井。

（3）场馆特色

恐龙博物馆借助电子动画技术为展览增添了一点斯皮尔格魔法。除此以外，该馆还展示了化石、骨骼和各种动物野兽的足迹。

2. 展品

国家恐龙博物馆不仅仅涉及恐龙。展览涵盖了化石的生命历史，包括从 7 亿年前的海洋动物一直到鱼类、两栖动物、爬行动物、鸟类和哺乳动物的化石。

重点包括：

①史前历史的解释性展示，以增进对灭绝生物多样性的了解。

②易于阅读的教育信息面板。

③精美的壁画，描绘了史前环境的重建。

④头骨、骨架、复制品模型和交互式动画恐龙。

⑤未在世界其他任何地方展出的化石。

附录：与北京在博物馆领域大事记

2018 年，澳大利亚国家博物馆馆长马修·特林卡一行来国家博物馆访问。

2018 年，在中国国家博物馆举办“古典大师——澳大利亚伟大的树皮画艺术家”展览。

2018 年，中国美术馆与澳大利亚国家博物馆在北京签署了未来五年（2018—2022 年）合作计划意向书。

2018 年，中国国家博物馆馆长王春法会见到访的澳大利亚通信和艺术部第一助理秘书长斯蒂芬·阿诺特和澳大利亚国家博物馆馆长马修·特林卡一行并进行亲切会谈。

2019 年，中国国家博物馆在澳大利亚举办“中国当代三位艺术大师书画作品展”。

博物馆

——新南威尔士州（澳大利亚），New South Wales（Australia）

一、新南威尔士州博物馆业发展概况及特点

为了推动文化产业的发展，近年来，新南威尔士州一方面通过公共文化设施的建设和改造，丰富城市的文化形象；另一方面，通过文化活动的策划和实施，营造浓厚的文化氛围，突出其文化特色。

二、澳大利亚博物馆

1. 博物馆简介

（1）发展历史

澳大利亚博物馆始建于1827年，是澳大利亚第一家公共博物馆，也是澳大利亚最大的自然历史博物馆，着重自然历史和土著居民的研究。其原名为“殖民地开拓者博物馆”。建馆之初旨在保护自然稀有奇特物种标本。该馆于1836年被正式命名为澳大利亚博物馆。

（2）建筑布局

其建筑设计创意新颖、风格活泼，以质朴无华的材料勾勒出简洁明快的建筑线条，配之以五颜六色的外墙装饰，令人过目难忘。从空中鸟瞰，整幢建筑半绕着名为“澳大利亚梦”的中心花园，似贝壳的螺旋，又像紧握的拳眼。从博物馆入口上方高低起伏延伸出去的，看上去像翻滚过山车轨道似的构造，最高处达30m，既有遮风挡雨的实用功能，又是澳大利亚历史曲折跌宕的象征。

2001年，该博物馆曾获世界最佳公共建筑奖——“蓝图建筑风格奖”。2005年被命名为“澳大利亚最佳主要旅游景点之一”。博物馆建筑本身极富历史沉淀感，以质朴无华的材料勾勒出简洁明快的建筑线条，宏伟大气。在之后的150年中，博物馆一直没有扩建，但为了适应日益增长的展览、收藏和工作人员的需要，还是进行了一些改

造，直到 2008 年，才在主建筑东侧建了一栋辅楼来应对不断扩大的展览需求。

澳大利亚博物馆一共三层，共 10 个永久性陈列展厅和一个临时展厅。一层是骨骼展厅、原住民文化展厅、商店、咖啡厅和临时展厅；二层是矿物宝石展厅；三层是恐龙展厅、史前和现代动物展厅、鸟类与昆虫展厅、探索角。除了永久性展厅外，博物馆还有数个临时展厅，经常被用来举办一些专题展览，如澳大利亚金矿开采史、外太空探索历程、畜牧业发展史，乃至政治漫画展等。此外，博物馆还经常走出去，在全国其他州的首府城市及海外举办展览。

（3）场馆特色

澳大利亚博物馆在生物、文化领域做出的贡献充分体现了澳大利亚公共教育设施的超高水平。博物馆内许多涉及珍贵的生物信息和文化价值的藏品，是不对外开放展览的，主要用来为科学研究提供支持。许多科学家、技术研究者及展品管理人士慕名而来，充分利用澳大利亚博物馆的资源进行研究，以便更好地为人类社会服务。同时，澳大利亚博物馆也提供对学生的指导服务，热情招待来自世界各地的参观研究者。

作为一个源远流长、影响深远的公共展览机构，澳大利亚博物馆不仅致力于提供优质的公共服务，而且在研究领域做出了卓越的贡献。对公众教育的持续关注和对前沿研究的支持，展现了相当程度的社会精神和责任意识，增添了自身的魅力。

2. 馆藏经典

（1）经典馆藏一：蜘蛛标本

澳大利亚博物馆的蛛形纲动物在蜘蛛类藏品中所占比例最大，约为 95%。该藏品是南半球最大的蜘蛛学藏品之一，由约 50 万个个体标本组成，分为 15 万个批次，蜘蛛学收藏的主要部分是蜘蛛（蜘蛛目），采集的重点是新南威尔士动物群。

（2）经典馆藏二：巨头鲸骨架

一百多年前这头鲸鱼在悉尼南部搁浅死亡之后被送到博物馆进行展示。

三、悉尼犹太博物馆

1. 博物馆简介

（1）发展历史

悉尼犹太博物馆位于新南威尔士州历史悠久的犹太纪念馆内，通常被称为麦卡比恩纪念馆。第二次世界大战期间的古典风格建筑是由悉尼建筑师戈登基辛在 20 世纪 20 年代设计的。

悉尼犹太博物馆主要有两个功能：一是作为悉尼犹太社区社会和教育活动的公共中心；二是作为纪念第一次世界大战中服役的新南威尔士犹太士兵的场所。

1923 年 11 月 11 日，约翰·莫纳什爵士正式开放了这座建筑，他被认为是第一次世界大战中最杰出的指挥官之一。

1965 年，建筑师亨利·爱泼斯坦以野蛮主义的建筑风格扩建了这座建筑。

在 20 世纪 60 和 70 年代，人们越来越认识到正视“大屠杀”这段历史的重要性，特别是对于幸存者而言。第二次世界大战后，这些幸存者在犹太社区中占很大比例，他们在将悉尼犹太博物馆从一个自然选择的社区转变为可以保存和纪念这段历史的空间建筑的过程中，发挥了重要作用。

（2）建筑布局

在 20 世纪 80 年代悉尼犹太博物馆的设计中，保留了麦克比恩大厅最初的装饰艺术桶形拱顶天花板。建筑师迈克尔布雷斯设计了一个雕塑楼梯，它的形状是大卫之星，一个普遍的犹太象征。这一建筑创造了一个中心空间，将展览平台与建筑的历史特征联系起来。

（3）场馆特色

悉尼犹太博物馆的口号是“历史是会发声的”，提炼出博物馆的起源和它的使命，并将其继续推进到未来。

博物馆展览中展出的收藏品讲述了主人的故事，也为博物馆在墙上讲述的故事做出了贡献。口号以数字和面对面参观的方式提供，将陈列柜中的物品展现在现实世界的事件中，并赋予历史以生命和叙述。

悉尼犹太博物馆是一个有生命的博物馆，在那里，历史是鲜活且充满活力的，并会继续以一种引起共鸣的方式与后代对话。

2. 馆藏经典

（1）经典馆藏一：集中营夹克——由乔治·格罗伊诺夫斯基捐赠。

（2）经典馆藏二：犹太国家基金慈善箱——由新南威尔士犹太民族基金会捐赠。犹太国家基金会（JNF）在 20 世纪初用这个锡制的慈善箱为犹太人购买土地筹集资金。来自世界各地的犹太人用这样的盒子收集零钱，帮助人民建立家园。JNF 的签名“蓝盒子”成为全世界犹太社区犹太复国主义的象征。

四、海事博物馆

1. 博物馆简介

（1）发展历史

澳大利亚国家海事博物馆位于悉尼达令港的西海岸，是澳大利亚最重要的海事博物馆，建立于 1991 年，是为纪念第一次世界大战和澳大利亚皇家海军（RAN）成立 100 年而建。

在提出建立一个海事博物馆的想法后，联邦政府宣布将在达令港建造一个国家海事博物馆，与 1988 年新南威尔士州政府对该地区进行的澳大利亚 200 周年重建挂钩。博物馆大楼是由菲利普·考克斯设计的，虽然最初确定的开放日期是 1988 年，但由于施工延误、成本超支及州政府和联邦政府在资金责任上的分歧，博物馆的开放时间推迟到了 1991 年。

在其开馆的前十年就吸引了 330 万名游客的参观。在 2010 年，英国的星期日泰晤士报将其列为世界上最酷的十大博物馆之一。

（2）建筑布局

博物馆邀请了澳大利亚的建筑事务所 FJMT Studio 参与设计。设计师在滨水码头和两艘海军军舰（HAMS Vampire 和 HAMS Onslow）之间修建了一个过渡空间作为展馆的中心。新建建筑在狭窄的码头结构上，对旧结构进行了有效利用和改造，这大大节省了成本，并使达令港拥有了一座奇特的建筑。

博物馆占地 500m^2。建筑表面是同样宽度的铝制材料，每一块之间都有些微角度的相错，构成了略有起伏的波浪形状，它可以配合自然光产生波光的感觉。这个波浪形状到了建筑侧面的中心构成最大面积的开口，开口处安装了条形玻璃，让这里显得通透。

展馆的外观造型美观大方，与船舶的色彩及宽阔的海洋环境相呼应。展馆内部采用了大量工业元素，呈现出耐寒、粗糙、高适应性的特点，从内到外，军舰展馆都为游客提供了一个动态的、身临其境的环境。

（3）场馆特色

室外展有库克船长的竭力号（Captain Cook's Ship Endeavour）、澳洲皇家海军驱逐舰吸血鬼号（Destroyer Vampire）、澳洲皇家海军潜艇（Submarine Onslow）。

游客不仅可以登上甲板进行参观，还可以在最先进的海滨展馆中享受一次别样的用餐体验。游客可以在博物馆的露台上欣赏悉尼这座城市的天际线和港湾景观。此外，海事博物馆设有剧院，可供观众进行休闲放松。

2. 馆藏经典

（1）经典馆藏一：Colonial Wallpapers—Pacific Encounters

这幅巨大的全景图将库克航海艺术家的形象与神话的浪漫和荒谬完美结合，对在“大发现时代”带回欧洲的太平洋图像进行了补充说明。

（2）经典馆藏二：*Arch in the Sky*《天空中的拱门》

该照片拍摄于 1930 年，是对建造悉尼海港大桥的一项研究中的一部分。图像通过桥梁的戏剧性几何结构，揭示了卡兹诺的绘画和对现代主义的兴趣，是现代主义和机器时代的最终象征。

五、当代艺术博物馆

1. 博物馆简介

（1）发展历史

澳洲当代艺术博物馆是由澳大利亚外籍艺术家 John Power（1881—1943）捐助建

立的当代艺术博物馆，于 1991 年开放。

博物馆正对着悉尼歌剧院，博物馆所在的岩石区原是澳大利亚历史上英国舰队首次登陆点，而它的老楼部分曾是当时海事部门的办公楼。2010 年，场馆进行重新修缮并扩建出新的场馆部分，具有浓厚的现当代艺术风格。2012 年，博物馆重新对公众开放，馆内装修别具特色，外部新旧建筑的鲜明对比又相得益彰。

（2）建筑布局

砂岩建成的建筑建成于 20 世纪 50 年代，带有古典艺术装饰风格，狭窄的走廊和较低的天花板决定了它并不是一个能够展示现代艺术的完美的空间。

大约在 10 年前，澳大利亚建筑师 Sam Marshall 被委任重新装修博物馆的室内。更重要的是，他还需要在旁边曾经是停车场的场地上设计一座新的建筑；这幢建筑将分为四层：一层是特展，二层是收藏的当代艺术展，三层是澳洲当地艺术家的展览，四层是休息 Cafe 区。

从外表来看，两幢建筑的风格完全不一样；在室内，Sam Marshall 则将两幢建筑完美地融合在了一起，从一幢建筑进入另一幢时几乎难以辨别。新设计的博物馆由一组连锁的正方体及矩形组成，不同的颜色和巨大的玻璃窗产生的深度感让它颇具现代感，优雅而不俗丽。它更好地做到了服务于艺术和观众，而不是让建筑本身成为关注的焦点。

（3）场馆特色

博物馆的商店（MCA Store）是悉尼最特别的购物场所之一，主要出售澳大利亚与国际当代艺术品和文化出版物及独一无二的礼品；而博物馆楼上的露天咖啡厅（MCA Café）地理位置绝佳，是欣赏悉尼港海景和悉尼歌剧院、悉尼海港大桥的最佳位置之一。

澳洲当代艺术馆对自己的定位十分清晰，作为澳洲当代美术馆，他们也承担着对于澳洲本土当代艺术的传播与推广的意义。如何将澳洲艺术的特色、现状与历史通过展览的形式展现给更多人群，也正是 MCA 的意义和价值所在。

2. 馆藏经典

（1）经典馆藏一：*The Precipice*

The Precipice 由 Jack Hawke Tizzard 创作。作品由五个 6~8 岁的儿童组成。他们或动作僵硬，或神情忧伤，仿佛失去了这个年纪本该有的天真。黑白的颜色让整个画面变得凝重起来。这是一幅反映现代生活的残酷战争所带来的社会危害的作品。这位艺术家希望通过这样的表现形式引发人们对战争的思考。

（2）经典馆藏二：*Number Nine*

Number Nine 是班尼特（Gordon Bennett）的系列条纹画的最后一幅。这个系列体现了班纳特对多种语言和艺术的兴趣，这种兴趣从一开始就构成了他的实践。班尼特

的成名作通过对 19 世纪历史画作中存有的问题进行改造，来解决澳大利亚的后殖民政治问题。

3. 特色展览

Forever 展的展品由 42 架自行车组成，没有多余的表现形式，是典型的装置艺术，即仅以最简单的物体给予观众最直接的共鸣。这 42 个自行车架没有经过任何加工工艺，非常简单直接，原生态地展现给大众。虽然这个展览没有过多的艺术感和美感，但却直接反映出当今社会私家车使用过量，对空气质量造成威胁的问题。据作者 Aiweiwei 所说，展览的最初想法仅因下班途中遭遇堵车，从而激发了他对近几年全球环境污染的思考，因此想做一种装置艺术强调这个社会问题。

博物馆

——惠灵顿市（新西兰），Wellington（New Zealand）

一、惠灵顿市博物馆业发展概况及特点

1. 历史沿革

在惠灵顿城市内有众多保存良好且具有突出价值的博物馆，如新西兰蒂帕帕国家博物馆、惠灵顿城市与海洋博物馆、缆车博物馆、维塔之家。

除此之外，惠灵顿还有多明尼恩博物馆（Dominion Museum）、维多利亚时代的香水迷你博物馆（Fragrifert ParfumeurFragrifert Parfumeur，the Victorian Perfumery）、卡特天文台（Space Place at Carter Observatory ）等著名博物馆。

2. 现状特点

惠灵顿作为新西兰的第二大城市，拥有得天独厚的港口，秀丽景色和温和气候吸引了不少游客，旅游业发达。同时，在丰富的毛利文化、太平洋文化及欧洲历史熏陶下的惠灵顿，拥有许多著名艺术建筑群、博物馆等。

3. 发展策略

惠灵顿将博物馆纳入旅游业发展规划中，一边整修历史遗迹成为博物馆，一边加入新的商业消费区。在过去 10 年里，惠灵顿斥资数亿新西兰元对海边的重要古迹进行开发。形成热闹的海边餐厅。也有部分老建筑保留了原来的外观及主结构，内部被改建为公寓及博物馆。

新西兰政府曾经成立了项目发展委员会，旨在建立代表新西兰多元文化的、能够吸引更多观众的博物馆。以新西兰蒂帕帕国家博物馆为例，政府将国家博物馆和国家美术博物馆合并，通过结合两个机构的藏品，以“跨学科”的方式讲述新西兰的故事。

二、新西兰蒂帕帕国家博物馆

1. 博物馆简介

（1）发展历史

新西兰蒂帕帕国家博物馆（Museum of New Zealand Te Papa Tongarewa）坐落在惠灵顿皇后湾附近，地处市中心，是新西兰唯一由政府管理的博物馆，也是南半球最大的博物馆。该馆始建于1933年，并于1986年后进行了搬迁和扩建。1998年2月新馆开馆，免费向游人开放，每天前往参观的人员络绎不绝。

新西兰蒂帕帕国家博物馆的前身是一个很小的殖民地博物馆，在1865年议会大厦搬迁到惠灵顿后不久便开放了。1907年，殖民博物馆改名为自治博物馆，并在全国引起了广泛关注。在惠灵顿建立公共美术博物馆的想法也在1930年新西兰政府出台《国家美术博物馆和地方博物馆法》之后成了现实。

该博物馆作为一个探索国民整体身份的文化场所，展示着新西兰自然历史和文化艺术，并践行和弘扬二元文化。新西兰蒂帕帕国家博物馆的宗旨是通过展示、探索和保存文化遗产和自然知识，帮助人们更好地理解过去，丰富当下，迎接未来。

（2）建筑布局

新西兰蒂帕帕国家博物馆共六层，有36 000m^2的公共建筑面积（三个橄榄球场的大小），历时四年才完成。

新西兰蒂帕帕国家博物馆的一些建筑中具有象征意义：博物馆的北面俯瞰着港口，看上去像一张毛利人的脸。而博物馆南面是一张新西兰白人面孔。

（3）场馆特色

1992年，新西兰政府通过了旨在成立新西兰蒂帕帕国家博物馆的议会法案，计划建造一个当时在全球范围内可称得上规模宏大的博物馆，由此新西兰蒂帕帕国家博物馆与新西兰国家美术博物馆合并，新西兰蒂帕帕国家博物馆融合了自然历史博物馆和美术博物馆的双重角色，成为国家级的最重要的博物馆。

博物馆的藏品涉及艺术与设计、历史、人文和自然科学等范畴，种类繁杂，数量众多，共计约有180万件。其中艺术藏品主要来自1905—1936年间的收藏，包括早期新西兰艺术作品及以来自英国为主的国际艺术品。现有藏品以新西兰本地各类作品为主，同时兼顾来自国际的藏品，涵盖油画、雕塑、版画、水彩、绘画、摄影及档案资料等。这些收藏补充了丰富的预备和材料，使人们能更深入地了解艺术在新西兰的演变过程。

2. 馆藏介绍

新西兰蒂帕帕国家博物馆的收藏品始于1865年殖民博物馆的建立，1992年国家博物馆和国家美术博物馆合并至今收藏的范围逐渐增大。目前新西兰蒂帕帕国家博物馆的收藏主要涵盖五个方面。

（1）毛利人的历史和文化收藏

毛利人的历史和文化收藏是新西兰蒂帕帕国家博物馆中最大的收藏之一，该收藏从博物馆建立至今的150多年里记录了新西兰原住民的起源，收藏了数量超过27 000件与毛利人文化有关的藏品，这些收藏为继续研究毛利文化提供了丰富的机会，有助于人们更好地理解新西兰独特的二元文化表达。

毛利族陈列大厅展有许多毛利族人的珍贵器物、建筑木雕、巨型独木舟、个人饰品及仪式用武器。毛利人的农耕、食物、服装、工艺品，向人们展示了古代毛利人的生活情景。这里还陈列着毛利人顺应自然天候发展出来的特有服装——夏季的“麻洛”，以及用狗毛皮制成的、象征身份和地位的冬季披风等。毛利人视头为人身最神圣的部位，他们有将祖先头颅制成木乃伊加以保存的风俗。该馆珍藏的头颅上，刺有螺旋、曲线等毛利人装饰花纹。

（2）新西兰的自然环境收藏

新西兰的自然环境收藏在国内和国际上都具有重要意义，因为它涵盖了广泛的生物类群，收集了大量在科学和历史上都很重要的标本。它们代表了从南极到太平洋岛屿的新西兰地区的生物群。有自然产生的，也有外来的或入侵的物种。

地质史陈列室展出新西兰的地质图和模型、活火山及新西兰境内发现的矿物和化石生物间的连锁关系。

动物陈列室几乎包括了新西兰可以发现的所有动物标本，其中有新西兰的国鸟——不会飞的鹬鸵、已绝灭的巨鸟——恐鸟的骨骼及模型，以及海豹、旗鱼、鲨鱼、乌贼等动物标本和模型。

（3）艺术与摄影作品收藏

艺术与摄影作品收藏是在新西兰蒂帕帕国家博物馆150多年的收藏基础上发展起来的。由于过去和现在的收藏活动的深度和广度，艺术收藏拥有超过16 500件涵盖各种媒介形式的作品，构成了一个在国内和国际上都具有重要意义的收藏。

（4）新西兰的历史收藏

在20世纪，特别是在第二次世界大战之后，当更多的新西兰人逐渐理解自己的国家，对毛利文化的兴趣逐渐强烈时，新西兰掀起了收藏历史文物的风潮。新西兰的历史收藏系列主要展现新西兰从建立到20世纪80年代的殖民历史。博物馆收藏了丰富的女装、纺织品、陶瓷、银器和家具。历届策展人都积累了在陶瓷藏品［包括19世纪和20世纪的新艺术（Art Nouveau）、装饰艺术（Art Deco）和皇冠·林恩（Crown Lynn）］，以及相关的设计历史和商业设计展览的经验。博物馆展览了大量的19世纪和20世纪中后期的摄影作品。拥有新西兰邮政的全部档案，包括邮票、设备和制服。

（5）太平洋文化收藏

太平洋文化收藏中包括非常重要的历史文物，代表了在新西兰的太平洋人民的历史及当代生活收藏品。其中最引人注目的是詹姆斯·库克（James Cook）和他的同事在几次航行中收集到的 19 世纪物品。博物馆拥有许多价值突出的、世界上最全面的纺织器材收藏，拥有在 21 世纪早期罕见的、有价值的舞蹈服装。

太平洋陈列室内的各种器具武器及装饰品等，重点展示了波利尼西亚和西南太平洋诸岛的物质文化。在“新西兰与早期欧洲探险家”陈列中，以英国探险家库克船长的文物最引人注目，包括探险船“奋力”号模型、库克航海时所收集的毛利人工艺品，以及被丢弃在澳大利亚大堡礁的“奋力”号船的大炮，都已复原展出。在“新西兰的欧洲人居住地区”陈列里，有当时盛极一时的与捕鲸活动有关的器物、住屋和家具模型，展示了欧洲移民早期的生活情形。

3. 重点展览介绍

毛利展（Mana Whenua）新西兰蒂帕帕国家博物馆的常设展览 Mana Whenua 是毛利文化的专门陈列展，是 1998 年的开馆展，也是迄今延续时间最长的展览，由博物馆策展人与毛利部落代表和社区群体共同参与策划。Mana Whenua 意思是土地的力量或威望，毛利展品被作为珍贵的艺术作品、作为大师的“杰作”在宽敞的展厅里陈列。博物馆给予土著艺术如此的位置，是因为早有证据显示，聚焦毛利物品的艺术方面，有利于积极正面地展现毛利文化。

新西兰蒂帕帕国家博物馆的常设展览中，有对毛利文化艺术的专门陈列。毛利艺术在新西兰本土得到承认，与它在西方艺术世界获得的认可息息相关。这可以追溯到 1984 年，那年新西兰蒂帕帕国家博物馆和土著团队共同策划的“毛利展”在美国大都会艺术博物馆展出，这说明毛利物质文化在博物馆的展示范围内，可以与“现代”以及市场价值相联系。

4. 与北京博物馆交流情况

（1）中国国家博物馆——展览、人员交流

2012 年，在中国和新西兰两国建交四十周年之际，中国国家博物馆和新西兰蒂帕帕国家博物馆共同推出“毛利碧玉：新西兰的传世珍宝”和“布莱恩·布瑞克镜头里的中国和新西兰”展览。这两个展览进一步扩大了中国国家博物馆与新西兰蒂帕帕国家博物馆之间的合作，开辟了两个国家博物馆之间文化交流的新局面，在推动中新两国之间的文化交流、增进两国人民的友谊方面产生了重要而深远的影响。

（2）北京劳动人民文化宫——展览交流

1978 年，中国人民对外友好协会在 6 月 17 日至 30 日在北京劳动人民文化宫举办“新西兰毛利族艺术展览”。展出的主要部分是著名的毛利族木雕。在毛利人在其部落聚居地建造的集会厅和贮藏室，作战用的独木舟船头、尾柱和桅板上都布满雕刻。其圆雕或浮雕上的人物是毛利人祖先的形象，象征部族的世代绵延。其他的则是为了驱逐妖邪加以夸张变形的形象，它们都具有十分强烈的装饰风格。

远古时代的岩石笔画，原始社会软玉磨制的石斧，造型精巧的骨制的鱼钩，晶莹润泽的颈坠、耳环，以及出于妇女巧手的各类编织物等，都显示了毛利人在长期劳动生活中培养与发展起来的艺术创造才能。

（3）北京自然博物馆——人员交流

2018 年 2 月 6 日，新西兰蒂帕帕国家博物馆藏品研究和学习领域及常设展览总负责人 Dale Bailey 先生、艺术总监 Charlotte Davy 女士、展览项目经理 Raewyn Smith Kapa 女士、新西兰驻华使馆政策专员齐兰芳女士到访北京自然博物馆。双方并就展览等相关合作方面进行了交流。并一同参观了北京自然博物馆“古哺乳动物”展厅、“古爬行动物”展厅、“动物——人类的朋友”展厅、“人之由来”展厅及“神奇的非洲”展厅。新西兰来宾对北京自然博物馆的特色展览表示非常感兴趣，认为馆内展品质量高、设计理念先进、展览环境优异，并表示今后两馆能够进行多领域的深入合作。

三、惠灵顿城市与海洋博物馆

1. 博物馆简介

（1）发展历史

惠灵顿城市与海洋博物馆（Museum of Wellington City & Sea）是位于新西兰惠灵顿皇后码头上的博物馆。在 1999 年之前，这里曾是惠灵顿的海事博物馆，它曾被伦敦时报评选为世界 50 大博物馆之一。

在广泛的修复、保护和开发之后，1999 年 11 月 27 日，海事博物馆以新名称和新目的重新开放。它成为惠灵顿城市与海洋博物馆，其使命是保护、展示和宣传惠灵顿的社会、文化和海洋遗产。惠灵顿人现在拥有了一个礼赞其历史的地方。

老邦德商店（The Bond Store）原本是一栋 1892 年的高级文物建筑，由著名建筑师 Frederick de Jersey Clere 设计。到了 20 世纪 70 年代中期，邦德商店一楼变成了废弃仓库。后港口委员会提出建议：将其转变成一个小型博物馆，以存放其文物藏品，由此形成了惠灵顿港务局海事博物馆。

惠灵顿港务局海事博物馆于 1972 年开放，当港务局于 1989 年倒闭时，博物馆里大部分建筑物都变成了画廊空间。

（2）建筑布局

将惠灵顿城市与海洋博物馆选址老邦德商店后，建筑师对其进行精心修复后，它原本醒目的外墙、实木横梁和内部原始地板得以保存。在这栋重达 4 000t 的建筑的地板下有最先进的基础隔离器，使其在地震中结构坚固。这座建筑是惠灵顿滨水区第二古老的建筑，并且是新西兰注册的一级遗产建筑，它也是新西兰最具建筑意义的传统建筑之一。

博物馆共有四层。博物馆的一层是一个巨大的电影屏幕：一层和二层之间展示了一系列有关惠灵顿的电影。该博物馆两个展区：一个用于讲述毛利人的传说；另一个是纪念惠灵顿海港 Wahine 渡轮悲惨沉没历史的纪念馆。

（3）场馆特色

博物馆中的阁楼展览展示了一些引人入胜的收藏品，这些收藏品迄今为止一直藏在博物馆的收藏店中。阁楼的开放使博物馆的建筑面积增加了近 1/3。

开放阁楼展区遵循“分散”展出的模式，每个陈列区都讲述一个不同的故事，使游客可以在历史故事旁发现当代故事。展览的主题旨在让人感觉仿佛正在翻阅历史，发现无数被隐藏的故事，能够激发人们的好奇心。

2. 馆藏介绍

（1）航海史收藏

展示了船舶和水手、探险家和海员的航海世界。

（2）太太剧场影片收藏

在这部关于 1968 年新西兰瓦海因海难的感人故事中，新西兰著名导演盖琳·普雷斯顿通过镜头记录了惠灵顿海运史上的一个悲剧时刻。

（3）NgãHeke 收藏

探索不同的视角观看惠灵顿居民的历史、旅行和迁移过程。

（4）弗雷德里克·泽西·克莱尔房间收藏

惠灵顿博物馆（邦德商店）是由英国出生的建筑师弗雷德里克·泽西·克莱尔（Frederick de Jersey Clere）设计的。阁楼里有一个房间，专门为弗雷德里克·德·泽西·克莱尔设计。在这里，游客将了解建筑的规划和设计，并看到它的原始蓝图。

四、维塔之家

1. 发展历史

维塔之家（Weta Cave）是位于维塔工作室前的小型电影博物馆和精品店。维塔工作室位于惠灵顿米拉马（Miramar）中心，是一家曾五次得到奥斯卡金像奖的全球领先的电影制作公司，人们熟知的电影如《指环王》三部曲、《霍比特人》三部曲、《金刚》《阿凡达》《纳尼亚传奇》等片中的人物设计、模型道具及视觉特效均出自于维塔的制作团队。而维塔之家里面收集了各种电影设计原稿、道具、服饰、微缩模型等，参观维塔之家能够深入领略特效工作室幕后工作，了解电影诞生的秘密，体验制作各种神奇物件。

维塔公司由理查德·泰勒和他的妻子塔尼亚·泰勒一同创建于 1987 年，现在已经发展成电影特效帝国和业界领军企业，为全世界电影制作道具、现场特效、特效化妆、微缩模型和武器装备。

维塔公司细分为：石街制片厂、维塔工作室、维塔数码、公园路后期制作中心。

2. 建筑布局

维塔工作室的入口大门外竖立着三座巨人雕像。进入维塔工作室，不同部门房间的走廊里摆放着众多制作完美的样品，包括剑、战斧和盾，还有著名演员的脸部模型。通道之间有一个收藏有仿真生物的区域，这里陈列着一系列让人眼花缭乱的建筑模型、汽车和被用在不同剧组的布景。这些道具能帮助影片制作视觉特效，也可以帮助电影完成实拍工作。维塔工作室还特别开辟了一个崭新的房间，其中摆放着他们最早的战利品。维塔之家里，有几间放满道具和设备的展示室，游客可以参观。

3. 场馆特色

维塔之家集电影博物馆与纪念品商店为一体。在维塔之家，游客有机会摸到电影诸如《指环王》《霍比特人》《金刚》《阿凡达》《纳尼亚传奇》里出现的道具、服饰、微缩模型等，可以体验制作各种神奇物件。电影影迷们还可以在纪念品商店买到精致的电影周边。

参考文献

［1］KERNOT B. Te maori te hokinga mai：some reflections［J］.Art Galleries and Museums Association of New Zealand Journal，1987，18（2）：3.

［2］CLIFFORD J. The predicament of culture：twentieth-century ethonography，literature，and art［M］. Cambridge：Harvard University Press，1988.

［3］Wall M. Te hokinga mai［J］. Art Galleriesand Museums Association of New Zealand Journal，1986，17（3）：18.

［4］迪奥普，严又萍．非洲国家的博物馆活动：其作用及目的［J］．国际博物馆（中文版），2016（Z1）：46-51.

［5］科纳雷，程琳．发展非洲的新型“民族学”博物馆［J］．国际博物馆（中文版），2016（Z2）：32-37.

［6］塞娅．哈萨克斯坦共和国国家博物馆［J］．自然科学博物馆研究，2018（1）：59- 64.

［7］加尔萨，廖雨声．博物馆中的艺术与时装：弗里达·卡罗的例子［J］．社会科学家，2019（01）：149-155.

［8］艾静芳．菲律宾博物馆的可持续发展启示［C］．中国博物馆协会，2016：22-25.

［9］白云涛，金燕，宋美芳．中国国家博物馆代表团出席第四届亚洲国家博物馆联合会会议［J］．中国国家博物馆馆刊，2013（11）：153-154.

［10］曹语庭．阿拉伯国家联盟文化政策研究［D］．上海：上海外国语大学，2017.

［11］陈履生．吴哥国家博物馆印象［J］．艺术品，2016（11）：93-96.

［12］陈民喜．越南河内印象［J］．中外建筑，2011（07）：24-29.

［13］陈庆．漫记新德里国家博物馆［J］．艺术品，2014（09）：106-109.

［14］陈晓丹．澳洲人本主义博物馆对中国人本教育的启示［J］．前沿，2013（06）：182-183.

［15］陈啸宇．博物馆展示空间交互设计的原则：对爱尔兰汉特博物馆的研究分析

[J].戏剧之家，2014（08）：251–253.

[16]陈昕.军事博物馆中的“巨无霸”：俄罗斯伟大卫国战争中央博物馆[J].环球军事，2009，21（9）：56–59.

[17]戴柔星.阿德比尔清真寺收藏的中国瓷器[J].紫禁城，2016（03）：18–53.

[18]黛子.花园里的博物馆[J].园林，2019（06）：36–39.

[19]丁书哲.当代中东艺术市场现状研究[D].北京：中央美术学院，2010.

[20]董清."珍珠：来自江河海洋的珍宝"展开幕[J].中国国家博物馆馆刊，2016（11）：156.

[21]杜希来.柬埔寨文物展的幕后故事[N].中国文物报，2015-09-08（011）.

[22]菲利坡普鲁，陈思安.希腊的考古博物馆和公共政策：戈尔迪乌姆之结[J].国际博物馆（中文版），2019（Z1）：32–46.

[23]菲利坡普鲁，魏兰.雅典卫城博物馆：语境的冲突与复杂的理念[J].国际博物馆（中文版），2018（Z2）：13–23.

[24]阿马特.柬埔寨文物保护成绩突出[J].科技潮，2000（09）：89–90.

[25]西萨巴.匈牙利自然历史博物馆的历史、设施和活动[J].自然科学博物馆研究，2018，3（01）：40–43.

[26]萨汗.寻古探幽蒙古国[J].中国民族，2009（05）：61–66+73.

[27]韩绍诗.借鉴国外经验逐步发展我国博物馆事业[J].中原文物，1982（01）：62–66.

[28]侯贺良，马霖霖.童话之外的哥本哈根[J].走向世界，2014（19）：86–91.

[29]黄辉.19世纪的巴黎博物馆：从革命到公众空间[J/OL].澎湃新闻[2020-5-1].https://www.thepaper.cn/newsDetail_forward_1649639.

[30]黄健.风情之城：圣何塞[J].广西城镇建设，2015（10）：94–102.

[31]吉丰.印度国立博物馆藏品精选[J].管理与财富，2006（01）：78–79.

[32]江滔.伊朗的博物馆[J].档案工作，1992（05）：41.

[33]柯俊.素质教育视域下博物馆青少年社会教育思考[J].文物鉴定与鉴赏，2019（20）：125.

[34]李阿.《新西兰毛利族艺术展览》在京举行[J].美术，1978（04）：47.

[35]李虹.詹姆斯·乔伊斯《尤利西斯》的语言特色解读[J].湖北第二师范学院学报，2020，37（01）：15–18.

[36]李树国.乌兰察布市博物馆馆藏清代蒙文银质乘驿牌考释[J].草原文物，2016（02）：112–124.

[37]李天，周晶.尚色习俗对蒙古族城市建筑色彩的影响研究：以蒙古国乌兰巴托为例[J].西安建筑科技大学学报（社会科学版），2012，31（06）：58–63.

［38］李瑜．索玛雅博物馆、墨西哥城跳动的“心脏”［J］．砖瓦，2020（02）：27.

［39］李蕴慧．新西兰文化的“珍宝箱”：新西兰蒂帕帕国家博物馆概览［J］．中国美术博物馆，2016：80.

［40］李蕴慧．澳洲土著艺术进入博物馆［D］．北京：中央美术学院，2012.

［41］林奈央，管慕飞．博物馆与世界遗产地：共享历史的新途径［J］．国际博物馆（中文版），2015（Z1）：108-118.

［42］刘爱英．文学文化、去殖民化与文学乌托邦：塞缪尔·贝克特在爱尔兰文学中的经典化［J］．外国文学评论，2019（03）：183-197.

［43］刘建．访印追记［J］．南亚研究，2000（02）：91-94.

［44］刘琪．旧建筑也能创造新价值：由奥赛火车站到奥赛博物馆［J］．中华建设，2013：64-65.

［45］刘武．在德黑兰感受历史［J］．世界文化，2009（05）：39-41.

［46］刘洋，董清，马腾飞．“毛利碧玉新西兰的传世珍宝”与“布莱恩·布瑞克镜头里的中国和新西兰”展览开幕［J］．中国国家博物馆馆刊，2012（12）：150.

［47］马超．德黑兰城市地理研究［D］．重庆：西南大学，2012.

［48］安德森，温克沃斯，李莉．博物馆与性别：来自澳大利亚的批评［J］．国际博物馆（中文版），2016（Z2）：38-41.

［49］毛维舫．走进卫国战争博物馆：通向胜利之路［J］.旅游纵览，2008，9（18）：60-64.

［50］恩赫其其格．蒙古色彩：蒙古国艺术作品展［J］．美术观察，2009（05）：131-133.

［51］茜本红，郑丽娜，李庆雷．老挝北部九省旅游资源类型及其空间分布特征［J］．南宁职业技术学院学报，2019，24（02）：25-30.

［52］努维尔．沙漠玫瑰：卡塔尔国家博物馆［J］．室内设计与装修，2019（05）：20-27.

［53］任心妍．当代艺术：新南威尔士当代艺术馆主题展览［J］．中国民族博览，2018（08）：37-39.

［54］申屠榕．蒙古有多少博物馆［J］．蒙古学资料与情报，1983（02）：61.

［55］沈婧．世界变革趋势下博物馆对外交流展览的思考［C］．广西壮族自治区博物馆，2012：73-78.

［56］沈芸．越南民族学博物馆适应都市化发展的探索及启示［J］．思想战线，2009，35（S1）：202-205.

［57］施泳峰．从伊朗国家博物馆藏元青花看元代与伊利汗国的联系［J］．文物鉴定与鉴赏，2014（10）：66-69.

［58］邓璐．殊方共享：丝绸之路国家博物馆文物精品展［J］．艺术设计研究，2019（02）：127.

［59］疏影．赫尔辛基市迎来博物馆建设潮［EB/OL］．中国社会科学网，CSSN.CN/WX/WX_haht/2016 07/t2016 0704_309 7060.shtml.

［60］司马蕾．铿锵博物馆改造：哥本哈根，丹麦［J］．世界建筑，2016（02）：78–81.

［61］宋伯胤．博物馆与学校教育：兼论博物馆专业的学制与课程（一）［J］．文博，1986（02）：67–75.

［62］宋峰霖，栗伟．白俄罗斯博物馆藏同盟国战争海报研究［J］．赤子，2015（23）：50.

［63］宋淑运．中美洲宁静的乐园：哥斯达黎加［J］．国际展望，2001（06）：90.

［64］孙芮英．多元文化的碰撞与交融：寻访澳大利亚博物馆有感［J］．科学教育与博物馆，2016，2（04）：303–305.

［65］谭丁．《爱尔兰国家博物馆指南》英译汉翻译实践报告［D］．兰州：西北师范大学，2015.

［66］谭玉华．千年丝路：伊朗访古记［J］．大众考古，2017（06）：64–76.

［67］汪惠怡．英国文化产业发展策略对我国的启示：以博物馆产业为例［J］．视听，2019（04）：235–237.

［68］王鸿雁．俄罗斯历史文化研究［M］．北京：新华出版社，2005.

［69］王可卿．越南红色资源开发利用经验及其启示［J］．中共南宁市委党校学报，2015，17（06）：18–22.

［70］王珊珊．俄罗斯博物馆发展现状及启示［J］．学会，2015，（4）：57–60.

［71］王奕隆．法国博物馆的种类和特点［J］．中国博物馆，1985（04）：69–78.

［72］王毅，林巍．英国国家博物馆和国家图书馆文化创意产品开发现状及启示［J］．国家图书馆学刊，2019，28（02）：14–24.

［73］王中山．悠游老挝［J］．决策探索，2017（07）：92–95.

［74］诺伊曼，尚晋，陈茜等．拉脱维亚国家美术馆改建及扩建：里加，拉脱维亚［J］．世界建筑，2018（06）：104–109.

［75］未酉寅．俄罗斯国家历史博物馆印象［EB/OL］．中国文化报，2019［2020-04–24］. http://www.gmw.cn/xueshu/2019–09/19/content_33170874.htm

［76］佩卢西．莫斯科普希金博物馆［M］．江苏：译林出版社，2015.

［77］向芸．跨越喜马拉雅山的文明交流："礼乐·华章——中国湖北文物特展"暨"湖北，从长江走来"文化旅游图片展在印度展出［C］．中国博物馆协会，2019：177–178.

［78］孝文．十件最神秘的古物［J］．今日科苑，2011（02）：125–126.

［79］徐艳文．走进里加：感受城市建筑之美［J］．现代城市，2011，6（04）：57.

［80］杨博，马途．中国政府无偿援助蒙古国：博格达汗官博物馆门前区维修工程竣工［J］．文博，2007（06）.

［81］杨瑾．博物馆藏品架起沟通的桥梁［N］．中国文物报，2014-03-05（006）.

［82］杨艳，李思维．在老挝来一场深度之旅［J］．重庆与世界，2019（05）：84–87.

［83］叶戈洛夫，吕济民．社会主义条件下博物馆网的发展（六十—七十年代）［J］．中国博物馆，1990（01）：86–93.

［84］张宁远．博物馆如何成就一座城［J］．中国房地产业，2014（12）：100–103.

［85］张雪萌．中国电影国际巡展走进白俄罗斯［C］．中国电影博物馆，2016：327–328+323.

［86］张智鑫．澳大利亚接收犹太难民问题研究（1945—1954）［D］．苏州：苏州科技大学，2019.

［87］赵芮暄．多哈伊斯兰艺术博物馆初步研究［D］．吉林：吉林大学，2019.

［88］中国美术馆国际交流展系列：白俄罗斯国家美术馆典藏精品展［J］．东方艺术，2017（22）：146.

［89］仲骥．德黑兰的专业博物馆［J］．文物天地，1997（01）：46.

［90］周向力．设计博物馆概念及发展研究［D］．北京：中国美术学院，2016.

［91］卓刚华．慢骑丹麦哥本哈根欣赏北欧建筑美学［J］．中国自行车，2018（12）：54–63.

网络参考资料

[1] Gokhran Of Russia [2020-4-22]. http://www.gokhran.ru/en/diamond-fund/

[2] http://astana.citypass.kz/en/2018/04/28/dvorets-nezavisimosti/

[3] http://ditichhochiminhphuchutich.gov.vn/

[4] 安卡拉民间文物博物馆 https://baike.baidu.com/item/%E5%AE%89%E5%8D%A1%E6%8B%89%E6%B0%91%E9%97%B4%E6%96%87%E7%89%A9%E5%8D%9A%E7%89%A9%E9%A6%86/8565685?fr=aladdin

[5] http://kazmuseum.com/index.php?lang=en

[6] http://news.mtime.com/2016/11/30/1563787-all.html#p2

[7] https://ateneum.fi/?lang=en

[8] https://ditsong.org.za/museum-of-natural-history/

[9] https://en.museuberardo.pt

[10] https://gulbenkian.pt/museu/en

[11] https://ilovevaquero.com/puteshestviya/95883-astana-dvorec-nezavisimosti-opisanie-foto.html

[12] https://museohistoriconacional.cultura.gob.ar/info/museo/

[13] Https://santiagoando.com/museo-historico-nacional

[14] https://santiagochile.com/national-fine-arts-museum

[15] https://whc.unesco.org/en/list/583

[16] https://www.bh.org.il

[17] https://www.designmuseum.fi

[18] https://www.eretzmuseum.org.il/e

[19] https://www.golisbon.com/sight-seeing/military-museum.html

[20] https://www.intoalbania.com/attraction/national-historical-museum-of-albania/

[21] https://www.jianshu.com/p/2b47072116b8

[22] https://www.kansallismuseo.fi/en/kansallismuseo

［23］https://www.museumswellington.org.nz/wellington–museum

［24］https://www.suomenlinna.fi/en

［25］https://www.visitportugal.com/en/content/museu–nacional–dos–coches

［26］https://www.wetaworkshop.com

［27］Victory Museum. 卫国战争中央博物馆 . Музей побед.［2020–04–10］（俄语）. https://victorymuseum.ru

［28］http://www.museudoazulejo.gov.pt/en–GB/Default.aspx

［29］澳大利亚国家博物馆官网［2020–5–19］：https://www.nma.gov.au

［30］巴黎国立毕加索博物馆官网［2020–5–10］：http://www.museepicassoparis.fr/ch/

［31］凡尔赛宫百度百科 https://baike.baidu.com/item/%E5%87%A1%E5%B0%94%E8%B5%9B%E5%AE%AB/523764?fr=aladdin

［32］巴黎罗丹博物馆官网［2020–5–10］：http://www.musee–rodin.fr/zh–hans/ben–bo–wu–guan/ba–li–luo–dan–bo–wu–guan

［33］巴黎荣军院官网 . 展厅介绍［2020–5–9］：https://www.musee–armee.fr/cn/collections/museum–spaces.html

［34］布鲁塞尔乐器博物馆官网 http://www.mim.be/en

［35］俄罗斯旅游中文网［2020–4–23］：https://www.russia–online.cn/CityGuide/detail_1_2_583.shtml

［36］法国国家自然历史博物馆 . 每日环球展览［2020–5–9］：https://art.icity.ly/museums/9me7fof

［37］法国罗浮宫官网［2020–5–7］：https://www.louvre.fr

［38］国家恐龙博物馆［2020–5–19］：https://nationaldinosaurmuseum.com.au

［39］国家自然历史博物馆 .SAHO：https://www.sahistory.org.za/place/transvaal–museum–now–known–national–museum–natural–history

［40］国立普希金造型艺术博物馆官网［2020–4–23］：https://pushkinmuseum.art/museum/

［41］国立切尔诺贝利博物馆官网 http://www.chornobylmuseum.kiev.ua/index.php?lang=en

［42］韩国国立中央博物馆官网 http://www.museum.go.kr/site/chn/home#3rdPage

［43］和平祭坛博物馆 .Archdaily［2020–5–12］：http://www.archdaily.cn/cn/763254/he–ping–ji–tan–bo–wu–guan–richard–meier–and–partners

［44］和平祭坛官网［2020–5–12］：http://www.arapacis.it/it

［45］胡志明纪念堂 https://bqllang.gov.vn/

[46] 胡志明陵墓－Lăng Chủ tịch Hồ Chí Minhhttp://www.yueyaoyou.com/bbs/topic?id=88

[47] 基辅卫国战争博物馆官网 http://www.warmuseum.kiev.ua

[48] 吉美博物馆官网［2020–5–9］：https://web.archive.org/web/20090921094552/http://www.museeguimet.fr/

[49] 济慈－雪莱故居官网［2020–5–14］：http://www.keats–shelley–house.org

[50] 加拿大航天航空博物馆官网［2020–5–19］：https://www.ingeniumcanada.org/casm

[51] 加拿大历史博物馆官网［2020–5–19］：https://www.historymuseum.ca

[52] 加拿大战争博物馆官网［2020–5–19］：https://www.warmuseum.ca

[53] 加拿大自然博物馆官网［2020–5–19］：https://nature.ca/en/home

[54] 橘园美术馆官网［2020–5–7］：https://www.musee–orangerie.fr

[55] 凯布朗利博物馆官网［2020–5–10］：https://web.archive.org/web/20151028192804/http://www.quaibranly.fr/index.php?id=accueil&L=1%2F

[56] 堪培拉国家战争纪念馆官网［2020–5–19］：https://www.awm.gov.au

[57] 克鲁格故居博物馆.sa–venues［2020–5–14］：https://www.sa–venues.com/attractionsga/kruger–house.htm

[58] 克鲁格故居博物馆官网［2020–5–14］：https://web.archive.org/web/20160303194136/http://www.ditsong.org.za/kruger.htm

[59] 梨花女子大学博物馆官网 http://cms.ewha.ac.kr/user/museumeng/

[60] 罗马国家博物馆.每日环球展览［2020–5–14］：https://art.icity.ly/museums/tlv5iti

[61] 罗马卡比托利欧博物馆.世界邦［2020–5–14］：https://www.shijiebang.com/u7484/blog–12496/

[62] 马德里普拉多博物馆：https://www.museodelprado.es/

[63] 马德里王宫：https://www.patrimonionacional.es/index.php/en

[64] 民主德国博物馆官网 https://www.ddr–museum.de/en

[65] 莫斯科市长官网［2020–04–11］：https://www.mos.ru/en/city/projects/moscowmuseums/

[66] 南非种族隔离博物馆.筑龙学社［2020–5–14］：https://bbs.zhulong.com/101010_group_201808/detail10012657/

[67] 南非种族隔离博物馆官网［2020–5–14］：https://www.apartheidmuseum.org

[68] 塞万提斯故居博物馆官网：http://www.museocasanataldecervantes.org

[69] 首尔市历史博物馆官网 https://museum.seoul.go.kr/eng/index.do

[70] 索洛亚博物馆官网：https://www.culturaydeporte.gob.es/msorolla/inicio.html

[71] 提森－博内米撒艺术博物馆：https://www.museothyssen.org/thyssenmultimedia/visitas-virtuales?gclid=EAIaIQobChMIwo3pwJHC6QIV_cEWBR0kvARxEAAYASAAEgLYJvD_BwE

[72] 万神殿官网［2020-5-11］：https://www.pantheonroma.com/en/home/

[73] 威尼斯宫博物馆 . 每日环球展览［2020-5-14］：https://art.icity.ly/museums/ya7hpd8

[74] 先民博物馆官网［2020-5-14］：https://vtm.org.za/voortrekker-monument-2/

[75] 欣欣旅游网 . https://abroad.cncn.com/sight-18183

[76] 雅克·安德烈博物馆官网［2020-5-9］：https://www.musee-jacquemart-andre.com/en/home

[77] 一条街博物馆官网 http://www.onestreet.kiev.ua

[78] 意大利博物馆 . 圣天使堡［2020-5-14］：https://www.italy-museum.cn/castel_sant_angelo_rome

[79] 有画［2020-4-24］：http://www.youhuaaa.com/page/painting/show.php?id=43533

[80] 越南美术博物馆 http://blog.sina.com.cn/s/blog_691efbf90102xjln.html